불안이 습관이 되지 않게

불안이 습관이 되지 않게

HOW TO BE YOURSELF

대화가 풀리고
관계가 편안해지는
불안 다루기 연습

엘런 헨드릭슨 지음
임현경 옮김

RHK
알에이치코리아

사실은 모두가 불안한 사람들

모^{Moe}는 정의를 위해서라면 사나운 호랑이처럼 싸우는 사람이었다. 단, 사람들 앞에서 말을 꺼내지 않아도 된다는 조건이 충족된다면 말이다.

　모는 똑 부러지게 영리하고 성실하며 공손하기까지 한, 평판이 자자한 훌륭한 변호사였다. 왜소한 체구에 벗겨지기 시작한 머리, 동그란 안경을 가지런한 콧수염 위에 살포시 얹어놓은 온화한 외모의 그였지만 노약자들과 힘없는 여성의 권리 보호 같은 사회적 대의를 이루기 위해서는 거침없이 달려들었다. 전 세계가 그의 무대였다. 그는 이미 세 대륙의 세 나라에서 충분한 경험을 쌓은 상태였다.

하지만 바람직한 정의 사회 구현을 위한 투쟁의 과정에서 그에게는 종종 바람직하지 않은 상황이 등장했다. 가장 큰 난제는 바로 회의였다. 커피 향이 나고 오래된 접이식 의자가 놓여 있는 동사무소나 교회 지하 회의실에서 이야기하는 모는 더 재미있고 유창했다. 모가 말했다. "어느 날 회의에 참석했는데 주최자 중 한 명이 저한테 이렇게 말하는 겁니다. '모, 자네 말이야. 우리 둘만 있을 때는 그렇게 말을 잘하면서 회의 중에는 왜 그렇게 조용한 거야? 입 한 번 벙긋하는 모습을 못 본 것 같아.'"

모는 몹시 당황했지만 그의 말이 진실임을 인정할 수밖에 없었다. 모는 늘 타인을 배려했고 유쾌했지만, 사람들 앞에선 입을 다물고 있었다. 그래서 주최자의 말을 듣는 순간 더 이상 자신의 침묵을 숨길 수 없다는 사실을 인정해야 했다. 더 이상 조용히 묻어갈 수는 없었다.

"말을 하기 싫어서 그런 건 아닙니다. 어떻게 말을 해야 할지 도대체 모르겠어요." 모가 말했다. "다른 사람들은 말을 꺼낼 때 무척 편해 보이고, 자신감도 넘쳐 보여요. 하지만 저는 겨우 용기를 끌어모아 입을 떼도 늘 엉뚱한 이야기만 하게 됩니다. 늘 그래요."

무슨 말을 해야 할지 고민스러운 순간이 그에게만 오는 것은 아니다. 누구나 그런 순간을 겪는다. 도착한 메시지에 뭐라고 답해야 할지, 이 사진에 꼭 맞는 인스타그램 해시태그는 무엇인지 늘 고민해야 하는 아리송한 지금의 세상에서는 더더욱 그렇다. 만약 모와 비슷한 성향으로 자라거나 길러졌다면(그 차이에 대해서는 뒤에서 다시 이야기하겠다), 현대 사회의 미디어들이 자기 자신을 검열해야 하는 수만 가지 이유를 제공하는 대상으로 느껴질 것이다. 상대방을 직접 마주해야 하는 사회적 상호작용에 대한 불안은 여전히 그대로 가진 채 말이다.

어떻게든 입을 떼야 하는 상황이 얼마나 괴로운지는 누구나 경험해봤을 것이다. 10미터 높이의 다이빙대 끝에서 뛰어내리기 직전, 심장이 방망이질하고 있는 상황과 비슷하다. 침묵은 종종 "그게 정답일 줄 알았어." 혹은 "제길, 원래 내 아이디어였는데!"와 같은 좌절로 이어지기도 한다. 하지만 심연과도 같은 대화의 구렁텅이에 뛰어들어야 한다는 생각만으로도 온몸이 마비된다. 모는 동료의 말을 듣고 난 뒤, 침묵을 고수하는 것이 어설픈 발언을 하는 것보다 어쩌면 더 끔찍할 수 있다는 생각이 들었다. 긴 침묵은 의자에 앉은 상태에서 허벅지에 벽돌을 한 장씩 쌓는 것처럼 우리를 무겁게 짓누른다. 잠깐의 침묵이야 쉽게 털어버릴 수 있지만 몇 시간 동안 이어진 침묵을 깨는 건 불가능에 가깝다. 혹시나 말을 꺼내더라도 갑자기 집중되는 시선이나 깜짝 놀란 표정, "어머, 너도 있는 줄 몰랐어!"라는 비참한 반응을 피해 가기 힘들다.

그래서 모는 매도 먼저 맞는 게 낫다고 차라리 무슨 말이든 해보기로 마음먹었다. "그래서 다음 회의에는 휴대폰에 메모를 좀 해갔습니다. 하고 싶은 말을 적어보면 훨씬 쉬울 거라고 생각했어요. 그런데 그래도 안 되는 겁니다. 결국 옆에 앉은 사람이 제 전화를 가져가 대신 읽어주었어요. 아마 저를 도와줬다고 생각했겠지만 저는 차라리 죽고 싶었습니다. 자기가 쓴 메모도 못 읽는 사람이 도대체 세상에 어디 있을까요?"

한 번 창피를 당하면 두 배로 더 부끄러워진다. 다시 용기를 내기까지 한참이 걸렸지만 모는 한 번 더 시도해보기로 했다. 모는 씩씩하게 전보다 더 긴 메모를 준비했지만 이번에도 허사였다. "노력했어요." 모가 말했다. "그런데 눈앞이 흐려지지 뭡니까. 몸도 덜덜 떨리고요. 아, 끔찍했어요. 왜 그럴까요? 도대체 문제가 뭘까요? 저한테 무슨 문제가 있는 걸까요? 저는 왜 이렇게 생겨먹었을까요? 다른 사람들에겐 너무 쉬운 일이 저한테는 왜 그렇게 힘들까요?"

정치권에서 일했기 때문인지 모는 계속 시도하는 일에 익숙했다. 그래서 자신을 한 번 더 밀어붙여보기로 했다. "친구들과 저녁 약속이 있었는데, 그때 건배사를 한번 해보기로 했어요." 그가 말했다. "머릿속으로 수없이 연습했지만 자리에서 일어서니 첫 문장도 못 끝내겠지 뭡니까. 재미있는 농담도 섞어 넣어 연습했는데 한마디 하고 나니 농담이 뭐였는지도 생각이 안 나는 거예요. 그 뒤로 하고 싶었던 말은 당연히 머릿속에서 감쪽같이 사라졌죠. 그래서 그냥 이렇게 말했습니다. '와줘서 고맙네.' 그리고 앉았습니다. '세상에 이런 머저리가 있나' 하는 생각이 들었어요."

모의 경험은 생각보다 사람들이 흔히 겪는 일이다. 심지어 이를 지칭하는 전문 용어도 있다. 바로 '사회불안'이다. 사회불안은 극도의 자의식이다. 자신의 말이나 행동이 눈에 거슬리거나 두드러질까봐 불안한 느낌이 먼저 오고, 뒤이어 그런 감정을 감추거나 숨기고 싶다는 욕구가 뒤따른다. 이는 아예 거리를 둬버리거나, 참석은 하지만 침묵을 지키거나, 오로지 바닥만 바라보는 행동 등으로 나타난다. 우리는 엉뚱한 말을 할까 봐, 어색한 행동을 할까 봐, 그래서 이상한 소문이 나거나 험담을 듣게 될까 봐 걱정한다. 그래서 대다수의 사람이 교실에서, 파티에서, 모임에서, 직장에서, 낯선 사람 앞에서, SNS에서 스트레스를 받는다. 우리는 스스로를 너무 과하다고, 이상하다고, 어색하다고, 불편하다고 믿어버린다. 아니면 스스로 너무 부족하고, 자신감도 떨어지고, 사회성도 없고, 무능력하다고 믿어버린다. 마지막으로 몸이 우리를 배신한다. 볼이 붉어지고 두 손이 덜덜 떨리고 손바닥에 땀이 차는 초라한 모습이 만천하에 까발려진다.

불안은 어떻게 우리를 옭아매는가

이 이야기들이 혹시 익숙한가? 모의 말에 두 눈이 번쩍 뜨였는가? 읽으면서 자기도 모르게 고개를 끄덕였는가? 당신과 모의 공통점은 그것뿐만이 아닐 거라고 장담한다. 데이트나 면접, 첫 출근과 입학식을 앞두고 어색해하고 불안해하는 모습을 보이는 당신에게 사람들은 분명히 다음과 같은 조언을 한 번씩 했을 것이다. "그냥 편하게 네 모습을 보여줘."

선의의 조언이었다 할지라도 그런 말을 들으면 어처구니가 없고 신경질이 난다. 굉장히 간단해 보이지만 그 순간에는 그 일이 불가능하게 느껴지기 때문이다. 모의 입장에 처해봤던 사람이라면 불안에 휩싸였을 때 제대로 생각하기가 얼마나 어려운지 잘 알 것이다. 생각하는 대로 말하고 제때 반응하는 우리의 기본적인 능력을 불안이 어떻게 앗아가는지 잘 알 것이다. 게다가 "그냥 네 모습을 보여줘"라는 말은, 우리가 지금까지는 그 사실을 몰랐을 거라고 가정하고 있다. '오, 그렇게만 하면 돼? 멍청하게 지금까지 왜 그걸 몰랐을까!'

그럼에도 불구하고 이는 되새겨볼 만한 조언이다. 우리의 진짜 모습은 의지할 수 있는 가족이나 친한 친구들과 함께 있을 때, 혹은 축복과도 같은 고독과 함께 할 때 드러난다. 불안해하는 겉모습을 걷어내고 나면 우리는 필요한 것을 다 갖추고 있다. 지어내야 할 말도, 꾸며야 할 이미지도 없다. 있는 그대로 충분하다. 있는 그대로의 내 모습이 직장에, 관계에, 세상에 드러나 있다고 상상해보자. 무엇이 가능할까? 자연스럽게 타인과 생각과 의견을 나눌 수 있다. 세상을 만나는 폭이 훨씬 넓어진다. 있는 모습 그대로 편해진다. 집 같은 포근함과 친밀감을 어디서든 느낄 수 있다.

이 책을 읽는 독자들은 앞으로 그 조언을 실천하는 방법을 배울 것이다. '왜' 불안을 느끼는지 뿐만 아니라, 그런 상황에서 '어떻게' 해야 하는지도 배울 것이다. 책을 다 읽고 나면 하루 빨리 써보고 싶은, 빛나는 새 도구들로 가득한 상자를 얻게 될 것이다. 우리가 믿고 있는지도 몰랐던 근거 없는 믿음을 파헤치고, 갖고 있는지도 몰랐던 습관을 지워낼 것이다.

사회불안을 겪는 사람이 얼마나 많은지 학자들은 그 경험을 측정하기 위해 표준화된 질문지를 개발했다. 사회불안의 기미가 조금이라도(혹은 많이) 있다고 생각한다면 아래의 가장 널리 사용되는 두 종류의 사회불안 진단지에서 추려낸 상황을 살펴보자. 동의하는 항목이 많을수록 삶에서 느끼는 사회불안도 클 가능성이 높다.*

- 권위자들(교사, 직장 상사 등)과 이야기해야 할 때 조마조마해진다.
- 사람들과 눈을 마주치기 힘들다.
- 자기 자신이나 느낀 감정에 대해 이야기해야 할 때 긴장된다.
- 직장 동료들과 편히 어울리기가 힘들다.
- 한 명이라도 누군가와 같이 있는 상황이 불편하다.
- 이상해 보일까 봐 내 의견을 제대로 표현하지 못한다.
- 구입한 물건을 환불하러 가기가 껄끄럽다.
- 타인의 의견에 반대 의견을 내기가 쉽지 않다.
- 다양한 상황에서 적당한 말이 떠오르지 않을까 봐 걱정스럽다.
- 잘 모르는 사람들과 쉽게 친해지기 힘들다.
- 엉뚱한 말로 분위기를 어색하게 만들 것 같다.
- 집단에서 존재감이 없을까 봐 걱정스럽다.
- 안면만 있는 사람에게 인사를 건넬지 말지 고민스럽다.

- 중복되는 내용을 피하기 위해 몇 가지 항목을 수정했으며, 시대에 맞는 용어나 기술로 변형한 것으로 공식적인 질문지는 아니다.

- 통화 내용이 다른 사람에게 들릴까 봐 불편하다.
- 공공장소에서 음식을 먹거나 음료를 마시는 것이 어색하다.
- 사람들 앞에서 공연이나 연기, 강연을 할 때 심하게 떤다.
- 다른 사람이 보고 있을 때 일을 하거나 글을 쓰거나 숫자를 계산하기가 어렵다.
- 잘 모르는 사람에게 전화를 걸거나 문자메시지, 메일을 보내는 것이 불편하다.
- 수업 중에 발표를 하거나 회의 중에 발언하기가 힘들다.
- 공중화장실을 이용할 때 불안감을 느낀다(공중화장실 공포증).
- 호감을 느끼는 사람에게 말을 걸기 어렵다.
- 시험이나 테스트가 부담스럽다.
- 파티나 행사를 주최해야 할 때 스트레스를 받는다.
- 판매 직원이나 모금 등을 요청하는 사람의 말을 거절하기 힘들다.
- 사람들의 주목을 받는 상황이 싫다.

실제로는 이보다 훨씬 많은 상황이 존재한다. 예를 들면, 사회불안을 겪는 사람들은 친목을 쌓는 자리에서 이 사람 저 사람 인사하며 돌아다니느니 차라리 비키니 왁싱과 치과 진료를 동시에 받는 편을 택한다. 그들은 옆자리 동료에게 "메일 보낼 건데 혹시 이상한 부분이 있는지 먼저 좀 읽어봐 줄래?"라고 묻는다. 체육관이나 식료품점에서 순서를 기다릴 때나 사람들의 시선이 느껴지는 곳에 있을 때면 초조해한다. 우리는 음식을 주문하기 전에 미리 연습하고, 고객 상담 센터에 전화를 걸기 전에 할 말을 준비한다. 파티에서 들려줄 이야기를 몇 번씩 연습하고, 정작 파티에 가서는 작별 인사도 없이 슬쩍 빠져나온다.

몇 년 전만 해도 '사회불안'이 서서히 타오르는 불꽃과 같았다면, 기술의 발전이 그 불에 기름을 부었다. 왜? 불안은 불확실성에 뿌리를 두고 있으며 온라인에서의 의사소통만큼 불확실한 것은 없기 때문이다. "왜 점 세 개가 나타났다가… 아무것도 안 뜨는 거지?" "사장님은 왜 메일에 딱 한 마디만 적어 보내셨지?" "'통화 가능해?'라는 문자는 도대체 왜 보냈을까?" "'나는 배트맨이야.'라니, 이게 무슨 뜻이야?"

소셜미디어의 부작용은 더 있다. 19세부터 32세 사이의 젊은 성인 2천여 명을 대상으로 한 피츠버그 Pittsburg 대학교의 한 연구에 따르면, 사용하는 SNS의 가짓수가 많을수록 더 불안을 느꼈다. 이는 사람들이 SNS에 사용하는 시간의 양과는 관계가 없었고, SNS만의 고유한 특성 때문인 경우가 많았다. 정확히 어떤 특성일까? 소셜미디어는 타인의 인정을 얼마나 많이 받느냐로 완성되는 '공개적인' 평가의 장이다. 특히 정체성을 형성하고 자존감을 정립하는 어려운 과업을 해내야 하는 10대들에게, 매 순간 지켜보며 끼어드는 친구들의 눈까지 더해진 SNS라는 세계는 제대로 자랄 만한 환경을 제공할 리 없다.

온라인에서든 오프라인에서든 타인의 판단을 계속해서 마주하게 되면 우리는 보통 둘 중 하나를 선택한다. 회피하거나, 견디거나. 대부분의 심리학 용어와 달리 이 두 단어는 독자들이 알고 있는 바로 '그 뜻'이다. 회피는 두 손으로 귀를 막고 "아무것도 안 들려!"라고 노래하는 것과 같다. 회피는 고된 일이기도 하다. 꾀병을 부리면 다음 날 잊지 말고 아직 기침이 남아 있는 척을 해야 한다. 사람들이 적은 길로 돌아가려면 그만큼 시간을 낭비해야 하고, 괜한 수다를 떨기 싫어 회의 시간에 딱 맞춰 회의실에 들어가려면 매사, 매시에 정확하려는 노력이 필요하다. 아예 파티에 가지 않거나 전화가 음성 메시지로 연결되도록 내버려두는 등 노골적으로 피하는 경우도 있지만 스스로 회피하고 있다는 사실을 인지하지 못하는 경우도 있다. 상대의 눈을 마주치지 않는 것이 전형적인 예다. 파티에 가더라도 그 집 고양이나 쓰다듬으며 시간을 보내거나 발코니에서 메시지만 확인하다가 몰래 빠져나와 집에서 시리얼을 먹으며 넷플릭스를 보는 것도 그렇다. 회피는 그 순간 바로 안도감을 선사하지만 대부분 씁쓸한 죄책감이나 부끄러움, 실망이나 좌절로 끝난다.

반대로 견디는 일은 직원 단합 대회나 프레젠테이션, 결혼식 피로연 등에서 주먹을 꼭 쥐고 끝까지 버티는 것이다. 선의로 춤을 추자며 무대로 끌어들이는 신부 들러리에게 신의 가호가 있기를 바란다. 우리는 무대에서 YMCA 춤을 따라 하느니 차라리 디저트 포크로 그녀를 찌르고 싶다는 생각까지 한다. 견디는 사람들은 보통 신경이 곤두선 채로, 이유 없이 배가 아프거나 억지로 계속 웃느라 양 볼이 뻐근한 채로 집에 돌아온다. 아니면 술에 취하기도 하는데, 이 부분은 뒤에서 더 자세히 설명하겠다.

우리 중 대부분이 지속적으로 그런 경험을 해왔을 것이다. 사회불안을 느끼는 사람 중 75퍼센트가 8세에서 15세 사이의 어느 시점부터 그 불편하고 지난한 여정을 시작했을 것이고, 그 후로 수십 년 동안 대화를 하느니 핸드폰을 들여다보며 살고 있을 것이다. 우리에게 사회불안은 갈색 눈이나 곱슬머리처럼 자연스러운 몸의 일부가 되었고, 태어난 순간부터 그랬을 거라고 여긴다.

지금쯤 독자들도 내가 계속 '우리'라는 표현을 쓴다는 점을 인식했을 것이다. 학계에는 이런 말이 있다. "리서치research는 미서치me-search다." 많은 과학자가 자신과 자신의 삶에 중요한 문제인 분야를 선택해 연구한다. 끈기에 관해 연구하는 사람은 어떤 차질이 생겨도 연구를 지속한다. 트라우마 전문가는 삶을 위협하는 경험에서 살아남은 사람일 가능성이 크다. ADHD 연구자는 여기저기 불안정하게 쌓여 있는 종이 더미들에 둘러싸여 연구한다. 나로 말할 것 같으면, 보스턴대학교의 유서 깊은 불안장애센터CARD, Center for Anxiety and Related Disorders에서 일했다는 점이 그렇다. 불안이 종교라면 CARD는 그 본산이며, 나는 독실한 신자다.

내 뇌의 구조가 어떻게 되어 있는지는 최초의 기억을 살펴보면 알수 있다. 세 살 때, 나는 유치원에서 열다섯 명 정도 되는 친구들과 바닥에 깔린 매트 위에 나란히 앉아 쉬고 있었다. 1980년대 초반이었고, 가운데 가르마를 한 긴 갈색 머리의 피시 선생님은 우리가 잠시 고요한 시간을 보낼 수 있도록 〈유 아 마이 선샤인You Are My Sunshine〉

이나 〈허쉬, 리틀 베이비^{Hush, Little Baby}〉 같은 조용한 노래를 기타로 연주하셨다. 내 기억은 다음과 같다. 눈을 떠보니 피시 선생님이 기타 너머로 웃으며 나를 뚫어져라 바라보고 계셨다. 한참 보고 계셨던 게 분명했다. "이제 일어났네!" 선생님이 말씀하셨다. "잘 잤니, 귀염둥이!" 자세를 바로 하고 두 눈을 비비다가, 모든 아이들이 나를 보고 있다는 사실을 발견하곤 갑자기 아드레날린이 솟구치는 것을 느꼈다. 나는 헤드라이트를 보면 그 자리에서 꼼짝하지 못한다는 사슴처럼 얼어붙었다. 아이들 몇 명이 웃었다. 놀리는 웃음은 아니었지만 민감한 세 살배기 아이의 마음에 그 사건은 견고한 집을 지었다. 아직 잠이 덜 깨 멍했던 상태는 친구들의 웃음거리가 되었다는 부끄러움을 더욱 불어나게 했다. 친구들의 시선이 나를 향하지 않길 바라며 눈을 꼭 감았다. 눈꺼풀 뒤 어둠 속에서 창피함에 몸을 움츠린 채 숨어버렸다.

그게 내 첫 기억이라니 놀랍지 않은가. 동네 호수에서 남동생의 팝콘을 거위에게 던져주던 것도 아니고, 집집마다 문을 두드리면 사탕을 얻을 수 있다는 사실을 깨달았던 첫 번째 할로윈 파티도 아니다. 내 뇌는 깜빡 졸다가 다정한 선생님과 개구쟁이 친구들에게 창피를 당했던 사건을 가장 먼저 기억하기로 했다.

그때부터 시작이었다. 초등학교 1학년 때는 준비물을 빠트렸을까 봐 배가 아프고 찝찝한 느낌으로 잠자리에 들었다. 날마다 정신없이 학교생활을 하면서 느꼈던 감정을 제대로 설명할 어휘도, 시간도 부족했다. 3학년 때는 구구단을 다 외워놓고도 선생님 앞에서 외우는 일은 가장 꼴찌로 미뤘다. 뿌리 깊은 자의식과 또래 수용이라는 복합적인 위기 상황에 처해 있었던 중학교 때는 너무 당연하게도 불안의 가장 깊은 구렁텅이에 빠져 있었다. 고등학교 때는 친한 친구들도 생기고 앞장서는 역할도 맡으며 그럭저럭 잘 지냈지만, 얼마 안 가 대학이라는 충격을 마주했다. 다른 친구들은 그 유명한 나체 파티도 가고 세미나에서 각계 전문가들과 토론을 벌이기도 했지만, 나는 옷을 겹겹이 껴입은 파티에서도 사람들의 눈을 피했고 4년 동안 발표를 위해 손을 든 횟수는 손에 꼽을 정도였다.

하지만 수년간의 경험과 임상심리학 박사학위 과정을 통해, 내 안의 무언가가 천천히 변해갔다. 이제 나는 회의 중에 발언을 할 수 있을 뿐만 아니라 회의를 주재할 수도 있다. 훌륭한 저녁 만찬에 사람들을 초대하기도 하고, 학생들로 꽉 찬 강의실에서 자신 있게 강의도 한다. 심지어 결혼식 피로연에서 춤을 출 생각을 하면, 살짝 들뜨기도 한다. 나는 사회불안 실습이라는 명목으로 환자들과 온갖 당황스러운 일을 꾸며보기도 했다. 철물점에서 레몬그라스 차를 주문하기도 하고, 발 디딜 틈 없는 스타벅스에서 일부러 커피를 엎지르기도 했으며, 지나가는 사람에게 방향을 물은 후 반대 방향으로 가보기도 했다. 불안해했던 내 과거를 털어놓으면 사람들은 못 믿겠다는 표정으로 날 바라본다. "정말 상상도 못 했어요." "하지만 지금은 너무 편해 보여요." 늘 이런 모습은 아니었지만 지금은 이런 내 모습이 진심으로 편안하다. 그리고 이 책을 읽는 독자들도 그럴 수 있다고 믿는다. 나는 어떻게 여기까지 왔을까? 그리고 독자들은 어떻게 거기까지 갈 수 있을까? 이 책에서 그에 대한 모든 답을 여러분과 나눌 것이다.

물론 여전히 그런 순간들이 있다. 강연을 제법 많이 했지만, 아직도 서너 명 이상의 사람들 앞에서 말해야 할 때 눈물이 차오르곤 한다. 아무도 모를 때도 있고 숨길 수 없을 때도 있다. 나는 그 눈물을 내 불안이 새어나오는 것이라고 생각하기로 했다. 할머니 장례식에서 나는 추도 연설 내내 엉엉 울었는데, 이건 누가 봐도 그럴 만했다고 생각할 수 있다. 물론 슬펐지만, 무엇보다 모든 시선이 나를 향하는 게 두려웠다. 석사 학위 논문 심사 때도 살짝 눈물이 고였다. 이것도 그럴 만한가? 별로 그렇지 않을 것이다.

내 아킬레스건은 카메라 앞에 서는 것이다. 나는 아이들이 휴대폰으로 동영상을 찍을 때 화면에서 살짝 빠져나간다. 영상 통화라면 질색이다. 남동생 결혼식에서 사진기사가 "신랑신부에게 좋은 말씀 한마디 해주세요."라며 갑자기 내 앞에 촬영 중인 카메라를 들이댔을 때 나는 〈루니 툰^{Looney Tunes}〉의 로드 러너^{Road Runner} (애니메이션 〈루니 툰〉에 등장하는 대표적인 캐릭터로, 달리기가 매우 빠른 것이 특징이다._옮긴이)로 변신했다. 바닥까지 치렁치렁한 드레스 안에서 바퀴가 된 내 두 다리가 전속력으로 달아나려고 연기를 내뿜으며 빙글빙글 돌고 있었을 것이다. 나는 입을 떡 벌리고 두 눈썹을 이마 끝까지 치켜올린 채 황급히 자리를 떴다. 촬영 중이라는 카메라의 빨간 불이, 내게는 총알이 가득 장전된 권총이나 마찬가지였다. 그 점에 대해서는 여전히 노력 중이라고만 해두자.

하지만 이게 바로 핵심이다. 노력하면 된다. 가능하다. 있는 그대로의 자기 모습으로도 편해질 수 있다. 아무렇지 않게 이야기를 나누고, 타인의 시선도 편히 받아들이고, 동료들과도 자연스럽게 어울릴 수 있다. 아마 점점 쉬워질 것이다. 불안이 학습된 것이라면 이는 곧 재학습도 가능하다는 뜻이다. 사회불안은 오랫동안 지겹도록 논문까지 써가며 털어버릴 것이 아니다. 나는 어려운 방법으로 극복했지만 그러지 않아도 될 독자들을 위해 이 책을 썼다.

이 책은 때때로, 아니 사실상 거의 언제나 사회불안으로 이리저리 꼬여버리는 우리를 위해 쓰였다. 그리고 불안에 떨고 있는 우리는, 지구 전체에서 결코 적은 숫자가 아니다.

사회불안에는 단계가 있고 그 범주 또한 다양하다. 그중에서 가장 흔한 형태는 사회적으로 민망해지는 순간들이다. 아무리 자연스러운 사람들이라고 해도 적어도 가끔은 어색한 순간들을 겪는다. 웨이터가 "맛있게 드세요."라고 말했을 때 "그쪽도요."라고 대답하는 그런 순간들 말이다. 아니면 여성과 인사를 하다가 실수로 가슴에 손이 살짝 닿았을 때나, 친구와 거창하게 작별인사를 했는데 알고 보니 같은 방향으로 가야 하는 경우도 그렇다. 나 역시 전부 겪어본 일들이다. 민망한 순간이지만 미리 알고 피할 수는 없으며 나중엔 웃으며 넘길 수 있는 일이 되기도 한다.

다음은 흔히 수줍음이 많다고 하는 단계다. 나는 이를 일상생활의 불안이라고 칭한다. '수줍다'라는 단어에 몸이 찌릿 반응한다면 이 책은 바로 당신을 위한 책이다. 우리 중 대다수가 그럴 것이다. 파티에서 연인이나 가장 친한 친구 곁을 떠나지 못하거나, 일하던 책상에서 점심을 해결하고, 답을 알고 있어도 절대 손을 들지 않는다. 누구나 하기 싫은 일들이 있다. 소소한 잡담 나누기, 직장 상사와 같은 엘리베이터 타기, 통화는 극장 밖에서 하라고 말하기 등이다. 휴대폰만 붙들고 있거나 익숙한 사람 몇 명과 지낼 때는 편하기 그지없지만, 회의실에서 모든 시선이 자신을 향할 때 심장이 쿵쿵거리고, 친구들이 잔을 내려놓고 보고 있으면 갑자기 팁을 계산하는 능력을 상실한다. 꽉 찬 야외 테이블 앞에서 평행 주차를 할 때는 괜히 손에 땀이 나고 허둥거린다. 우리는 부족하고 무능하다는 평가를 받을까 봐 걱정하고 또 그 걱정에 좌절한다. '왜 이렇게 바보 같을까! 나는 왜 이렇게 자신감이 없지? 도대체 뭐가 문제일까?'

마지막은 모와 같은 경우다. 미국인의 13퍼센트가 살면서 한 번은 할머니에게 왜 그렇게 부끄러움을 타냐는 잔소리를 들어본 적이 있다. 나는 이러한 상태를 '사회불안장애'라고 한다. 사회불안장애는 일거수일투족을 평가받는다는 두려움, 인간관계나 사람들 앞에 나서야 하는 상황에서 자신감이 부족해, 하고 싶은 일이나 해야 하는 일을 못할 것 같다는 두려움이다. 이는 우울증과 알코올 중독이라는 덩치 큰 문제들 다음으로 흔한 심리적 장애라는 오명을 얻고 있다.

사회불안장애는 겁에 질려 어쩔 줄 모르거나 그 때문에 자신이 원하는 삶을 살지 못하게 될 때, 전문 용어로 말하자면 정신적 괴로움이나 기능 장애를 유발할 때, 단순한 불편함을 넘어 심각한 문제로 발전한다. 예를 들면 정신적 괴로움 때문에 프레젠테이션 몇 주 전부터 잠을 설치고, 회사 화장실 창문으로 달아나는 상상까지 하는 경우가 그렇다. 심리적 기능 장애는 회의를 주재하고 직원들을 관리하는 직책으로의 승진 제안을 거절하게 만들고, 그 결과 경력이 그 자리에서 멈춰버린다. 또한 스스로 수업 참여를 포기함으로써 학기 말 성적의 20퍼센트 감점을 감수하기로 결정하게 만든다. 가장 친한 친구가 결혼식 축사를 부탁해도 용기가 나지 않는다는 이유로 거절해 두 사람 모두의 마음에 상처를 남긴다. 사회불안장애를 겪는 사람 중 21퍼센트는 불안이 분노나 짜증으로 표출되는데, 이 경우에는 기능 장애가 빈정거림이나 비난으로 나타나기도 한다. 분노를 통제하지 못해 친구를 잃거나 관계를 망칠 수 있다는 뜻이다.*

이어질 글들은 사회불안으로 괴로움이나 기능 장애를 겪고 있다고 생각하는 바로 당신을 위한 것이다. 하지만 거기서 멈추지 말아야 한다. 우리는 그 이상을 누릴 가치가 있다. 훌륭한 인지행동 치료사는 당신만을 위한 프로그램을 마련해줄 수 있다. 좋은 치료사는 좋은 지지대와 같다. 가장 편안한 모습이 될 수 있도록 우리를 밀어주고 받쳐준다.

아주 짧은 순간 불안했든, 평생 불안해하면서 살아왔든, 늘 구석

---

* "네 모습을 보여줘"라는 조언의 가장 흔한 반발은 "하지만 원래 내 모습이 얼간이면 어떡해?"다. 나는 그 '얼간이' 같은 모습이 두려움과 불안 때문이라고 주장한다. 두려움이 사라지면 그 바보짓도 사라진다.

에서 지켜보기만 했든, 툭 하면 사람들에게 싸움을 걸든, 언제나 우리는 다른 사람이 '나'의 단점을 발견하고 그 때문에 '나'를 거부할지도 모른다는 두려움을 느낀다. 양상이 어떻게 전개되든 사회불안으로 우리는 직장에서 역량을 발휘하지 못하고, 사랑과 우정이 깊어지지 못하며, 비참하고 외로워진다.

그렇다면 그 외로움은 우리 삶에 어떤 영향을 끼칠까? 연구에 따르면, 단순히 쓸쓸한 토요일 밤을 보내는 것보다 훨씬 많은 대가를 치러야 한다. 외로움은 독과 같다. 외로움은 인식의 차이이기도 하다. 혼자 있을 때도 연결되어 있다고 느낄 수 있고, 사람들에게 둘러싸여 있어도 지독한 외로움을 느낄 수 있다. 대체로 많은 사람이 후자의 경우였다. 15퍼센트에서 30퍼센트까지의 사람들이 만성적인 외로움을 느낀다고 답했다.

외로움은 갈증이나 굶주림만큼 근본적인 욕구다. 생존에 꼭 필요한 요소가 결핍되면 어서 관계를 찾아 나서라고 사람들은 재촉한다. 적절히 대처하지 않으면 순식간에 외로움은 절망과 불안으로 이어진다. 수면의 질과 기분, 낙관, 자존감을 떨어뜨린다. 지속적인 외로움은 심장병, 알츠하이머, 심지어 사망 위험성 증가와도 관련이 있다. 반드시 기억하자. 사회적 관계는 생명 유지에 꼭 필요하다. 우리 삶 자체가 관계에 달렸다. 불안은 우리를 죽일 수 없지만, 외로움은 가능하다.

지금 원하는 만큼 인간관계가 폭넓지 않다면, 이러한 생각은 우리를 두렵게 만들 수 있다. 사회불안을 극복하는 것은 너무 힘들거나

21

불가능해 보일지도 모른다. 하지만 장담하건대, 우리는 생각보다 능력이 많다. 사회불안은 다양한 문화가 공존하는 지금의 사회에서 우리에게 꼭 필요한 특성들을 지니고 있다(그리고 부끄러움과 두려움이 사라지더라도 이러한 특성들은 사라지지 않는다). 어떻게 아느냐고? 수십 년간의 연구 결과가 쌓이면서, 사회불안과 여러 장점이 한 쌍으로 엮여 있다는 사실이 분명해졌기 때문이다.

실제 연구에 따르면, 그리고 수줍어하고 불안해하는 수많은 사람을 만나온 내 경험에 따르면, 사회불안을 느끼는 사람들에게는 공통된 특성이 있었다.

- 깊이 생각한다. 자신이 하려는 말에 대해 충분히 고민한다.
- 성실하다. 탄탄한 내적 기준과 확실한 노동윤리가 있다.
- 사람들의 얼굴을 잘 기억하는 재주가 있다.
- 공감 능력이 뛰어나다.
- 친사회적이다. 타인에게 긍정적이고 이타적이며 기꺼이 돕는다.
- 타인의 권리와 욕구, 감정을 배려한다.

이와 같은 특성이 우리 삶에서, 이 세상에서 어떻게 드러날까? 사회불안을 느끼는 사람들은 다음과 같은 모습을 보인다.

- 불필요한 말을 하지 않는다. 관심에 목말라 아우성치는 사람들이 넘쳐나는 세상에서 '많이 말할수록 좋다'는 관점과 거리를 둔다.

- 다른 사람들을 편안하게 해주기 위해 노력한다.
- 자세히 보고 듣는다. '나만 바라봐' 문화가 지배하는 오늘날 거의 사라진 모습이다.
- 스스로에 대한 기준이 높아 좋은 성과로 이어진다.
- 다양한 문화와 배경을 존중한다. 우리는 전 세계의 대사이자 외교관들이다.

익숙한 특성들이지 않은가? 사회불안을 경험하는 많은 사람이 앞서 언급한 장점들 또한 갖고 있었다. 비록 당신이 불안을 비난이나 빈정거림으로 표현하는 그 21퍼센트에 속한다 해도, 그 까칠함 안에는 분명히 이와 같은 장점들이 있을 것이다. 두렵기 때문에 복어처럼 가시를 세웠을 뿐이다.

위의 목록을 다시 한번 살펴보라. 이는 전 세계가 하나로 촘촘히 연결되어 있는 지금의 상황에서 꼭 필요한 능력들이다. 사회불안을 겪는 많은 사람들이 전 세계의 다양한 문화를 세심하고 주의 깊게 살핀다. 반대로 타인의 생각을 신경 쓰지 않는 사람들은 그들의 권리와 감정을 무시하면서 더 깊어질 수 있는 관계의 가능성을 낭비한다. 어쩌면 당신은 위와 같은 장점들을 이미 자연스럽게 구현하고 있을지도 모른다. 그리고 약간의 연습만 더하면, 있는 그대로의 자기 모습에 편안함을 느끼면서 동시에 이 특성들을 능숙하게 활용할 수도 있다.

누구나 타인이 두렵다

불안을 느끼는 당신은 결코 혼자가 아니다. 40퍼센트나 되는 사람들이 스스로 부끄러움이 많다고 생각했으며, 이는 사회관계에서 불안을 느낀다는 말의 다른 표현일 뿐이다. 그 질문을 이렇게 확대해보자. 살면서 한 번이라도 자신이 수줍어하는 성향이라고 느낀 적이 있는가? 이에 그렇다는 대답은 82퍼센트까지 치솟는다.* 심지어 99퍼센트라는 경이로운 수치의 사람들이 특정한 상황에서는 사회적으로 불안을 느낀다. 사회불안을 한 번도 경험하지 않은 사람은 단 1퍼센트뿐이다(사이코패스, 바로 당신들 이야기다). 이와 같은 통계 자료로 볼 때, 일상에서의 사회적 불안은 감히 말하건대 지극히 '정상'이다. 그런 경험은 생각보다 훨씬 흔하다. 가끔(혹은 지속적으로) 어색하다거나 집중되는 시선이 부담스럽다는 느낌을 받는다고 해도 말이다.

하지만 아무리 정상이라 해도, 당신은 불안으로 인해 어떤 측면에서든 삶이 어려워졌기 때문에 이 책을 들고 있을 것이다. 받은 메시지에 보낼 답장을 고민하거나 선생님이 자기 이름을 부르지 않길 기도하는 등 사소한 문제일 수도 있고, 타인의 기분을 상하게 한다거나 머릿속이 텅 비어버리는 등의 특정 상황이 두려워서일 수도 있다. 물론 온몸이 얼어붙어 꼼짝 못 하는 상태가 괴로워서일 수도

• 왜? 시간은 우리 편이다. 사회불안은 나이가 들면서 천천히 사라진다. 무엇이든 피하기만 할 수는 없다. 사람들은 나이가 들면서 자연스럽게 타인의 생각에 대한 걱정을 덜하게 된다. 하지만 지금 해결할 수 있는데 왜 시간이 해결해주길 기다린단 말인가?

있다. 당신의 사회불안이 어떤 모습으로 드러나든, 희망은 있다.

이 책을 부끄러움의 껍질을 벗어버리기 위한, 편하고 자신 있는 자기의 참모습을 드러내기 위한 변화의 초석으로 생각하길 바란다. 현재 당신이 어떤 가면을 쓰고 세상을 대하고 있든 상관없다. 날카롭게 빈정대든, 누구에게나 좋은 사람이고 싶어 과도한 친절을 베풀든, 늘 어색해하고 긴장해 있든 최고의 '당신'은 당신 안에 있다. 가족이나 친구처럼 편한 이들과 함께 있을 때, 혹은 고독을 즐기고 있을 때 드러나는 모습이 바로 진짜 당신이다. 그러므로 "있는 그대로를 보여줘."라는 말을, 당신의 참모습을 드러내라는 뜻으로 알아주길 바란다. 바로 두려움 없는 당신의 모습을 말이다. 그리고 믿기 힘들겠지만, 세상에 그 진짜 모습을 드러내는 편이 훨씬 안전하다. 물론 말처럼 쉽지는 않을 것이다. 하지만 지금부터 우리는 당신의 장점은 간직하고 단점은 버리면서 내면의 밝은 빛을 꺼내줄 도구들을 하나씩 완비해 갈 것이다. 그 도구들이 원하는 삶으로 당신을 천천히 이끌어줄 것이다.

우리는 늘 변한다. 우리는 살아 숨 쉬는 존재이며 서른 살, 마흔 살, 쉰 살이 넘어서의 나는 열 살, 혹은 스무 살의 나와 같은 사람이 아니다. 우리는 세월과 함께 변해왔고 앞으로도 계속 변할 것이다. 중요한 것은 바로 그 변화의 방향이다. 나는 '새로운 당신'을 보장하지는 않을 것이다. 아직 믿기 힘들겠지만 불안에서 벗어나기 위해 당신의 성격 자체를 바꿀 필요가 전혀 없기 때문이다. 자신이 이미 완벽할 만큼 충분하다는 사실을 받아들이기만 하면 된다. 사회불안은 근본적으로 자신의 참모습을 왜곡해 바라보고 그 왜곡이 진실이라고 믿는 것이다. 우리는 자신의 단점을 확대한다(혹은 단점에 대해 어처구니없는 상상력을 발휘한다). 우리는 늘 인식하는 단점에 대해서만 걱정하고, 더 드러내야 할 무수한 장점을 잊어버린다. 내 마음 어딘가에 이미 자신감이 있는데 타인의 자신감을 빌려와야 할 필요는 없다. 우리가 길러야 할 것은 기꺼이 시도하려는 의지뿐이다.

불안을 극복하고 자신의 참모습을 드러내면 장을 보러 가는 사소한 일에서부터 직장, 친구, 연애 등 관계에 대한 삶의 모든 측면이 개선될 것이다. 줄을 서서 기다리든, 파티에서 사람들과 악수를 하든, 목요일 오후 세미나에 참석하든 상관없이 스스로의 모습을 드러내는 일이, 우리가 선물로 받은 이 어지럽고 불완전하지만 눈부신 삶을 최고로 만들어줄 것이다. 내가 마음속 깊이 확신하는 한 가지가 있다면, 바로 당신에게는 아무런 문제가 없다는 것이다. 다시 한번 말하지만, 당신에게는 아무 문제가 없다. 아무리 이렇게 말해도 자신만큼은 유일한 예외라고 생각할지도 모르겠다. 이 책은 당신이 있는 그대로의 자기 모습이 될 때 편안함을 느낄 수 있도록 도와줄 것이다. 거기서부터 당신이 나아갈 방향은 무궁무진하다.

진짜 자기 자신이 되는 법을 배우기 전에, 먼저 그 분야에서 가장 큰 영감을 줄 만한 사람을 만나보자. 그 누구도 아닌 자신만의 모습으로 혁명적 변화를 일구고 수많은 사람의 마음을 움직였던 한 사람이 있다. 마하트마 간디Mahatma Gandhi는 온화한 방법으로 영국 제

국주의의 근본을 뒤흔들고, 인도의 독립을 이끌었으며, 전 세계의 인권 운동에 불을 지폈다. 그에게서 우리가 배울 점은 무수히 많다.

1930년대 가장 위대했던 시민 불복종 운동의 하나로, 간디는 생필품인 소금에 대한 영국 식민 정부의 독점에 항의하는 행진을 이끌었다. 그 당시 인도인들은 정부로부터 터무니없는 가격에 소금을 구입해야 했으며, 엄청난 세금까지 납부해야 했다. 이는 가난한 이들에게 가장 큰 부담이었다. 간디는 아라비아해를 향해 320킬로미터의 항의 행진을 시작하면서 자신을 따르는 수십 명의 지지자들을 모아 몇 마디 지혜의 말을 전했다. 평화와 비폭력을 향한 그의 호소는 다음과 같이 간소하게 마무리되었다. "나의 말이 방방곡곡 구석구석까지 퍼지길 바랍니다."

날마다 행진이 이어지며 그의 말이 널리 퍼져나가는 동안 더 많은 사람들이 대열에 합류했다. 3주 하고도 절반이 지나는 동안 그 수는 수백에서 수천으로 불어났다. 마침내 해안가에 도착했을 때 간디는 진흙을 헤치고 소금 한 줌을 모아 수천 명의 사람들이 볼 수 있도록 높이 들어 올렸다.

그로부터 얼마 지나지 않아, 미국의 목사 마틴 루터 킹 주니어^{Martin Luther King Jr.}는 간디의 온화한 시민 불복종이 "내가 찾고 있던 사회 개혁의 방법"을 제공했다고 기록했다. 간디의 방법은 킹이 버밍햄 인종 차별 폐지 운동, 몽고메리 버스 보이콧 운동, 워싱턴 행진에서 리더십을 발휘하는데 직접적인 영향을 미쳤고, 궁극적으로 1964년 공민권법 제정에 기여했다.

간디의 비폭력 메시지는 사실상 아마바다드 ^{Ahmebadad} 부터 앨라배마, 워싱턴 D.C.까지 온 세상 구석구석에 전해졌다. 하지만 그가 늘 자기 목소리를 내고 수천 명의 관심을 원했던 건 아니었다. 이 책 첫 머리에 등장했던 모를 기억하는가? '모'는 '모한다스 간디 ^{Mohandas Gandhi} (우리가 알고 있는 마하트마 간디의 본명은 모한다스 간디이며, '마하트마'는 '위대한 영혼'이라는 뜻의 별칭이다._옮긴이)'의 '모한다스'를 줄인 말이다. 간디는 자서전에서 자신의 사회불안에 대해 한 장 전체를 할애해 이야기했다. 앞의 모 이야기는 사실 내가 간디의 자서전을 살짝 각색한 것이다. 간디는 자신의 젊은 시절에 대해 이렇게 말했다. "나는 낯선 관중 앞에 서야 할 때마다 주저했고 가능하면 최대한 연설을 피했다." 간디의 불안은 대중 연설에만 국한된 것도 아니었다. "항의 방문을 할 때는 대여섯 명의 사람들만 있어도 벙어리처럼 입이 얼어붙었다." 처음에는 건배사조차 하지 못했던 간디는 1947년 2만 명이 넘는 사람들 앞에서 연설을 한다.

자기 삶을 돌이켜보며 간디는 이렇게 말했다. "부끄러워하는 성향 때문에 종종 사람들의 웃음거리가 되었지만, 그것이 내 약점은 결코 아니라고 생각했다. 그런데 이제 보니 사실 그 모두가 내 강점이었다. 늘 시간이 걸렸던 내 발언은 한때는 불편했지만 지금은 축복이다."

사회불안이 축복이라고? 사람들이 나에 대해 어떻게 생각하는지 신경 쓰는 일이 처음에는 가치 없어 보일 수도 있다. 하지만 다시 생각해보자. 간디가 옳았다. 적절한 수준의 사회불안 유지는 타인의 신념과 견해를 중시하는 데 진정한 힘을 발휘한다. 이를 공감이라 부를 수도, 존중이나 평등이라 칭할 수도 있다. 뭐라고 부르든, 특히 오늘날과 같은 시대에는 함께 삶을 여행하는 동료들에 대한 배려와 관심이 그 어느 때보다 중요하다.

간디는 자서전에서 자신의 사회불안에 대해 이렇게 기록했다. "사회불안은 나를 성장시켰다. 진실을 꿰뚫을 수 있도록 도와주었다." 나는 이 책이 진실을 분별하는 데 도움이 되길 바란다. 그 진실은 이미 당신 안에 있다. 당신은 있는 그대로 충분하다. 자, 이제 나와 함께 사회불안을 극복하고 진정한 나 자신이 되는 힘을 발견해보자.

HOW TO BE YOURSELF

타인 앞이
두려운 이유

불안은 어떻게 자리 잡는가

회피의 나비효과

짐은 매주 일요일 밤 댄스 수업에 한 번도 빠지지 않았다.

바깥에는 샛노란 나뭇잎 몇 장이 아직도 아슬아슬 매달려 뉴잉글랜드 바람에 몸을 떨고 있었다. 실내는 피로연장 같은 넓은 홀이었는데 비율은 정반대였다. 가장자리로 둥그런 연회 테이블 몇 개가 흰 천으로 덮여 있었고, 마시다 만 물잔들이 그 위에 아무렇게나 놓여 있었다. 넓은 공간은 튼튼해 보이는 나무로 매끈하게 마감된 댄스 플로어였다. 마빈 게이^{Marvin Gaye}의 〈하우 스위트 잇 이즈^{How Sweet It Is}〉가 음향 장비에서 흘러나오고 있었다.

실내는 분주했다. 스무 커플 정도가 자연스럽게 섞여 멋진 브라질 출신의 스튜디오 운영자 토마스의 지도 아래 웨스트 코스트 스윙을 연습하고 있었다. 토마스는 매주 일요일 저녁 그룹 레슨을 열었고, 이는 자연스럽게 토마스가 연습 파티라고 부르는 소셜 댄스로 넘어갔다. 토마스는 음향 장비 앞에서 새 노래가 나올 때마다 외쳤다. "신사 숙녀 여러분, 폭스트롯입니다." "다음은 룸바!" 학생들은 서로 춤을 신청했다. 스텝을 연습하는 동안 토마스는 주위를 돌며 조언을 해주고 어깨에 손을 얹거나 턱을 살짝 올려주면서 자세를 교정해주었다. 달리기로 잘 다듬어진 몸매와 아이리시 혈통을 보여주는 붉은 머리를 단정하게 깎은 56세의 짐은 4년 전 볼룸 댄스를 시작한 이래 쭉 단골이었다.

그날 저녁, 마지막 곡인 해리 코닉 주니어^{Harry Connick Jr.}의 〈어 윙크 앤 어 스마일^{A Wink and a Smile}〉 노랫소리가 서서히 잦아들고 사람들의 폭스트롯 스텝에도 힘이 빠지는 동안 토마스가 마이크 가까이 다가갔다. 그리고 두 눈을 반짝이며 말했다. "자, 마유미만 남기고 모두 댄스 플로어를 비워주시겠습니까?"

짐은 무슨 영문인지 몰랐다. 토마스는 보통 춤의 흐름이 끊기지 않도록 노래들을 연결해서 트는 것에 많이 신경 쓰는 편이었다. 하지만 그날 밤은 달랐다. 마유미는 짐의 담당 교사였기에 짐은 깍듯하게 박수를 쳤다. 그리고 의자를 향해 돌아섰다. 토마스의 말이 이어졌다. "오늘 밤 특별 공연이 있습니다. 바로 생일 댄스!"

짐은 얼어붙었다. 오늘은 그의 생일이었다. 어떻게 알았지? 아무한테도 말한 적 없었다. 그는 다시 몸을 돌려 수십 명의 사람들을 바라보았다. 웃으며 무대 한가운데 홀로 서 있던 마유미가 짐에게 손을 내밀었다.

시간과 연습은 얼마나 큰 변화를 만들어내는가. 4년 전, 짐은 파티에 참석한다는 생각은 꿈에서조차 해본 적 없는 사람이었다. 수십 명의 사람들이 북적거리고 사방이 거울인 곳에서 여성들에게 다가가 함께 춤을 추자고 손을 내밀어야 하는 댄스파티라면 더더욱 그랬다.

짐은 1960~1970년대에 도체스터^{Dorchester}의 아일랜드계 가톨릭 문화가 지배적인 동네에서 자랐다. 보스턴 중심부에 자리한, 노동자 계층이 사는 동네였다. 짐의 아버지는 조용하고 차분한 사람으로 하버드대학교 관리인으로 30년 동안 일했고, 엄마는 보험 회사 사무실에서 일했다. 짐과 남동생 라이언은 요즘 흔히 '트리플 데커'라고 부르는 3층 집의 2층에 살았다. 완전히 똑같이 생긴 집이 양쪽으로 붙어 있었고 현관은 나무 계단으로 되어 있었다. 학교에서 돌아와 동네에서 함께 노는 친구들은 대부분 친척이었다. 겨울에 거리가 눈에 파묻힐 때를 제외하고 남자아이들은 하키를 하면서 장난을 치고, 하키공을 주우려고 단단한 비닐지붕을 얹은 거대한 차 아래로 기어들어 가기도 했다. 시합이 한 판 끝나면 아이들은 심부름을 하고 남은 동전으로 마운틴듀와 트윙키 빵을 사 먹으러 길목에 있는 구멍가게에 우르르 몰려갔다. 이 또한 그들의 일과 중 하나였다.

이웃들은 서로 무척 가까웠다. 말 그대로 거리도 가까웠고 심리적으로도 가까웠다. "제 방 창문에서 바로 옆집 창문으로 넘어갈 수도 있었어요." 짐이 어린 시절을 떠올리며 말했다. "집들이 그렇게 가까이 붙어 있었어요." 집들이 다닥다닥 붙어 있는 만큼 공동체의 유대감도 끈끈했다. 동네에 낯선 사람이 나타나면 금방 누군가 다가가 "어떻게 오셨어요?" 하고 물었다. 거리에는 항상 보는 눈이 있었고 그 눈들이 늘 아이들을 지켰다. "정말 안전했어요. 물론 그 때문에 힘들기도 했지만요. 남동생하고 놀러 나가면 엄마가 린든 스트리트 너머는 가지 말라고 하세요. 물론 우리가 거기까지 안 갈 리가 없죠. 집에 오면 당연히 잔소리를 듣고요. 제가 '어떻게 알았어요?' 하고 물으면 엄마는 '오닐 부인이 보고 전화하셨다'라고 말씀하시죠. 도저히 어른들의 눈에서 벗어날 수가 없었어요. 하지만 어딜 가든 안전하다는 뜻이기도 했죠. 어린 시절을 보내기에는 최고의 환경이었어요."

3층 집 창문에서 내다보는 그 눈들이 짐과 친구들에게는 안전을 뜻했지만, 엄마 메브에게는 전혀 다른 의미였다. 짐과 라이언은 학교, 교회, 가족 모임 등 어디를 가든, 아니면 그냥 동네 친구들과 하키를 하러 가든, 계단을 우당탕 내려가 현관문을 열기 전에 늘 엄마 메브의 확인을 거쳐야 했다. 짐은 이렇게 말했다. "엄마는 '이리 와봐, 좀 보자'라고 말씀하셨어요." 메브는 아이들을 머리부터 발끝까지 한 번 더 살피며 단정치 못한 머리카락을 정리하고 침을 묻혀 얼굴의 눈곱을 떼어주기도 했다. "늘 단정해 보여야 했어요. 그래서 늘 두려웠죠. 사람들이 어떻게 생각할까. 이웃들이 험담하지 않을까.

아줌마들이 고개를 절레절레 흔들고 혀를 차면서 '세상에, 저번에 놀란 네 아이들 봤어?'라고 수군거리지 않을까 하는 두려움이요."

집으로 돌아오면 또 다른 절차가 남아 있었다. 간식을 찾아 부엌을 뒤지는 짐과 라이언에게 메브는 이렇게 물었다. '누구 안 만났어?' 짐이 말했다. "꼭 어항 속에 사는 느낌이었어요. 어딜 가든 사람들의 눈을 피할 수 없었으니까요. 어머니는 우리가 더럽게 놀거나 버릇없이 구는 모습을 이웃들이 보지 않을까, 뭐 그런 모습을 들키지 않을까 늘 걱정하셨어요. 하지만 한 번도 그런 감정을 드러내지는 않으셨어요. 그런 감정을 어떻게 설명해야 할지 모르셨을 거예요."

메브는 자신이 직접 나갈 때는 남의 눈을 더 의식했다. "은행에서 엄마 옆에 줄을 서 있는 게 가장 고역이었어요. 엄마가 움직일 수 없었으니까요. 보는 눈은 많은데 숨을 수가 없잖아요. 줄을 서라고 쳐놓은 빨간 선을 따라 직원이 있는 창구까지 가는 동안 사람들에게 전시되는 기분이었을 거예요." 시간이 지나면서 메브의 불편함은 점점 커졌고 결국 메브는 어느 시점부터 아예 바깥출입을 삼갔다. 교회에도 짐과 라이언만 보냈다. "엄마는 교회에 가서 사람들을 만나는 게 너무 무서웠을 거예요. 그래도 이웃들이 험담은 못 하게 저희를 보내신 거죠. 한동안은 그저 자존심이 강해서 그러신 거라고 좋게 생각하며 이해하려고 노력했어요. 그런데 이제는 알죠. 두려움 때문이었다는 걸."

불안의 뿌리는 수수께끼다

불안은 분명히 유전의 영향을 받는다. 짐의 경우처럼, 부모 중 한 명이 불안장애가 있으면 같은 장애를 갖게 될 확률은 4배에서 6배까지 증가한다. 하지만 심리유전학은 가장 영리한 과학자들도 미치게 하는 루빅스 큐브 같은 수수께끼다. 그 이유는 무엇일까? 첫째, 헌팅턴병 Huntington's Disease 이나 겸상적혈구빈혈증과 달리 불안은 단 하나의 유전자로 조절되지 않기 때문이다. 불안이 몇 가지 유전자의 치명적인 영향의 결과인지, 수많은 유전자의 미세한 영향의 결과인지도 분명하지 않다. '표현형 복잡성 phenotypic complexity'이라는 또 다른 문제도 있다. 불안은 머리가 여러 개 달린 신화 속 히드라와 같다는 뜻이다. 사회불안장애는 분명 '불안'으로 분류되지만 강박장애, 공황발작, 심지어 거미 공포증 같은 다양한 징후도 불안으로 분류된다. 같은 유전학적 씨앗에서 어떻게 그처럼 다양한 꽃이 피어나는지, 그저 놀라울 뿐이다.

둘째, 불안은 객관화할 수 없다. 적어도 아직은 실험실에서 불안을 측정할 수는 없다. 짐이나 메브의 피를 현미경으로 관찰한다고 불안이 보이는 것도 아니다. 지금까지도 불안은 전적으로 자기 보고에 의존하고 있다. 인간의 유전자가 수천 년 동안 불안을 발현시키고 있다고 해도 사회불안장애는 1966년이 되어서야 처음 문헌에 언급되었고 1980년이 되어서야 장애 증상의 하나로 규정되었다. 그러니 지금껏 인간이 내려온 진단이, 고대로부터 전해온 유전자 지도를 제대로 파악해 이뤄진 것인지도 의심스럽다.

마지막 문제는, 커피와 크림처럼 절대 분리해서 생각할 수 없는 유전과 경험의 관계다. 타고난 기질이 일상생활의 선택을 좌우하지만, 집에서 독서하는 편을 선호하는 것은 유전자가 그렇게 배열되었기 때문일까, 아니면 그저 습관이 되어 편하기 때문일까? 간단히 말하자면, 불안이 유전의 영향을 받는다는 명제는 누구나 수긍할 수 있지만 '어떻게' 영향을 받는지는 누구도 확신할 수 없다.

학습을 통해서 사회불안장애의 씨앗이 뿌려지기도 한다. 우리는 삶의 어느 시점부터 타인의 판단을 두려워해야 하고, 부끄러울 수 있는 것들을 감춰야 한다고 배운다. 그 교훈은 특별한 하나의 사건으로 우리 몸에 새겨질 수도 있다. 전교생이 모여 있는 조회 시간에 토를 했다거나 사람 많은 식당에서 공황 발작을 일으켜 웨이터가 소방 대대 전체를 불러와 버렸다거나 하는 사건들이다. 친구가 불량배들에게 당해 만신창이가 된 충격적인 사건이나, 어쩌다 잘못 만난 선생님에게 날이면 날마다 비난과 모욕을 듣는 모습을 지켜봤다거나, 사교에서 의미를 찾지 못하는 폐쇄적인 가정에서 자랐기 때문일 수도 있다. 어떻게 학습했든 사회불안장애는 어리석거나 부적절한 짓을 하다가 걸릴지도 모른다는, 그래서 그 모습이 만천하에 드러나 버릴지도 모른다는 두려움을 불러일으킨다. 사회불안장애가 어떻게 학습됐는지, 어느 시점부터 그런 건지 정확히 밝혀내지 못할 수도 있다. 다른 사람처럼 나 역시 특별한 사건으로 시작된 것은 아니었으며, 그저 늘 그랬다.

짐의 경우 어딜 가든 사람들 눈과 험담을 조심해야 한다는 메브의 가르침이, 오닐 부인의 확인 전화까지 더해져 냇가의 돌에 새겨진 물결 자국처럼 마음 깊이 남았던 것이다. 50년이 지난 지금, 짐은 이렇게 말한다. "사람들이 보고 있다는, 제 잘못을 들킬지도 모른다는 생각이 떠나질 않았어요. 엄마가 라이언과 제 마음에 이러한 생각을 주입시켰죠."

우리는 가족의 가르침을 스펀지처럼 흡수한다. 그 가르침이 우리 안에 중요한 신념 체계를 형성한다는 사실을 모른 채로. 집집마다 제각기 다른 가르침이 전해졌을 것이다. 예를 들면 현관 계단에 앉아 이웃과 수다를 떠는 것이 주말 오후를 보내는 이상적인 방법이라던가, 댄스 서클 한가운데서 자신의 몸놀림을 뽐내는 일은 위험한 일이 아니라 큰 즐거움이라고 말하는 것처럼 말이다. 내 남편은 지붕 수리공이나 배관공들에게 저녁을 먹고 가라고 청하는 것이 당연한 분위기에서 자랐다. 하지만 짐과 같은 집에서 자랐다면, 혹은 그보다는 남의 눈을 덜 의식하는 문화에서 자랐다고 해도 사람들이 우리를 평가함은 물론 그 평가는 아주 냉혹할 것이라고 예상하게 된다. 그리고 이러한 두려움이 사실처럼 느껴지고, 세상은 원래 그렇다고 생각한다. 그런 세상에서는 타인의 시선을 떨쳐버릴 수 없다. 다만 자신의 두려움에 홀로 갇혀 있을 뿐이다.

그 두려움 때문에 치러야 할 대가는 크다. 사람들을 만나기 어렵고, 만나도 친해지거나 좋은 시간을 보내기 힘들다. 필요한 것을 요

42

구하기 힘들고, 다른 사람들에게 괜히 잘난 척하고 쌀쌀맞고 차갑다는 인상을 남긴다. 단지 불안하다는 이유 하나만으로 말이다. 최악의 경우 두려움은 우리를 우울하고 고립되게 만든다. 그리고 우리가 있는 그대로의 자신이 되는 것을 방해한다.

웅덩이를 피하려다 구덩이에 빠지다

짐이 열네 살이던 어느 더운 여름날, 결정적 사건이 벌어졌다. 90퍼센트가 남자아이들인 동네에 옆 블록으로 한 자매의 가족이 이사를 왔다. 디나와 여동생이었다. 짐과 동갑인 디나는 긴 갈색 머리에 늘 환하게 웃고 다니는 소녀였다. 눈에 띄게 예뻤고, 나이에 비해 훨씬 성숙했다.

디나의 집은 큰길로 이어지는 골목의 모퉁이 끝에 있었다. 짐의 사촌인 로잘린의 바로 맞은편 집이기도 했다. 짐은 학교든, 로잘린네 집이든, 구멍가게든, 다시 집으로 오든, 한마디로 어딜 가든 반드시 디나의 집 앞을 지나야 했는데 디나와 디나의 여동생은 종종 황새처럼 긴 다리를 꼬고 집 앞 계단에 앉아 있었다. 남자다운 아이들이 거의 그렇듯 짐도 겁을 먹었지만, 그 집 앞을 하루에 대여섯 번씩 지나는 것은 결국 붙임성 있는 디나와 디나의 여동생에게 인사를 해야 한다는 뜻이었다. 그리고 몇 번 더 그 앞을 지나면서 짐은 자기가 사는 파란 집이 어디인지 알려주게 되었고 불만투성이 이웃들에 대해 실없는 농담도 하게 되었다. 어느 날, 디나의 눈이 빨갛게 충혈되어 있었다. 할머니가 넘어져서 골반이 부러졌다고 했다. 짐은 디나의 걱정과 두려움을 성심껏 들어주었다. 위로의 말을 찾지는 못했지만 그저 뭐라도 디나를 위해 할 수 있는 일이 있으면 좋겠다고 생각했다. 그 해가 지나는 동안 두 사람은 더 편해졌다. 그래봤자 절대 무리에서 소외되면 안 되는 질풍노도의 사춘기 시절에 느낄 수 있는 딱 그만큼의 편안함이었지만 말이다.

"그런데 어느 날," 짐이 말했다. "학교 친구 하나가 제게 이렇게 말했어요. '근데 말이야, 짐. 디나가 너 진짜 좋아한대.' 그게 끝의 시작이었어요. 어떻게 해야 할지, 무슨 말을 해야 할지 모르겠더라고요. 그때부터 디나를 볼 때마다 숨었어요. 수풀이든 자동차든 어디로든 숨었어요. 그리고 항상 피해 다녔어요. 누군가를 피해 다닌 건 처음이었어요. 디나를 통해 회피를 배운 셈이죠."

그야말로 결정적 순간이었다. 유전과 학습이 총을 장전했다면 친구가 우연히 방아쇠를 당겼다. 누구나 배가 아프고, 볼이 빨개지고, 아드레날린이 솟구치는 굴욕의 순간을 겪는다. 그 일회성 충격을 계속 불타오르는 사회불안장애로 만드는 것은 과연 무엇일까? 바로 회피다. 간단히 말하자면 회피는 기분을 나아지게 하려고 불안의 원인으로부터 등을 돌리는 것이다. 여기서 문제는, 회피가 분명 기분을 회복시킨다는 점이다. 적어도 잠깐은 그렇다. 회피는 잠시나마 불안이 사라지게 만든다. 짐 역시 다음번 동네에서 디나를 발견하고 바로 옆에 있는 쉐비 쉐빌 뒤로 숨을 때까지 불안을 느끼지 않았다.

하지만 장기적인 관점에서 회피는 재앙이다. 회피는 감정적 안녕의 주적이며 사회불안장애를 포함한 모든 종류의 불안을 고착시킨다. 사회불안장애는 유전과 학습만으로는 심각한 문제로 발전하지 않는다. 불안은 계속 커지면서도 세심하게 유지되어야 한다. 회피가 바로 이러한 역할을 완벽하게 해낸다.

물론 10대 소년이 회피의 장기적 효과를 알고 있을 리는 만무했다. 짐은 한 가지 사실만 알고 있었다. 회피를 통해 나도 너를 좋아한다고 말할 순간을 미룰 수 있다는 것. 회피는 첫사랑의 어색함을 유예했다. 하지만 더 중요한 점은 따로 있었다. 짐은 디나가 자신을 더 잘 알게 된다면 엄청난 실수였다고 후회하며 자신의 마음을 도체스터 동네 길바닥에 내팽개쳐버릴 거라는 두려움을 갖고 있었다. 그리고 회피를 통해 그 가능성을 차단했다.

그 두려움이 바로 사회불안장애의 핵심이다. 자신의 형편없고 부족하고 부끄러운 모습을 모든 사람이 알게 될지도 모른다는 느낌. 짐이 두려워했던 상황을 나는 '드러남 The Reveal' 이라고 한다. 타인의 평가를 두려워하는 것만이 사회불안장애의 전부는 아니다. 오히려 타인의 의견이 '옳을지도 모른다'는 두려움이 더 크다. 우리는 자신에게 문제가 있다고 생각하고 그 문제를 숨기기 위해 회피한다. 내 문제가 만천하에 드러나버리면 사람들에게 거부당하고 창피당할 거라고 생각하기 때문이다.

하지만 우리는 정확히 무엇을 두려워하고 있는 것일까? 워털루

대학교의 딥 싱킹 deep-thinking 심리학자 데이비드 모스코비치 David Moscovich 박사에 따르면 우리가 들킬까 봐 두려워하는 것은 다음 네 가지로 나뉜다.

첫째, 우리는 불안할 때의 신체 징후를 사람들이 알아챌지도 모른다며 두려워한다. 긴장할 때 셔츠에 땀이 배어나고, 포르노를 보다가 할머니에게 들켰을 때처럼 얼굴이 빨개지고, 무대 위에서 질문에 답하지 못하는 미인 대회 참가자처럼 말을 더듬는다. 옷장에는 목까지 올라오는 옷이 넘쳐나고, 구급상자에는 초강력 땀 억제제가 구비되어 있다. 손이 떨리는 모습을 들키고 싶지 않아 레이저 포인터를 사용하지 않고 사람들 앞에서 유리잔을 쓰지 않는다. 땀 흘리는 모습 따위 보여주지 않을 수 있지만, 대신 겉옷을 절대 벗지 않아야 한다. 가끔은 신경 안정제도 먹는다.

둘째, 우리는 자기 외모를 못마땅해한다. 매력적이지 않다고 생각하고, 옷을 잘 못 입는 편이며, 머리 모양은 웃기다고 생각한다. 뚱뚱한 데다가 피부에는 잡티까지 있다. 아무리 살을 빼고 관리를 해도 기준에 미치지 못한다.

성격, 중요한 문제다. 성격 전체가 다 문제라고 생각한다. 시원시원한 편도 아니고 재미도 없는 바보 멍청이에 실패자다. 무능하고 모자라고 이상하고 결함도 있다. 우리는 불안한 순간 이렇게 중얼거린다. '도대체 나한테 뭐가 문제지?' 그 질문에 답을 달자면, 우리의 가장 근본적인 '두려움'일 것이다. 자신의 가장 큰 결점이 드러날지도 모른다는 두려움.

사회적 능력, 이것 역시 중요한 문제다. 우리는 스스로를 개성도 없고 어색해하는 존재라고 인식한다. 할 말이 없을까 봐 걱정하고, 논리적으로 말하지 못할까 봐 걱정하고, 머릿속이 텅 비어버리지 않을까 봐, 너무 조용하고 너무 지겨운 사람이 될까 봐 걱정한다. 감정을 조절하지 못하고, 혼란스러워하고, 아무도 자기 말을 이해하지 못할까 걱정하고, 상대방이 이해 안 된다는 표정으로 바라보다 어린아이에게 말하듯 다시 한번 말해보라고 할까 봐 걱정한다.

그래서 우리는 결점을 들킬 바에야 아예 숨어버린다. 풀숲으로 뛰어들었던 짐처럼 대놓고 숨기도 하지만 애꿎은 휴대폰만 들여다보고 사람들을 바라보지 않거나, 친구들이 수다를 떠는데 가만히 듣기만 하는 것처럼 회피하는 모습을 드러내지 않는 경우도 있다.

짐은 디나를 피해 다니면서 두 가지를 배웠다. 첫째, 디나와 말을 섞는 것은 모험이다. 심지어 위험할 수도 있다. 창피를 당할 위험이 있고, 잘 나가다가 디나가 흥미를 잃고 떠나버리면 연약한 마음에 상처만 남을 가능성이 있다. 그 가능성 앞에서 짐은 디나와 아주 먼 거리를 뒀고, 일이 그렇게 진행되지 않도록 단단히 틀어막았다.

짐이 회피를 통해 배운 두 번째는 디나가 보내는 관심을 받아들일 수 없다는, 제대로 처리할 수 없다는 사실이었다. 회피는 뇌 안에서 여기저기 참견하고 다니는 암탉이다. 의도는 좋을지 모르나 자신을 보호하기 위해 '이 상황은 스스로 해결할 수 없다.'라는 메시지를 은밀하게 전달한다. 회피는 위협을 차단함으로써 '뭐야, 생각보다 나쁘지 않네.' 혹은 '잠깐, 별 큰일은 없었잖아.' 같은 깨달음을 방해한다. 그리고 한 번도 해보지 못했던 일을 해냈을 때 따라오는 자신감을 가로막는다.

요약하자면, 일이 끝나고 직장 동료와 한잔할 기회를 피할 때마다 ("안 돼, 오늘 이걸 끝내야 해. 기다리지 마."), 미용실에서 그렇게 짧은 머리를 원했던 건 아니었다는 말을 삼킬 때마다('저렇게 가위를 들고 있는데 기분 나쁘게 만들 수는 없잖아.') 혹은 퀸사이즈 대신 실수로 사 들고 온 킹사이즈 침대보를 그냥 쓰기로 할 때마다('온라인으로 환불이 가능할지도 몰라.') 우리 뇌는 다시 한번 상기한다. 이 대화는, 이런 모임은, 이 사람들은 정말 위험할지도 모르며 우리가 손쓸 방법은 없다고 말이다. 그렇지 않다는 증거들은 무시하면서 상황을 더 악화시킨다. 동료들과 술잔을 앞에 두고 어색한 침묵 속에 마주 앉아 있어도 그들은 나를 싫어하지 않는다는 사실을 절대 깨닫지 못한다. 실망한 표정으로 말없이 미용실 의자에 앉아 앞머리를 다시 기르려면 얼마나 걸릴지 계산한다. 결국 여기저기 뒤엉킨 침대보에 불편하게 누웠다가 자기 꼴이 너무 우스워 한숨을 쉰다. 쉽게 불안해하는 뇌에 이는 위험과 거절을 회피하기 위해 치러야 할 사소한 대가일 뿐이다. 하지만 그와 같은 대가를 계속해서 치러야 한다면 이는 곧 경험과 자신감이라는 빚을 갚지 않고 쌓아두는 것과 같다. 마음에 들지 않는 머리는 말할 것도 없다.

짐이 디나의 집을 피해 멀리 돌아다니거나 자동차 뒤에 숨기 시작한 지 1년 정도 지났을 때, 이웃집 친구가 디나네 가족이 지난주에 이사를 갔다는 소식을 전해주었다. 짐은 마음이 놓였지만 놀랍게도 실망감 역시 컸다. 자기 자신에게 실망했고, 결국 이 관계가 끝이라는 생각에 실망했다. 그리고 그렇게 회피한 경험이 생겼으니 청소년기와 초기 성인기에 있을 온갖 도전에도 그 방법을 사용할 것이었다. 짐의 유전자는 메브의 양육 방식과 결합하고 회피로 증폭되어 짐의 뇌에 단단히 새겨져 오랫동안 영향을 끼쳤다.

순간의 도망이 삶을 둘러 가게 한다

그로부터 40년 뒤로 넘어가보자. 50번째 생일이 막 지난 후, 짐의 삶은 바닥을 쳤다. 길었지만 불안했던 결혼생활 후, 짐의 아내는 짐을 챙겨 다른 남자의 집으로 들어갔다. 짐에게는 불안만 남았다. "아내는 제 불안을 '당신 그것'이라고 불렀어요." 짐이 말했다. "저한테 '당신은 도움이 필요해!'라고 소리치기도 했어요. 의사를 찾아가 봤더니 오히려 아내는 정말 제가 누군가의 도움이 필요하다는 사실을 받아들이지 못하더군요." 이혼한 뒤에 짐은 일을 계속하면서 필요한 일들은 처리했고, 일상은 그게 전부였다. 그는 금요일 퇴근 후부터 월요일 아침까지 집에만 틀어박혀 있었다. 그 시간엔 주로 역사 소설을 읽었는데, 좋아하는 일이기도 했지만 다른 일을 할 용기가 나지 않았던 탓이 더 컸다. 가끔 세례식이나 장례식 등의 가족 모임에 얼굴을 비치기는 했지만 초대장을 받은 3주 전부터 무슨 말을 할지,

기분이 어떨지, 결국 어떻게 될지에 대한 걱정에서 빠져나오지 못했다. 가끔은 전화기에 대고 억지로 기침하며 못 가겠다는 핑계를 대기도 했다.

사촌 로잘린이 짐의 상태를 알아채고 걱정을 하기 시작했다. 로잘린은 짐에게 상태가 더 나빠지기 전에 집 밖으로 좀 나가야 한다고 조언했다. 등 떠밀려 교회에도 몇 번 나갔지만 그것도 곧 그만두었다. 그러자 로잘린은 독서 모임을 추천했다. 짐이 또 거절하자 이렇게 말했다. "하지만 책 읽는 건 좋아하잖아. 집에만 있으면 안 된다니까." 그래서 그는 가족의 호숫가 별장이 비는 주말마다 그곳에서 지내기 시작했다. 호숫가에서 혼자 사람들을 구경했지만 누구에게도 말을 걸지는 않았다. 로잘린이 혀를 찼다. 그녀가 생각했던 건 아니었다.

많은 이의 삶에 로잘린 같은 사람이 있다. 그들은 불안해하는 우리에게 약간의 격려(넌 할 수 있어!)도 해주고 가끔 위협(혼자 쓸쓸하게 죽고 싶어?)도 한다. 하지만 불안 때문에 보잘것없어진 사회생활을 해결해보려는 사람에게 '도움이 될 테니까 사람들을 좀 만나봐.'라는 말은 몸에 좋으니 채소를 먹어야 한다는 호소와 크게 다를 바 없다. 정말로 좀 나가긴 해야겠다고 마음먹는다 해도 타인이 밀어붙일수록 우리는 더 버틸 뿐이다. 게다가 그만큼 가치 있는 일도 아닌 것 같다. 왜 괜히 사람들을 만난다고, 파티에 간다고, 자원봉사를 한다고 했을까? 땀이나 뚝뚝 흘리고 어색해 어찌할 바를 모르려고? 우리는 마침내 집에 돌아와 드디어 끝났다는 생각에 안도의 한숨을 쉰다.

하지만 어느 주말, 짐은 결국 로잘린의 잔소리를 이기지 못하고 그녀의 집에서 열리는 바비큐 파티에 억지로 참석했다. 짐은 거실 소파에 앉아 있었고 사람들이 그의 주변에서 햄버거와 감자샐러드가 담긴 종이 접시를 들고 수다를 떨고 있었다. 아이들은 강아지와 함께 거실을 뛰놀고 있었다. 그 순간 누군가 그의 뒤를 지나가더니 멈춰 섰다. 잠시 후, 여자 목소리가 들렸다. "어머, 이게 누구야?"

짐은 고개를 돌렸다. 나이가 든 디나가 서 있었다. 깜짝 놀란 짐의 두 눈썹이 치켜 올라갔다. 풀숲으로 숨고 싶은 옛날의 욕망이 다시 살아났지만, 어쩌다 보니 불쑥 말이 나왔다. "로잘린이 내 사촌이야. 넌 어떻게 여기?"

"로잘린네 집 건너편에 살았잖아. 기억나? 그때부터 친구였어." 디나는 소파 앞으로 와 무릎에 종이 접시를 가지런히 올려놓고 짐의 옆에 앉았다.

다들 그렇듯 두 사람은 지금 무슨 일을 하는지, 어디에 사는지, 얼마나 오랜만에 만난 건지, 시간이 얼마나 빠른지 이야기를 나누었다. 디나의 삶은 평탄하지 않았지만 지금은 지역 교통 공사에서 안정적으로 일도 하고 있고, 형편없는 남자친구들을 거친 다음 만나게 된 좋은 짝도 있었다. 짐도 자신의 이혼 이야기를 꺼냈다.

"안됐네." 디나가 말했다. 그리고 이렇게 덧붙였다. "집에 가기 전에 잠깐 따로 좀 볼 수 있을까?" 짐은 심장이 목구멍에 걸린 느낌으로 겨우 대답했다. "다, 당연하지."

두 사람은 현관 계단으로 자리를 옮겨 나란히 앉았다. 주위가 어두워지고 있었다. 디나는 담배에 불을 붙여 정중하게 그의 반대편으로 연기를 내뿜었다. 그리고 입을 열었다. "있잖아, 난 네가 날 싫어하는 줄 알았어. 그게 상처가 되더라고. 나는 네가 정말 좋은 사람이라고 생각했고 그래서 널 좋아했으니까. 틀린 생각은 아니었어. 나한테 접근했던 온갖 나이 많은 남자들은 전부 수작만 부렸거든. 그래서 괴로웠는데 너한테는 뭐든 이야기할 수 있었어. 정말 잘 들어줬잖아. 신사처럼. 넌 내가 원했고 또 필요했던 사람이었어."

짐은 아무 말도 할 수 없었다. "내가 너를 싫어한다고 생각했다고?" 잠깐의 정적 뒤에 짐이 입을 열었다. "그 반대였어." 디나는 고개를 돌려 그를 오랫동안 바라보았다. 그리고 미소를 짓더니 부드럽게 그의 팔을 살짝 쳤다. 그리고 담배를 길게 한 모금 빨아들였다. "알았다면 어떻게 됐을까."

나는 2월의 어느 쾌청한 날, 보스턴에 넓게 자리하고 있는 매사추세츠 Massachusetts 종합 병원에서 짐을 만났다. 로잘린네에서 열린 바비큐 파티 이후 몇 달 동안 이어진 자학이 결국 병원을 찾는 계기가 되었다. 짐은 예전과 같은 생활을 지속할 수도 있었다. 사랑을 잃고 결혼에 실패한 채 주말 내내 집에만 있다가 월요일 아침 밝은 태양에 두 눈을 찡그리며 집 밖으로 나오는 생활. 하지만 디나와 대화를 나눈 이후, 짐은 더 이상 그렇게 살지 않겠다고 결심했다. 이제 진짜 변해야 할 때였다. 그의 이야기를 듣고 나는 상황이 달랐다면 디나와 어떻게 되었을 것 같은지 물었다. 그는 빙그레 웃더니 창밖을 바라보았다. "그때 제가 정반대로 행동했다면 아마 디나와의 30주년을 앞두고 있을지도 모르죠. 지금은 좀 덜 불안해하면서 제 삶을 찾았으면 좋겠어요." 그가 말했다.

"당연히 그러셔야죠." 내가 말했다. "이제부터 그 작업을 할 겁니다. 그런데 순서를 좀 바꿔보면 어떨까요? 먼저 삶을 찾으면서 불안을 덜 느끼는 방향으로요."

할 수만 있다면 이 마지막 문장을 지붕 위에서 큰 소리로 외치고 싶다. 확성기를 대고 계속 외치고 싶다. 애벌레가 고치에서 나비로 탈바꿈하듯, 삶에서 한발 물러났다가 변화된 모습으로 '짠!' 하고 나타나는 것은 불가능하다. 우리는 실제로 부딪히면서 배우고 변화한다. 자전거 타는 방법에 대해 읽지 말고 실제로 자전거를 타봐야 한다는 것이다. 처음에는 당연히 기우뚱거리고 넘어질 것이다. 하지만 결국 근육과 감각과 마음이 저절로 배우고 터득한다. 그렇게 배운 것은 절대 잊지 않는다. 그래서 짐과 나는 함께 작업을 시작했다.

영화라면 이 부분에서 변화 과정을 보여주기 위해 〈분노의 눈동자 Eye of the Tiger〉처럼 땀을 흘리며 훈련하는 장면들이 등장했을 것이다. 불안에 대한 작업에도 그만큼의 노력은 필요하지만 드러나는 모습은 굉장히 다르다. 짐이 영화의 주인공이라면 그는 그저 평범한 일들을 하고 있을 것이다. 가벼운 대화를 연습하려고 직원들이 바글바글한 복사실에서 시간을 보내거나, 심장 박동을 느끼도록 훈련하기 위해 러닝머신에서 달리기를 한다거나, 동료들과 함께 점심을 먹거나, 처음으로 볼룸 댄스 수업을 받기 위해 문을 열고 들어서는 그런 장면들 말이다. 전부 지루한 일 같아 보이지만 사실 매우 중요한 일들이다. 그의 뇌 속으로 카메라를 당겨보면 1970년쯤 도체스터에서 배운 것들을 끊어내고 자신에 대한 새로운 믿음을, 더 중요하게는 끈끈한 친구들을 만들고 싶다는 욕구와 자신감을 심어주는 급진적인 변화가 생겨나고 있을 것이다.

짐의 변화는 내가 마술을 부린 게 아니다. 오늘날 나를 포함한 불안 전문가들은 기존의 연구라는 거인의 어깨에 올라타 있다. 성실하고 근면한 연구자들이 실험실과 병원에서 수십 년 동안 열심히 연구를 지속해왔다. 그리고 그들의 발견이 많은 이의 삶을 변화시켰다. 오늘날, 이 책에서도 소개할 헌신적인 과학자들은 연구비 부족, 점점 늘어나는 규제 관련 서류, 왕년의 과학자들이 생각지도 못했던 연구 속도와 같은 장애물에도 불구하고 연구실에서 가치를 매길 수 없는 새로운 지식을 생산하고 있다. 신경과학자들은 최첨단 장비를 통해 사회불안장애를 느끼는 뇌의 신경망이 불꽃놀이처럼 불붙었다가 사라지는 모습을 관찰한다.

진화심리학자들은 사회불안장애가 수천 년 동안 이어져 내려온 이유를 분석한다. 발달심리학자들은 산부인과 병동부터 대학 기숙사는 물론 그 이후까지 일생 동안의 사회불안장애 진행 경로를 추적한다. 그리고 임상심리학자들은 짐과 같은 사람들이 삶을 되찾으려면 생각과 행동, 신체를 어떻게 바꿔나가야 하는지 하나씩 밝혀내는 작업을 지속하고 있다.

다시 일요일 밤 댄스파티로 돌아가보자. 홀 중앙에서 손을 내민 마유미가 짐을 기다리고 있었다. 짐은 둥글게 선 사람들을 다소곳이 헤치고 마유미에게 다가갔다. 몇 년 전까지만 해도 짐은 일요일마다 집에만 틀어박혀 있었고 사람들이 북적이는 곳이라면 질색했다. 그의 삶에서 잘 모르는 여성에게 사방이 거울이고 보는 눈도 많은 곳에서 춤을 추자고 할 일은 결코 없었을 것이다. 하지만 그건 몇 년 전이고, 지금은 아니다.

짐이 마유미에게 손을 내밀었다. 마유미가 손을 잡았다. 토마스가 버튼을 누르자 스피커에서 〈문 리버 Moon River〉가 흘러나왔다. 왈츠였다. 하나 둘 셋, 하나 둘 셋, 마유미와 짐은 함께 춤을 추었다. 두 사람이 댄스 플로어를 누비는 동안 주변의 다정한 시선이 두 사람의 스텝을 따랐고, 짐의 마음은 자신감과 만족감으로 따뜻해졌다.

음악이 끝나고 요란한 박수가 뒤따랐다. 누군가는 휘파람을 불었다. 또 누구는 이렇게 외쳤다. "생일 축하해요, 짐!" 그리고 그의 주위로 원이 좁혀졌다. 친구들의 악수와 포옹, 다정한 토닥임이 한바탕 짐을 휩쓸고 지나갔다. 토마스가 음향 장비 너머로 소리쳤다. "아름다운 춤이었어요. 짐, 생일 축하해요! 자, 신사숙녀 여러분, 다시 차차차입니다!" 사람들이 짝을 짓는 동안 짐은 테이블로 돌아와 접이식 의자에 쓰러지듯 앉았다. 그리고 이렇게 생각했다. '태어나서 52년 동안 만난 사람보다 지난 4년 동안 만난 사람이 더 많군.' 짐은 숨을 크게 내쉬고 주위를 둘러보며 생각했다. '내가 여기 있다니 아직도 믿기지 않아.'

볼룸 댄스를 춰보고 싶은 적이 없었다고 해도 상관없다. 어떤 활동인지는 중요하지 않다. 중요한 점은 내면에 있다. 있는 그대로의 자기 모습이 괜찮다는 사실을 마음속 깊이 깨닫기 위해서는 무엇이든 간절히 하고 싶었던 일과, 그 일을 하고자 하는 의지와 할 능력을 길러야 한다. 그래야만 그렇지 않다고 설득하는 불안을 이겨낼 수 있다. 우리는 댄스 플로어에 나가 한 바퀴를 돌겠다고, 회의 중에 발언을 하겠다고, 누구하고든 대화를 나눠보겠다고 선택할 수 있으며 일이 예상했던 대로 진행되지 않더라도 잘 마무리할 수 있는 힘을 갖고 있다.

짐이 그랬던 것처럼, 우리는 자라면서 습득한 교훈을 거부하고 오래 사용해 낡은 뇌의 신경망을 다시 연결할 수 있다. 여기에 역설이 있다. 자기 모습을 변화시키지 않아도 자신을 확장하고 성장시킬 수 있다는 것이다. 당신은 여전히 같은 사람이고 당신만의 개성도 그대로다. 짐도 원래 모습 그대로 변화했다. 그는 여전히 할머니가 넘어지셨다는 걱정을 잘 들어주는 사람이며, 린든 스트리트 너머의 세상에는 무엇이 있을지 궁금해하며, 가까운 이들을 마음 깊이 아끼는 사람이다. 변한 것은 딱 하나, 두려움이었다.

어느 날 밤, 짐은 텔레비전에서 〈모던 패밀리^{Modern Family}〉를 보고 있었다. 소피아 베르가라^{Sofia Vergara}가 연기하는 글로리아가 타이 버렐^{Ty Burrell}이 연기하는 필을 위로하고 있었다. 필은 자신에게 실망해 시무룩한 상태였다. 사람들 앞에서 큰 망신을 당한 후에 슈퍼 히

어로가 되어 실수를 만회하려고 했다가 더 창피한 꼴만 당하게 되었다. 글로리아가 그에게 말했다. "중요한 건 당신이 자기 모습에 편하다는 거고, 주변 사람들도 편하게 해준다는 거예요. 사람들은 당신이 무슨 말이든 털어놓을 수 있는 사람이라고 느낄 거예요. 그게 당신의 초능력이라고요."

"그때 알았어요." 짐이 말했다. "나도 저렇다는 걸."

짐은 남동생이나 사촌 로잘린처럼 극소수의 몇 명과는 늘 편했다. 하지만 지금은 편한 사람이 훨씬 많아졌다. 직장 동료, 체육관 친구, 함께 춤을 추는 사람들. 그리고 그가 점점 편안함을 느낄수록 인간관계도 넓어졌다. 하지만 그 반대로 더 많은 사람들과 어울릴수록 자신의 모습을 보여주는 일에 더 편해진 것도 사실이었다.

그렇다고 그가 더 이상 불안을 느끼지 않을까? 당연히 아니다. 모든 상황에서 자신감이 넘칠까? 천만의 말씀이다. 하지만 그게 중요한가? 다시 짐의 이야기를 들어보자.

"요즘도 집 밖으로 나갈 때마다 옛날처럼 배가 찌릿하게 아픈 느낌이 있어요. 완전히 몸에 새겨진 거죠. 물론 지금은 긴장하더라도 제가 하고 싶은 대로 할 수 있다는 걸 잘 알지만요."

목표는 바에 뛰어 올라가 춤을 추는 것도 아니고, 전등갓을 머리에 뒤집어쓰고 나가는 것도 아니다. 그저 자기만의 방식으로 스스로를 약간 더 밀어붙이는 것이다. 불안을 그대로 두고도 우리는 원하는 삶을 살 수 있다. 그 과정에서 놀랍게도 불안이 차츰 사라져갈 것이다.

아무것도 변하지 않을 것이다. 그리고 모든 것이 변할 것이다.

짐은 2015년 보스턴에 닥친 최악의 한파로 폐렴에 걸렸다. 보스턴 사람들은 그 겨울이 '역대 최강 한파'였다고 했다. 지붕까지 쌓인 눈과 스트레스를 받는 보스턴 공무원들의 모습이 전국으로 방송되었다. 로잘린이 스노타이어를 단단히 장착하고 짐을 병원에 데려다주었다. 의사는 짐의 폐 소리를 듣고 인후를 확인한 다음 짐의 생활에 대해 물었다.

"잠깐만요." 의사가 물었다. "쉰여섯에, 일주일 내내 일을 하시고, 날마다 운동을 하시고, 주말 내내 수십 명의 여자분들과 춤을 추신다는 겁니까?"

짐은 한 번도 그렇게 생각해본 적이 없었다. "음, 그런 것 같네요." 의사가 짐을 바라보았다. 그리고 몸의 신호를 잘 들어야 한다는 등의 말을 했지만 짐은 '그 순간'을 누리느라 들을 정신이 없었다.

나도 내 환자들에게 '그 순간'을 약속한다. 내 두 눈으로 계속 목격했던 일이다. 그 순간은 이렇게 소리 없이 온다. 연습하고 도전하고 성장하는 동안에는 불안이 시시각각 변하고 있다는 사실을 인식하지 못한다. 그리고 완전히 변한 후에야 돌이켜보며 뭔가 달라졌다고 깨닫는다. '그 순간'은 바로 이런 순간들이다. '와, 웨이터에게 냅킨을 더 달라고 말한 건 처음인 것 같아.' '잠깐, 그러고 보니 집에 있어야 할 수만 가지 핑계를 찾지 않고 파티에 다녀온 건 오늘이 처음이네.' '어머, 마지막으로 주말 내내 집에 있었던 게 언제인지 생각도 안 나.' 혹은 의사가 눈썹을 치켜뜨고 당신을 바라보며 쉬엄쉬엄 사시라고 말하는 것까지도 말이다.

제멋대로 자라난 생각의 가지들

사회인식과 행동억제

사회불안은 단지 발한 억제제 판매 증가나 〈SNL^{Saturday Night Live}〉 시청률 증가에 기여할 뿐인 걸까? 하지만 사회불안이 진화의 실수가 아니라는 것은 수치가 증명한다. 40퍼센트의 사람들이 스스로 '부끄러움이 많다'라고 생각했으며 13퍼센트의 사람들이 살면서 한 번은 사회불안장애를 겪는다. 이 수치는 존재의 쓸모없음과는 거리가 멀다. 자연은 길가에 피어 아무도 주목하지 않는 꽃의 아름다움을 통해, 13퍼센트의 사람들 또한 인류라는 꽃다발에 꼭 필요한 꽃 중 하나라고 말하려는 건지도 모른다.

9월마다 내 페이스북 피드에 뜨는 사진들로 미루어볼 때, 어린아이들을 키우며 뉴잉글랜드에 살고 있는 사람들은 가을마다 사과 과수원에서 '마음껏 따가기' 순례를 빼먹지 않는 것 같다. 그 사람들 안에 속해 있는 나 역시 가을마다 사과나무에 대해 고민해볼 시간이 자연스레 많아졌다.

흔히 나무가 더 크고 푸를수록 열매가 많이 열릴 거라고 생각한다. 하지만 그렇지 않다. 사과나무는 가지치기에 엄청난 공을 들여야 하는 나무로 유명하다. 사과나무는 일찍부터 가지를 잘 쳐줘야 한다. 그렇게 가지를 다 쳐버리면 나무가 제대로 자랄까 싶겠지만 사실 그 반대다. 가지를 쳐줘야 공기와 햇빛을 충분히 받아 열매가 주렁주렁 열린다. 반대로 나무가 무럭무럭 자라게 내버려두면 가지에는 아예 사과가 열리지 않는다.

왜 이런 이야기를 하느냐고? 다른 사람들의 감정, 신념, 의도를 파악하고 그에 맞게 반응하는 능력을 사회인식 능력이라고 해보자. 사회인식 능력은 꼭 필요한, 굉장히 훌륭한 능력이다. 어찌 보면 독심술과 가장 가까운 능력일 수도 있다. 사회인식 역시 사과나무처럼 제대로 가지를 쳐주면 좋은 성과로 이어진다. 하지만 손을 쓰지 않고 제멋대로 자라게 내버려두면 과도한 인식으로 이어진다. 상황 파악에 지나치게 신경 쓰고 모든 시선이 자신을 향한다고 의식하며 약간의 편집증 증상까지 보일 수 있다. 타인의 모든 시선과 몸짓을 개인에게 해당되는 것으로 받아들인다. 모든 상호작용에서 위협에 민감해하고 그 때문에 자리를 피하거나 숨으려고 한다. 이는 결국 사회불안장애로 발전한다. 그리고 그 상태에서는, 너무 자라버린 사과나무처럼 더 이상 열매가 열리지 않는다.

요약하자면, 사회불안은 보통 도움이 되지 않지만, 사회불안의 원인이 되는 특성은 일상에서 도움이 된다. 사회인식 능력과 행동억제가 바로 그것이며, 이에 대해서는 곧 다시 언급할 것이다. 이는 사회에서 굉장히 중요한 특성이라, 대다수의 인류가 그 특성을 과도하게 발현시키도록 진화해왔다.

그렇다면 그 진화의 씨앗에서 어떤 성격이 꽃을 피우는 것일까? 그런 특성이 정말 그렇게 중요할까? 그리고 웃자란 사과나무처럼 그런 특성이 과도하게 발현되면 어떻게 될까? 적절히 가지를 쳐주면 또 어떻게 될까? 이 모든 질문에 답하기 전에 신시아의 이야기부터 들어보자.

너무 많이 자라난 경계심

1980년 2월, 신시아는 미국에서 가장 역사가 깊은, 미국 심리학의 아버지 윌리엄 제임스가 창설한 하버드 심리학과 대학원생이었다. 푸에르토리코^{Puerto Rico} 출신인 예쁘장한 갈색 머리의 신시아는 박사 학위를 따기 위해 매사추세츠의 케임브리지에 도착했다. 앞으로 1년 동안은 밤에 불을 밝히며 열심히 공부해야 할 시기였다. 신시아는 고등학교 2학년 때 심리학 수업을 듣고 머릿속 전구가 반짝 켜지며 평생 가야 할 길임을 깨달았다. 신시아는 다음 날 지도 교수와

의 미팅을 앞두고 있었다. 저명한 발달 심리학자 제롬 케이건^{Jerome}
^{Kagan} 박사에게 논문 자료 수집이 얼마나 진척되었는지 보고할 예정
이었다. 지도 교수를 만나 많은 피실험자들을 만나온 덕분에 자료가
쌓여가고 있다고 말할 기대에 들떠 있었다.

　그리고 오늘, 또 다른 일이 예정되어 있었다. 밝은 빨강의 방한복
을 입은 21개월의 제니퍼가 엄마 손을 잡고 실험실 문 앞에 나타났
다. 신시아는 아동 발달을 연구하고 있었기 때문에 다른 대학원생이
쥐나 편의상 하버드 학부생들을 대상으로 연구하고 있을 때, 보스턴
지역의 산부인과들을 찾아다니며 힘들게 피실험자들을 선정해야
했다. 두 번째 생일을 앞두고 아장아장 걷고 있는 제니퍼도 그렇게
만난 아이였다. 신시아는 제니퍼와 엄마를 따뜻하게 맞이하고 제니
퍼와 눈높이를 맞추기 위해 쭈그리고 앉았다. 신시아가 미소를 지어
보였지만 제니퍼는 아무 반응이 없었다. 그저 고개를 돌려 엄마 다
리에 얼굴을 파묻었다. 아직 실험은 시작도 안 했지만, 신시아는 눈
송이가 내려앉은 제니퍼의 뒷머리를 따뜻한 눈길로 바라보며 오늘
실험의 결과를 직감했다.

　신시아는 몇 가지 서류를 앞에 두고 제니퍼의 엄마에게 연구 목적
에 대해 설명했다. "오늘 제니퍼는 나이에 맞는 다양한 활동을 해볼
거예요. 전부 실생활에서 겪을 만한 일들이에요. 새로운 공간에서
새로운 물건을 접하고 새로운 사람도 만날 거예요. 활동 강도를 천
천히 높이면서 제니퍼의 반응을 관찰할 겁니다." 엄마가 동의의 뜻

으로 고개를 끄덕였다. 그녀는 신시아만큼 제니퍼에 대해 잘 알고 싶어 했다. 신시아는 복도를 지나 밝게 꾸며진 놀이방으로 엄마와 제니퍼를 안내했다. 요리 놀이 장난감, 갖가지 주방 도구, 인형, 봉제 동물 인형 등이 있었고 한쪽 구석에는 무언가를 가리려는 듯 커튼이 드리워져 있었다.

제니퍼는 약 1시간 동안 계속해서 새로운 대상에 노출되었다. 먼저 신시아가 새로운 장난감을 가지고 노는 모습을 보여주었는데 제니퍼는 눈을 크게 뜨고 바라만 볼 뿐 엄마 무릎에서 떨어지려 하지 않았다. 신시아는 과장된 몸짓으로 인형 두 개를 앉혀놓고 테이블 위에 장난감 음식을 차렸다. "계란프라이는 여기 있어, 친구야. 토스트도 좀 먹을래? 아니면 사과?" 그리고 동물 인형 세 개를 한데 모아 비가 오는 시늉을 하며 크게 말했다. "어머나! 비가 온다! 피해, 친구들아!" 신시아는 손바닥을 위로 하고 야속한 회색 하늘을 바라보며 얼굴을 찡그렸다. 그리고 동물 인형들과 함께 상상 속의 비를 피하려고 아기 담요를 뒤집어썼다. 그러는 동안 제니퍼는 진지한 표정으로 바라보기만 할 뿐 아무 반응이 없었다. 하지만 신시아의 요리 놀이와 비 피하기 놀이를 두 눈으로 좇으면서 스펀지처럼 흡수하고 있었다. 몸은 움직이지 않았지만 뇌는 부지런히 움직이고 있다는 사실을 알 수 있었다. 내면에서만 왕성한 활동이 벌어지고 있었다.

다음으로 신시아는 제니퍼에게 새로운 사람을 소개해주었다. 나무못을 꽂는 판과 분홍색 퍼즐을 들고 있는 친절한 대학원생이 제니퍼에게 같이 놀자고 했다. 제니퍼는 오랫동안 주저했지만 마침내 엄마를 데리고 와 가까이 앉아 있게 한 다음 퍼즐 조각들을 맞춰보기 시작했다.

그리고 가장 중요한 마지막 활동으로 넘어갔다. 무엇이 있는지 궁금하게 만들었던 커튼을 들추니 새로운 장난감이 있었다. 용수철 팔이 달린, 60센티미터 정도 되는 깡통 로봇으로 머리는 크리스마스 전구로 화려하게 꾸며져 있었다. 제니퍼는 흥미를 보였지만 주저했다. 신시아가 다가가 보라고 격려했다. "이거 봐, 머리에 불이 달려 있네. 바보 같지 않니?" 신시아가 말했다. "그런데 이 스위치로 불을 켰다 껐다 할 수 있어."

용기를 낸 제니퍼가 손을 뻗어 스위치를 눌렀다. 불이 켜졌고 제니퍼가 웃었다. 그리고 계속 스위치를 켰다 껐다 하면서 즐거워했다. 그런데 갑자기 로봇이 말을 하기 시작했다. "안녕." 남자 목소리였다. "나랑 놀래? 내 눈을 봐. 여기도 불이 켜져." 제니퍼는 곧장 물러났다. 신시아가 다시 스위치를 켜보라고 제안했지만 제니퍼는 경계심을 풀지 않았다. 용기는 사라지고 다시 안전한 엄마 품으로 돌아가버렸다.

신시아는 이와 같은 활동을 대략 117번 반복할 예정이었다. 117명의 아이에게 달걀을 주고 비를 맞는 시늉을 하고 로봇을 소개할 것이다. 그 117명 중에 약 3분의 1이 제니퍼처럼 반응할 것이고 또 다른 3분의 1일은 전혀 다른 모습을 보일 것이다. 곧장 놀이방으로 뛰어 들어가 탐험을 하고, 비가 오면 신시아와 동물 인형과 함께 담요를 뒤집어쓰며, 퍼즐을 하자는 대학원생에게 쉬지 않고 종알종알

떠들다가 로봇이 말을 시작하면 신나서 소리를 지를 것이다. 117명의 아이에게서 신시아는 조심성과 대범함을, 부끄러움과 사교성을, 음과 양을 목격할 것이다.

그렇다면 제니퍼의 행동에서 신시아는 구체적으로 무엇을 파악한 것일까? 1984년, 117명의 어린이를 대상으로 한 신시아의 연구 결과는 명망 있는 저널 〈차일드 디벨롭먼트^{Child Development}〉에 실렸다. 낯선 상황이나 사람, 환경으로부터 물러서는 경향을 뜻하는 '행동억제'라는 용어가 학계에 처음 소개된 순간이었다. 오늘날 행동억제는 개인의 특성으로 정의되며 새로운 사람이나 장소, 사건을 마주했을 때 느끼는 개인의 경계심 정도를 뜻한다.

물론, 행동억제는 유아기를 지나서도 계속된다. 박테리아부터 도마뱀, 제니퍼, 그리고 당신과 나를 포함한 모든 유기체는 새로운 장소나 음식, 구직 제안, 퍼즐을 들고 있는 낯선 사람 등 새로운 무언가를 마주했을 때 잠시 멈춰 고민한다. 돌다리라도 두드리고 본다. 우리를 위험으로부터 안전하게 보호하는 것이 바로 행동억제다.

행동억제는 가지만 잘 쳐주면 안전을 보장하기 때문에 진화 과정에서 살아남을 수 있었다. 사회인식 능력도 마찬가지다. 사회불안은 유쾌하지도 유용하지도 않지만, 그 뿌리는 결코 그렇지 않다.

사회불안 자체도 정도가 심하지 않다면 분명 쓸모가 있다. 그렇다면 사회불안은 도대체 우리에게 어떤 도움이 될까? 진화의 관점에서 길게 보자면 사회불안이 하는 일은 많다. 인간은 사회적 동물이다. 호랑이나 곰과 달리 우리는 공동체 안에서 살아가도록 진화되었다. 수렵 채집 시절부터 인간은 음식과 물, 안식처, 도구 제작을 집단에 의존해왔다. 아이를 기르는 데에만 마을이 필요했을 뿐만 아니라 다 같이 목숨을 부지하기 위해서도 마을이 필요했다. 그 덕분에 집단은 오랜 세월 번식을 통해 이어져올 수 있었다. 그리고 그 과정에서 개인은 분쟁을 피하고 공동체에 기여하는 모습을 보여야 했다. 열심히 일하고, 친구를 사귀고, 사람들의 호감을 얻는 것이 제 몫을 다하는 방법이었다. 약간의 사회불안은 두 가지를 통해 공동체를 유지했다.

첫째, 사회불안은 집단의 조화에 기여한다. 우리는 자신에 대한 타인의 판단을 의식하도록 진화했다. 적당한 사회불안은 사회적 유대감을 유지시켜 갈등을 줄인다. 따라서 내적 분쟁으로 시간과 에너지를 낭비할 일 없는 응집력 있는 집단이 내적 갈등을 겪는 집단보다 더 잘 적응하고 오래간다. 끈끈한 공동체는 다른 집단과의 경쟁에서 우위를 점하게 되므로 공동체의 조화는 진화에 유리했다. 그러므로 타인과의 긴장을 통한 조화는 문제아 한 사람이 집단 전체의 조화를 깨트리도록 내버려두는 것보다 더 영리한 진화 전략이었다.

둘째, 사회불안은 개인의 안전을 보장한다. 위에 언급한 그 문제아에게 무슨 일이 일어날까? 추방, 유배, 배척이다. 힘들게 이룬 집단의 조화를 위협하는 이들에 대한 차단은 어느 시대, 어느 문화에나 존재했다. 심지어 인류가 아닌 다른 종도 마찬가지였다.

인류 초기에 추방은 곧 죽음을 뜻했다. 성경에도 죄를 지은 이에게 추방의 벌을 주는 것으로 마무리되는 이야기, 잘못한 이를 '민족에서 추방하는' 이야기가 넘쳐난다. 홀로 남겨져 들개와 싸우는 것이야말로 죄인에게는 극단의 형벌이었다. 그러므로 저 멀리 황량한 곳으로 내쳐지지 않기 위해 가장 중요했던 것이 바로 사회인식이었다.

'우리'와 '남들'의 구분이 확실한 배타적 공동체일수록 배척 또한 빈번하게 일어난다. 아미시^{Amish} 교파는 죄를 지은 사람이 자신의 잘못을 고백할 때까지 모든 사회적 관계를 중단시킨다. 함께 음식을 먹지도, 이야기를 나누지도 못한다. PBS 다큐멘터리 〈션드^{Shunned}〉에 출연했던 아미시 지도자는 이렇게 말했다. "복종을 잃으면 교회를 잃는다."

물론 현대의 추방은 종교에만 국한되지 않는다. 스포츠 분야에서도 공공연하게 일어난다. 피트 로즈^{Pete Rose}, 도널드 스털링^{Donald Sterling}을 보라(둘 다 팀에서 제명되었던 전 야구선수들). 정치권에서도 비공식적으로 추방이 일어난다. 그 예로 앤서니 위너^{Anthony Weiner}, 존 에드워드^{John Edwards}가 있다. 사업 경영에서도 이런 일들이 소송으로 번지고 있다. 제프리 스킬링^{Jeffrey Skilling}, 버니 매도프^{Bernie Madoff}가 그렇지 않은가. 물 한 병도 맞춤 서비스로 받아 마실 수 있고 배달음식이 일상인 오늘날에도 우리는 여전히 사랑을 제공하는 무형의 공동체가 필요하다.

사랑이라는 말이 나왔으니 덧붙이자면, 약간의 사회불안은 우리를 더 나은 동반자로 만들기도 한다. 상대를 더 배려하고 더불어 눈치도 빨라지기 때문이다. 이쯤에서 이렇게 생각하는 독자들도 있을 것이다. '잠깐, 불안하면 행동이 더 어색해지고 이상해지잖아. 그거야말로 연애를 방해한다고.' 무슨 말인지 이해한다. 첫 데이트에서 어색한 대화를 주고받고 있다면 사회불안이 쓸모 있어 보이지는 않을 것이다. 하지만 진화론의 관점으로 보자면 사회불안이라는 성격은 그보다 더 멋질 수 없다. 사회인식과 행동억제는 공동체의 조화와 개인의 안전을 보장하는 데 반드시 필요한 특성이지만, 대자연의 입장에서는 가끔 과하게 발현되는 것 같을 때가 있다. 하지만 우리가 살아가고 있는 사회에서는 충분히 감수할 만한 일이다. 어쨌든 진화론에서는 인류의 번식이 언제나 최우선이기 때문이다. 불안으로 인한 어색함은 불편할 수 있지만, 큰 맥락에서 보자면 마땅히 치러야 할 아주 작은 대가일 뿐이다. 인간의 유전자는 사회인식 능력이 높을수록 후세에 전달될 확률도 높다. 아무런 위협도 없는데 울려대는 고장 난 경보도 유전학적으로만 보자면 지극히 정상이며 치러야 할 비용 또한 없다. 반대로 진짜 사회적 위협을 놓치는 것이야말로 늑대 무리에 던져지는 일이다. 추방당한 유전자는 포식한 늑대만 기분 좋게 만들어주며 영향을 미치지 못한 채 생을 마감한다. 다시 말하면, 사회불안은 손실은 적고 이득은 커 진화상 우위를 점하게 되었다.

요약하자면, 사회불안은 진화론적으로 손실보다 이득이 크기 때문에 수천 년 동안 이어져왔다. 사회불안은 공동체가 부드럽게 굴러가게 만든다. 사회불안 덕분에 우리는 집단의 일원으로 존재할 수 있으며, 요즘 같은 심리스^{Seamless} 와 아마존 프라임 나우^{Amazon Prime}

의 시대에도 동료애와 소속감을 느낄 수 있다. 사회불안 덕분에 가능한 자기인식, 공감, 배려는 장기적인 관계 유지에 도움이 되고 이를 통해 우리는 유전자를 후세에 전달할 기회를 얻는다.

물론 아무리 좋은 점이 있다고 해도 사회불안이 지닌 과도한 행동 억제와 사회인식 때문에 사회생활이 힘들다고 생각할 수 있다. 그래도 힘을 내길 바란다. 부족한 것보다 과한 편이 훨씬 낫다. 무럭무럭 자라서 가지를 쳐줘야 하는 사과나무가 시들어 말라 죽어가는 사과나무보다 훨씬 낫다. 인간에 대한 '극도로 예민한 감각' 또한 부족한 것보다 낫다.

그렇다면 전문가의 손길로 가지를 쳐준 사과나무 같은 사회불안은 과연 어떤 모습일까? 과도한 사회불안과 행동억제 경향을 타고 난 이들에게 가장 알맞는 옷은 무엇일까? 이를 찾기 위해 제니퍼와 117명의 아이들 이야기를 다시 살펴보자.

장기적 변화를 다루는 연구는 과학에서 흔하지 않지만, 케이건 팀은 신시아가 논문을 마무리한 후에도 제니퍼의 집단을 오랫동안 추적 연구했다. 아이들이 열세 살이 된 1990년대 초, 케이건 팀은 그중 몇 명을 다시 불러 거미에 대한 두려움부터 새로운 친구 사귀기에 대한 두려움까지 청소년기의 전반적인 두려움에 대해 다시 인터뷰했다. 기질이 정반대였던 아이들, 그러니까 대략 절반은 제니퍼처럼 소심했고 절반은 제니퍼와 반대로 대범했던 아이들의 인터뷰 결과는 놀라웠다. 소심한 아이들은 모든 걸 두려워하고 대범한 아이들은 아무것도 두려워하지 않을 거라고 예상했지만 전혀 아니었다. 전형적인 공포, 예를 들면 높은 곳에 대한 공포나 엘리베이터 혹은 치과에 대한 공포는 두 집단 사이에 전혀 차이가 없었다. 10여 년 전과 달리, 흔히 분리불안이라고 하는 부모에 대한 집착도 거의 차이가 없었다.

소심한 집단과 대범한 집단 사이의 단 한 가지 차이가 있다면 바로 사회불안이었다. 유아기에 행동억제 경향을 보였던 아이 중 34퍼센트가 사회불안장애 증상을 보였다. 그렇지 않았던 집단에서는 9퍼센트뿐이었다. 대범한 집단에서 9퍼센트도 높다는 생각이 든다면, 열세 살이라는 나이는 일생 중 가장 혼란스러운 시기임을 생각해보자. 열세 살은 다 자랐으면서 동시에 어리숙한 시기다. 성호르몬과 자의식이 넘친다. 이런 상태임을 고려하면 대범한 아이 중 상당수가 사회불안장애 증상을 보이는 것도 전혀 놀라운 일이 아니다.

하지만 더 놀라운 점은 두 집단의 격차다. 소심한 집단에서 사회불안으로 힘들어하는 아이들의 수는 세 배가 넘었다. 그런 아이들이 바로 너무 자라버린 사과나무들이다. 행동을 억제하는 기질은 여러 면에서 유용하지만, 어린 시절을 보내면서 사회불안이라는 불쾌한 여정을 시작하게 될 가능성이 높다.

그렇다면 소심한 집단에 속해 있었지만 이제는 아무 문제 없는 66퍼센트의 아이들에게는 무슨 일이 일어난 것일까? 행동을 억제하는 경향을 타고났지만 별걱정 없이 뭐든 잘 해내게 된 비결은 과연 무엇일까? 바로 그 지점을 찾아야 한다. 지난 몇 년 동안 조용히 세상을 움직이는 힘에 대한 연구가 활발했던 덕분에 이제 우리는 그런 이들을 지칭하는 용어를 갖게 되었다. 바로 '내향적인 사람들 introverts'이다.

그리고 이제 그들의 시대가 왔다. 지난 몇 년 동안 조용히 자기 내면을 살피는 것은 인정의 정도를 넘어 유행이 되었다. 에이미 슈머 Amy Schumer, 가이 가와사키 Guy Kawasaki, 킴 카다시안 Kim Kardashian 등 전혀 그럴 것 같지 않은 인물들도 저마다 자신의 내향성을 선언했다. 개인적으로 나는 베스트셀러인 수전 케인 Susan Cain의 『콰이어트』를 읽고 깜짝 놀랐다. 내가 파티보다 혼자 책 읽는 걸 좋아하고, 억지로 같이 일하느니 혼자 일하는 편을 선호한다는 걸 그녀는 어떻게 알았을까? 나는 다양한 관계도 즐기지만 그 후에는 반드시 충전의 시간을 가져야 한다. 지루하거나 외롭기 싫어서 관계를 놓지 않지만, 한꺼번에 많은 사람을 만나기보다는 둘만의 만남을 선호한다.

그런 내향적인 사람 중에도 불안해하지 않는 이들이 있다. 고독을 사랑하고 친밀한 만남을 선호하지만, 낯선 사람이나 권위자를 비롯한 타인의 존재에도 편안함을 느낀다. 뷔페 테이블 밑으로 숨고 싶어서가 아니라 에너지를 빼앗기기 때문에 시끌벅적한 파티나 행사를 좋아하지 않는다. 차분하지만 자신감 있고, 있는 그대로의 자기 모습으로도 편안하다.

반대로 외향적인 사람이라도 사회불안을 느낄 수 있다. 케이건의 추적 연구에서도 대범했던 아이 중 9퍼센트가 그런 아이들로 자랐다. 사람들에게 에너지를 얻으면서 동시에 그들을 두려워한다고 생각해보자. 직장 동료와 술 한잔하러 가고 싶지만 혹시 내가 가는 걸 싫어하진 않을지 걱정한다. 파티라면 어디든 달려가고 싶지만 분위기 파악 못 하는 말을 하게 될까 봐 걱정한다. 마이크를 보면 잡고 떠들고 싶지만 사람들 앞에 서는 순간 겁에 질려버린다. 친구들과 주말 계획을 세우며 한껏 들뜨지만 매번 마지막 순간에 약속을 취소하는 사람이 된다. 게다가 내향적인 사람은 혼자 있는 시간에 기운을 회복하지만, 외향적인 사람은 그럴 때 더 기운이 빠진다. 실제로 외향적인 사람은 너무 오래 혼자 있으면 달팽이처럼 모든 에너지와 의욕을 잃는다. 사회불안이 있는 외향적인 사람은 어떤 상황에서도 힘들 수밖에 없다. 힘없이 외로워하거나 두렵고 어색해하거나, 둘 중 하나다.

사회불안을 겪는 외향적인 사람은 이래도 힘들고 저래도 힘들다고 느낄 수도 있겠지만, 외향성과 불안을 혼동하는 사람은 없다. 하지만 내향성과 사회불안은 경계가 더 모호하다. 사회불안을 겪는 내향적인 사람이 흔하기 때문에, 두 용어는 종종 혼용된다. 심지어 사회불안이 내향성의 극단적인 형태로 여겨지기도 한다. 행동억제라는 뿌리가 내향성과 사회불안이라는 두 가지 싹을 틔우고, 그 두 가지가 종종 한 사람에게 나타나기도 하지만, 사실 둘의 의미는 몹시 다르다. 내향성과 사회불안은 빨간 사과와 초록 사과의 차이 정도가 아니라 사과와 오렌지의 차이다.

불안으로 착각하지 말아야 할 성격

그렇다면 존중해야 할 내향성과 이겨내야 할 사회불안의 확실한 차이는 무엇일까? 네 가지 특징으로 분류해 살펴보자.

첫째, 사회불안은 키워지는 반면 내향성은 타고나는 것이다. 짐과 제니퍼 모두 행동억제 기질을 타고났다. 하지만 짐의 사회불안은 두 가지 때문에 촉발되었다는 점을 기억해야 한다. 바로 학습과 회피다.

따돌림을 당해본 적 있다면 친구들은 전부 못되고 심술궂다고 생각하게 될 것이고, 사람들이 얕볼지도 모른다는 부모님의 경고를 듣고 자랐다면 절대 도움을 요청하지 않는 사람이 될 것이다. 수전 케인의 말대로, 외향성을 찬양하는 서구 사회는 조용한 기질이 '실망과 병적 이상 사이' 어딘가에 속해 있다고 주입시켰다. 어떤 경로로 우리 뇌에 새겨졌든지 간에 사회불안은 사람들이 우리의 결점을 찾아내고 혹독하게 비판할 것이라고 믿게 만든다.

그렇다면 당연히, 디나를 피해 다녔던 짐처럼 회피하는 법을 배우게 된다. 어렸을 때 사람들의 관심을 끌었던 경험을 불편하게 여기고 비슷한 상황을 피하기 시작하면, 결국 그 상황을 아무렇지 않게 넘길 수 있다는 사실도 배우지 못한다. 회의가 끝나고 자연스럽게 이어지는 수다를 피하려 끝나자마자 자리를 뜨고, 파티에 가지 않으려고 꾀병을 부리고, 불안해질 때마다 휴대폰만 노려본다. 이 모든 행동이 조금씩 우리를 옭아맨다. 생각했던 것만큼 사회생활이 힘들지 않다는 사실을 발견할 기회까지 놓쳐버리고 이제야 이 책을 들고 있는지도 모른다.

둘째, 내향성일 경우 혼자 있을 때 기분이 좋아진다. 하지만 사회 불안은 혼자 있을 때 단지 '덜 불안해'지는 것뿐이다. 불안을 덜 느 낄 때 기분이 좋아지므로 아주 미묘한 차이일 수 있다. 그러니 더 자 세히 살펴야 할 필요가 있다. 내향적인 사람은 혼자 있거나 일대일 만남일 때, 혹은 믿을 수 있는 소수의 친구들과 함께 있을 때 에너지 를 얻는다. 내향적인 사람에게 고독은 기분 전환이자 배터리 충전이 다. 반대로 사회불안이 있는 사람은 혼자 있을 때 불안이 감소해 기 분이 좋아질지 모르지만 이는 만족이라기보다 안도에 더 가깝다. 동 창회에 가지 않고 파티 초대를 거절하며 이렇게 중얼거린다. '가봤 자 별 거 없지 뭐.' 하지만 마음속 깊은 곳에서 외로움과 후회가 밀 려온다. 그럼에도 불구하고 불안을 회피하려는 욕구가 더 강하기 때 문에, 정말 가고 싶지만 바보 같은 모습을 보일까 봐, 거절당할까 봐, 어색해질까 봐 가지 않는다. '파티는 정말 힘들어', '엉뚱한 말을 하면 어떡해' '도대체 무슨 말을 해야 할지 모르겠어'라고 중얼거리 면서 말이다. 불안해하지 않는 내향적인 사람들은 이렇게 말할 뿐이 다. "별로 좋아하지 않아, 내 스타일은 아니야." 그리고 다음날 친한 친구를 초대해 함께 논다.

셋째, 사회불안은 완벽주의를 먹고 자란다. 뒤에서 자세히 다룰 예정이므로 간단히 살펴보자. 사실 완벽주의는 사회생활에서 드러 나는 자신의 (50여 가지 되는) 서로 다른 회색을 용납하지 못하고 반드 시 흰색과 검은색으로 분류해야 한다고 생각하는 것이다. 혹독한 비판을 피하려면 완벽해야 한다. 재치 있고 조리 있고 침착하고 흠잡을 데 없는 사람이 되지 못하면 모든 이가 비웃고 등 돌리는 말더듬이 멍청이가 된다. 그 압박이 우리를 무력하게 만든다. 우리는 사교적인 농담을 자연스럽게 주고받는 모범적인 사람처럼 보이지 않으면 거부당할 거라고 생각하면서 조개처럼 입을 다문다.

하지만 불안해하지 않으면서 내향적인 사람(또는 불안해하지 않으면서 외향적인 사람)에게 완벽주의는 아무런 문제가 되지 않는다. 왜일까? 남들에게 잘 보여야 한다는 생각 자체가 없기 때문이다. 잘 보이려고 하지 않는다면 타인의 판단도 무의미하다고 느낄 것이다. 프레젠테이션 도중 잠시 머뭇거리거나, 대화를 하다가 흐름을 놓치거나, 모든 주제에 대해 100퍼센트 준비되지 않았다고 해서 내가 부족한 사람이라는 뜻도 아니고, 위협으로 받아들여야 할 신호도 아니다. 쉽게 빠져들어 자연스럽게 흘러가는 대화도 있는 반면, 어색하고 따분한 대화도 있다. 하지만 그렇다고 해서 내가 따분한 사람이라는 뜻은 아니다.

마지막으로 내향성이 삶의 방식인 사람에게 사회불안은 그 삶을 방해하는 요소가 된다. 조용히 세상을 움직이는 힘에 부작용이 있다면, 내향적인 사람이라는 꼬리표를 회피의 핑계로 사용하는 것이다. 하지만 회피의 핑계로 사용하기 시작하는 순간 내향성은 더 이상 특성이 될 수 없다. 어쩌다 친구의 대부분을 잃고 나를 찾아왔던 산자이라는 환자가 있었다. 그는 스스로 내향적인 사람이라고 했고 이는 사실이었지만, 부재중 전화나 문자 메시지에 답하기를 미루는 것뿐만 아니라 친구들과 왁자지껄 어울리는 상황을 두려워했다. 그래서 그는 몸이 안 좋다거나 이번 주에 일을 너무 많이 해서 피곤하다는 등의 이유를 대며 마지막 순간에 약속을 자주 취소하곤 했다. 자신은 내향적인 사람이니 재충전의 시간이 필요하다고 합리화하면서 말이다. 그는 실제로 내향적인 인간이었지만 동시에 회피하는 버릇이 있었다. 그리고 그 회피가 지속되면 더 이상 회피할 상황도 생기지 않는다는 사실을 힘들게 배웠다. 다행히 지금은 친구들을 되찾았고, 장난꾸러기처럼 웃으며 그가 말했듯 "활발한 내향적 사회생활"을 즐기고 있다고 했다.

사회불안은 들킬지도 모른다는 두려움이며, 들키지 않기 위해 하는 행동은 결국 우리의 장애물이 된다. 얼굴이 홍당무가 된다는 사실을 들킬까 봐 아예 말을 하지 않는다. 제임스 본드의 마티니처럼 손이 떨릴까 봐 단단히 팔짱을 낀 자세로 사람들을 멀리하는 신호를 보낸다. 스스로 이상하다고 확신하기 때문에, 할 말이 없다고 생각하기 때문에, 혹은 곧 춤출 시간이 다가오기 때문에 자리에서 일찍 빠져나오는 것은 전부 들킬지도 모른다는 두려움에서 비롯된 것이다. 결국 가장 좋은 순간을 놓치는데, 바로 타인과 함께하는 순간이다. 이는 그 자리를 피했기 때문이기도 하지만 바보처럼 보이지 않았는지, 괜히 당황하지 않았는지 자기 검열에만 집중했기 때문이다. 사회불안은 이렇게 우리가 원하는 삶을 방해한다.

반대로 불안해하지 않으면서 내향적인 사람들은 타인에게 드러나는 자기 모습에 대체로 긍정적인 감정을 갖고 있으며 자신감도 있다. 필요하다면 사회성도 발휘할 수 있다. 그 상태를 유지하는 데 노력이 필요하다 하더라도 다음날 소파에 앉아 책을 읽거나 가장 친한 친구와 브런치를 즐기면서 충전할 수 있다. 처음부터 숨길 게 없기 때문에 들킬지도 모른다는 두려움도 없다.

물론 불안해하지 않는 내향적인 사람들도 파티에서 일찍 자리를 뜰 수 있지만, 이는 자기비판에 빠져 있거나 자의식이 넘쳐서가 아니다. 생각보다 많은 사람이 정말로 집에 가서 책을 읽거나 기타를 치거나 부엌에서 그저 어슬렁거리기를 좋아한다. 비판도 자학도 없고 괜찮다고 스스로 주문을 걸 필요도 없다. 두려움 때문이 아니라 그저 스스로 자리를 뜨기로 선택한 것이다.

내가 어느 경우인지 아직도 모르겠다면 다음을 상상해보자. 대부분의 상황에서 자신 있고 편안하다면 내 사회생활은 어떻게 펼쳐졌을까? 지금과 다른 모습이 그려진다면 내향성 때문이 아니라 불안 때문일 수 있다. 하지만 사회불안이 영원한 덫은 아니다. 제니퍼처럼 그런 기질을 타고났다 해도 변할 수 있다. 사과나무의 가지를 치듯 과도한 사회인식의 가지를 쳐주면 된다. 성실함, 공감, 깊이 느끼고 생각하는 능력, 높은 기준 등 우리만의 장점을 통해 최고의 역량을 발휘할 수 있다. 새로운 것을 시도해볼 의지가 있고 그 과정에서 적절한 도움만 받을 수 있다면 말이다. 나도 다 겪어본 일이다. 그리고 나는 운 좋게도 이 모든 고민을 시작했던 바로 그녀, 신시아의 도움을 받았다.

이제는 박사가 된 그녀는 30여 년 넘게 교육학과 심리학을 가르치며 브라운대학교 소아과에서 일해온 저명한 아동심리학자다. 이 책을 집필하고 있는 지금, 그녀는 1984년 제니퍼와 117명의 아동에 관한 자신의 획기적인 논문이 실렸던 〈차일드 디벨롭먼트^{Child De-velopment}〉지의 편집자로 일하고 있다. 가르시아 콜 박사는 선구적인 학자이기도 하지만 그녀의 연구는 저널에 실리는 것으로 그치지 않는다. 그녀는 어딜 가든 행동억제 경향을 보이는 우리 같은 사람들에게 관심을 갖고 이해하려고 노력했다. 나도 직접 경험한 일이다.

1998년 가을, 나는 대학 졸업반이었고 가르시아 콜 박사의 아동 발달 역사와 이론 수업을 듣고 있었다. 학생이 30명이 넘는 대규모 강의였는데, 내 기억으로는 세미나 형식이었다. 조교가 당당하게 교실로 들어오더니 책상 수십 개를 커다란 원형으로 배치했다. 다시 말하면, 전부 맨 앞줄에 앉는 것이나 마찬가지였다. 보통 눈에 띄지 않게 교실 한가운데 앉던 나는 갑자기 너무 도드라져 보이는 느낌이 들었다. 가르시아 콜 박사가 들어와 빈자리에 앉았다. 정장에 우아한 스카프를 두르고 있는 모습이 주변 공기마저 지적으로 만드는 것 같았다. 교수님은 아침으로 무엇을 먹었는지 읊듯 편하게 연구들을 인용하며 아무 메모 없이 강의를 하셨다. 나는 온몸으로 강의를 흡수했지만 한 번도 손을 들지는 않았다. 그리고 그 사실은 수업이 진행될수록 무거운 부담으로 내 어깨를 짓누르고 있었다.

종강을 몇 주 남기고 있을 때, 수업이 끝나갈 무렵이 되자 교수님이 이렇게 말씀하셨다. "사람들 앞에서 발표하는 게 어렵다고 생각하는 학생들은 업무 시간에 내 방으로 찾아오세요." 지금까지 어떤 교수님도 그런 말씀을 하지 않으셨기에 나는 깜짝 놀랐다. 자세한 설명은 없었다. 면제 특권을 받을지, 아니면 최후 통첩을 받을지, 걱정하지 말라는 말을 들을지, 아니면 일부러 사람들 앞에 세울지 확신할 수 없었다. 한 가지 확실했던 건, 바로 나를 두고 하신 말씀이라는 것이었다. 그래서 나는 교수님을 찾아갔다.

12월 초의 쌀쌀한 날씨였지만 나는 몰래 쿠키를 꺼내 먹다 딱 걸렸을 때처럼 온몸이 후끈거렸다. 연구실 앞에 도착해 서성이자, 교수님이 들어오라고 손짓하셨다. 찾아온 이유를 더듬더듬 말씀드리자 교수님은 안경을 벗고 나를 빤히 바라보다가 이렇게 말씀하셨다. "좋아요. 알려줘서 고마워요." 이어서 수업이 어땠는지, 학기 말 연구 주제는 정했는지에 대해 물어보셨던 것 같지만, 그 대화는 전혀 기억나지 않는다. 불안한 마음에 교수님이 내게 실망했거나, 강의 중에 발표도 못하는 내 모습을 못마땅해한다고 지레짐작했다는 것만 기억난다. 하지만 지금은 안다. 그게 아니었다는 것을.

나는 이 책을 쓰면서, 그리고 가르시아 콜 박사의 연구를 깊이 파고들면서, 마지막으로 그녀를 직접 인터뷰하고 나서야 왜 그녀가 나를 불러(다른 학생들도 부르셨지만, 그 당시에는 나 혼자만 그런 것처럼 느껴졌다) 어려움을 토로하게 했는지 이해했다. 한마디로 말하자면, 그녀는 우리 같은 사람들을 이해했다. 지금에서야 깨달은 점이지만, 안경을 벗고 바라보시던 그 눈빛은 비난의 눈빛이 아니었다. 인정이었고 이해였다. 그 눈빛이 아니었다면 나는 엄마 품으로 되돌아가는 제니퍼가 되었을지도 모르겠다.

12월의 그날, 박사님의 방을 나선 다음부터 교수님은 내 과제를 더 꼼꼼히 확인하셨다. "강의 중에 손을 들거나 학생들 앞에서 자연스럽게 발표하지 못하는 사람들이 있어요." 인터뷰하면서 그때의 경험에 관해 이야기하자 교수님이 해주신 말씀이다. "그런 학생들의 수업 참여도는 다른 방법으로 평가해야 하니까요." 교수님은 단순히 내 점수를 깎지 않고 수업 내용에 대한 내 이해를 과제와 시험, 프로젝트로 평가했다. 교수님은 내가 스펀지처럼 수업 내용을 빨아들이고 있다는 사실을 알고 계셨다. 인형들과 아침 식사를 하던 신시아의 모습을 온몸으로 흡수하던 제니퍼처럼 말이다.

사람은 시간이 흐르면서 자연스럽게 변한다. 한때 '부끄러움이 많았다'고 대답했던 사람들이 그랬던 것처럼 나 역시 그랬다. 기질은 영구적인 것이 아니다. 유전도 운명이 아니다. 가르시아 콜 박사의 지도 교수 제롬 케이건 박사도 말했듯이, "유전자, 문화, 시대, 그리고 운이 우리를 만든다."

이렇게 비유해보자. 기질을 아주 긴 닻이라고 생각하자. 기질은 우리를 정박해놓지 않는다. 그보다는 아주 넓은 범위 안에서 자유롭게 움직이게 한다. 긍정적인 경험은 가장 먼 곳으로 우리를 밀어주고, 두렵다는 믿음과 회피는 위태롭게 흔들리며 다시 항구로 되돌아가게 만든다. 제니퍼는 불안해하지 않는 내향적인 어른으로 자랐을지도 모른다. 그랬다면 다양한 상황에서 필요할 때 적극적으로 나서겠지만 곧 홀로 재충전의 시간을 가졌을 것이다. 그녀는 크루즈 프로그램 진행자라는 직업은 선택하지 않겠지만 그럴 필요도 없다. 그런 일은 신시아의 놀이방으로 뛰어 들어가 로봇에게 마음을 빼앗겼던 아이들에게 남겨두면 된다. 사실 유전과 환경의 지속적인 상호작용에서 환경은 항상 변하고 파도는 끊임없이 들어왔다 빠져나간다. 제니퍼와 비슷한 수백만 명의 사람들도 이러한 환경을 겪으면서 두려움 없이 사는 방법을 연습한다. 궁극적으로 모두 자신의 참모습을 지켜가며 원하는 삶을 살 수 있다.

사회불안은 변할 수 있다. 그렇다고 해서 당신의 내향적(혹은 외향적)인 성격이 바뀌지는 않을 것이다. 사실 바꿀 필요도 없다. 이 과정을 계속해 나가다보면, 자신의 모습에서 멀어지는 게 아니라 단지 '덜 불안해지는' 것뿐이다. 그러니 우리 삶을 방해하는 사회불안은 내려놓고 고유한 성격은 간직하자. '나'의 본모습은 변하지 않을 것이고 변해야 할 필요도 없다. 아직도 미심쩍은가? 그렇다면 뇌과학자들에게 물어보자.

불안한 뇌도 바뀔 수 있다

머릿속 비상경보

한 걸음씩 성장하고 발전하다 보면 삶이 변하기 시작한다. 수업 중에 발표를 하고, 낯선 사람에게 그렇게 멋진 신발은 어디서 샀냐며 물어보는 나를 상상해보자. 집안 어르신의 정치적 열변에 예의 바르게 반대 의견을 전할 수 있으며, 아무도 기억하지 못하길 바라기보다는 오늘이 생일이라고 동료들에게 알리는 자신을 발견할 것이다.

그렇다면 자연스럽게 다음과 같은 질문이 따라온다. 성장하고 발전하는 동안 우리 뇌에서는 어떤 일이 벌어질까? 택시 운전부터 바이올린 연주, 포르노그래피 시청, 그리고 괜찮다면 자신감 연습까지 활동의 범위가 확장된다면 어떨까? 그 어떤 활동도 자주 반복하면 뇌를 변화시킨다는 사실은 현실에서 이미 널리 받아들여지고 있다.

그런데 잠깐, 지금까지 내가 사회불안이 유전자에 새겨져 있다고 열변을 토하지 않았나? 자연선택이 인류라는 종에 사회불안을 단단히 새겨 넣었다고 성토하지 않았나? 처음 만난 우버^{Uber} 드라이버와 수다를 떠는 일이 과연 유전과 환경의 담합을 물리칠 방법이 될 수 있을까?

유전은 운명이 아니다. 유전자 배합과 환경의 영향을 받은 뇌가 행동에 영향을 끼치지만, 그 반대도 마찬가지다. 행동 또한 뇌에 영향을 끼친다. 얼마나 좋은 소식인가! 연습을 하면, 그리고 인지행동치료*의 도움을 받는다면 사회불안을 딛고 일어나 온전한, 있는 그대로의 자신이 될 수 있다.

좋은 예가 하나 있다. 몇 년 전 스탠퍼드대학교의 한 연구팀이 인지행동치료가 불안을 느끼는 뇌의 신경망을 근본적으로 변화시킨다는 연구 결과를 발표했다. 타고난 뇌가 앞으로의 운명을 결정하지 않는다는 사실이 다시 한번 드러난 것이다.

하지만 어떻게 이런 일이 가능할까? 일단 불안을 느끼는 뇌와 불안을 느끼지 않는 뇌는 애초에 어떻게 다를까? 타고난 기질의 한계를 조금씩 극복해나갈 때 뇌에서는 어떤 일이 벌어질까? 그리고 이

• 이 책은 인지행동이론에 그 뿌리를 두고 있다. 인지행동이론은 생각하고 행동하는 방법이 감정에 영향을 끼치므로, 지금까지 우리를 불안하고 초조하게 만들었던 상황에서도 사고방식을 바꾸고 새로운 행동을 시도하면 감정도 변한다고 주장한다. 즉 이 책의 모든 글은 불안이 감소하면 의욕은 증가한다는 생각을 토대로 한다.

1부   타인 앞이 두려운 이유

를 관장하는 뇌 신경망의 주인공은 정확히 누구일까?

　지금부터 이 질문들에 답해보자. 당신은 파티에 참석했다. 집을 나서기 전에 갈까 말까 얼마나 고민했는지 모른다. 파티를 여는 친구에게 못 가서 미안하다는 문자를 보낼 뻔했지만, 숨을 크게 들이마시고 거울 앞에서 원더우먼 파워 포즈Wonder Women Power Pose를 취한 다음 일부러 씩씩한 걸음으로 문을 나섰다.

　자, 이제 파티가 열리는 집에 들어가 주위를 둘러본다. 잘 온 것일까? 아는 사람이 아무도 없다. 속이 뒤틀리기 시작한다. 다행히 친구를 발견했다. 친구가 당신을 발견하고 활짝 웃는다. 친구가 다가와 겉옷을 받아주고 따뜻하게 안아준다. 하지만 곧 음료를 권하며 부엌을 가리키더니 종종걸음으로 겉옷을 다른 방에 갖다 두러 가버린다. 타이타닉의 마지막 구명보트가 떠나버린 느낌이다. 당신은 낯선 이들의 바다에 남겨졌다. "죄송합니다, 잠시 실례 좀 할게요."라며 사람들을 헤치고 부엌으로 가 독한 술을 한 잔 따른다. 바로 여기서, 그 화려한 안줏거리 옆에서 뇌의 싸움이 벌어지기 시작한다.

　평범한 바닐라부터 고추냉이 베이컨까지 다양한 맛의 아이스크림이 모두 크림과 달걀, 설탕이라는 기본 조합으로 만들어지듯, 어둠에 대한 공포나 사회불안 공포까지 모든 형태의 불안은 두려움에 대한 뇌의 과장된 반응으로 만들어진다. 무슨 말을 해야 할지 모르겠고 당장이라도 떠나고 싶은 충동과 싸우며 화려한 안줏거리 옆에서 있을 때, 신경망에는 타임스퀘어의 새해맞이 불꽃놀이처럼 불이 붙는다. 정확히 어느 부위에서 이런 일이 일어나며, 그 효과는 무엇일까? 자, 우리 뇌를 한번 들여다보자.

양쪽 귀를 잇는 선이 하나 있다. 그 선의 두 눈 뒤에 편도체라는 뉴런 덩어리 한 쌍이 자리하고 있다. 편도체는 얼마나 다재다능한지, 턱시도용 허리띠라기보다는 만능 검정 원피스에 가깝다고나 할까. 소화, 생식, 중독에 관여함은 물론 다른 부위들과 함께 두려움을 핵심적으로 관장한다. 편도체는 무섭게 짖는 개의 모습, 돌진해오는 버스 소리 등의 감각 정보를 수용해 곧장 반응한다. 편도체는 위협을 감지하고 이에 제때 반응하기 위한 우리 뇌의 비상경보다.

하지만 편도체는 급박한 신체적 위협에만 경보를 울리지 않는다. 무섭게 짖는 개를 고함을 지르는 낯선 사람으로 바뀌도 경보음은 똑같이 울린다. 사회불안에 취약한 이들에게 낯선 사람은 고함을 칠 필요도 없다. 그냥 낯선 사람이기만 하면 된다.

편도체가 편도체답지 못할 때

케이건 팀이 21개월에 처음 만났던 제니퍼와 아이들을 마지막으로 추적 조사한 건 스물한 살 때였다. 가르시아 교수님 수업에서 땀을 흘리며 앉아 있던 때의 나와 같은 나이였다. 마지막 실험은 억제 경향이 있는 아이들과 그렇지 않은 아이들의 뇌가 만약 다르다면 어떻게 다른지 그 구조와 기능을 밝히기 위한 MRI 촬영이었다. 이를 측정하기 위해 케이건 팀은 화면에 사람들의 얼굴이 차례로 나타났다가 사라지는 간단한 슬라이드 쇼를 준비했다. MRI 스캐너 안에서 성인이 된 제니퍼와 아이들은 빠른 속도로 지나가는 낯선 사람들의 얼굴을 보았다. 그런데 그중에 중복되는 얼굴들이 있었다. 두세 번, 혹은 그 이상 나타나는 얼굴도 있었다. 더 이상 낯설지 않은 얼굴이 되는 것이었다. 익숙한 얼굴이 나타날 때, 억제 경향 여부에 상관없이 뇌는 같은 방식으로 반응했다. 별 반응이 없었던 것이다. 하지만 완전히 새로운 얼굴이 갑자기 화면에 등장할 때, 억제 경향이 없는 편도체는 마찬가지로 차분했지만, 억제 경향이 있는 편도체에는 한 쌍의 헤드라이트처럼 불이 붙었다. 새로운 사람, 즉 핑크 퍼즐을 들고 있는 낯선 사람이나 MRI 스캐너 안에서 보는 낯선 이의 얼굴은, 억제 경향이 있는 편도체에는 그 자체로 곧 위협의 신호였다.

그렇다면 사회불안에 취약한 우리들은 늘 편도체의 비상경보를 들으며 인생을 살아갈 수밖에 없는 것일까? 꼭 그렇지는 않다. 열을 재듯 손으로 이마를 짚어보자. 손바닥 바로 안쪽이 바로 전전두피질이다. 이 부위는 고차원적 사고와 책임감을 담당한다. 미리 계획하고, 목표를 향해 전진하고, 결정을 내리고, 받아들일 수 없는 것을 견디게 하고, 직장에서 적절하지 않은 행동은 피해가도록 만들어준다. 그뿐만이 아니다. 전전두피질의 특정 부위는 툭하면 경보를 울려대는 편도체를 진정시킬 수도 있다.˙ 직장 상사의 기분이 안 좋은

˙ 이는 배내측과 배외측 전전두엽 피질 부위다. 흔히 전전두피질(DMPFC이나 DLPFC)이라고 한다.

건 나 때문이 아니라 자기도 지켜야 할 마감이 다가오고 있기 때문이며, 소개팅 상대방이 내 매력을 별로 못 느낀다고 하더라도 바다에 다른 물고기는 많으니 괜찮다. 아무도 나를 좋아하지 않는다고 편도체가 외치고 있을 때, 너를 좋아하는 사람도 많다고 전전두피질은 알려준다.

하지만 사회불안이 있는 우리 같은 사람들의 전전두피질은, 가차 없이 경보를 꺼버리는 불안해하지 않는 전전두피질에 비해 그리 능숙하지 못하다. 우선 속도가 느리다. 친구가 문자 메시지에 답하지 않을 때, 불안해하지 않는 뇌는 편도체가 '갠 나를 싫어해!'라고 비상경보를 작동시키는 즉시 전전두피질이 나서서 '바쁠지도 몰라, 곧 답장을 할 거야.'라고 차분하게 진정시킨다. 불안해하는 뇌도 같은 일을 해낼 수 있지만 시간이 더 오래 걸린다. 약 3초 정도 더 걸리는 것뿐이지만, 그 짧은 순간이 우리가 세상과 타인의 의도를 어떻게 해석하는지에 거대한 차이를 가져온다. 삶은 흔히 말하듯 사소한 것들에 달려 있으니까 말이다.

또한 불안한 뇌는 전전두피질의 도움을 받는다고 해도, 불안해하지 않는 뇌에 비해 그 반응이 더 약하다. 실제로 불안해하는 전전두피질은 불안해하지 않는 전전두피질의 반응 속도와 반응 정도를 결코 따라잡지 못한다. 편도체가 불안을 감지해 경보를 울릴 때 불안해하지 않는 뇌가 즉각 현장으로 소방차를 출동시킨다면, 불안해하는 뇌는 물 한 바가지를 자전거로 실어 나르는 것이나 마찬가지다.

하지만 그렇다고 우리 삶이 다 타버린 잔해로 끝난다는 뜻은 아니다. 여기서 필립 골딘 ^{Philip Goldin} 박사를 만나보자. 임상 신경과학 분야로 접어들기 전에 골딘 박사는 인도와 네팔에 6년 동안 머물며 불교 철학을 연구하고, 티베트 불교 영적 지도자들의 통역사 역할을 하기도 했다. 하지만 히말라야를 떠나 샌프란시스코의 보잘것없는 언덕 아래 자리 잡은 후, 사회불안에 관심을 기울이기 시작했다.

스탠퍼드대학교의 골딘 박사 팀은 사회불안장애를 겪고 있는 75명의 사람들을 4년에 걸쳐 어렵게 모았다. 확실한 연구 결과를 위해 그들은 각각의 참가자들에게 살면서 사회적으로 가장 민망했던 순간을 네 가지씩 기록하게 했다. 구직 인터뷰에서 자신의 무능력을 비참하게 드러내야 했던 기억, 다른 학부모들과의 수다가 두려워 딸의 축구 시합을 빼먹었던 일, 첫 데이트가 너무나도 어색해 이런 명청한 대화를 하느니 차라리 외로운 게 나을지 모르겠다고 생각했던 순간 등을 말이다.

기록을 마친 후 참가자들은 차례로 스캐너에 들어갔다. 스캐너가 참가자들의 뇌를 찍으며 윙윙거리고 찰칵거리는 동안 그들이 기록한 내용이 한 문장씩 화면에 나타났다가 사라졌다. 참가자들의 불안을 키우기 위해 연구자들은 참가자들을 개인적으로 크게 자극할 만한 문장들도 삽입했다. "나는 실패자다.""나는 이상하다.""아무도 나를 좋아하지 않는다." 등이 굵은 글씨로 화면에 9초 동안 잔인하게 깜빡이며 두려움을 증폭시켰다. '아무도 나를 좋아하지 않아. 아무도 나를 좋아하지 않아. 아무도 나를 좋아하지 않아.' 전부 참가자들의 사회불안 감지 시스템인 편도체에 최대한 불을 붙이기 위해서였다.

자신의 이야기가 비수가 되어 꽂히는 동안 참가자들은 두 가지 중 한 가지 방법으로 불안을 처리해보라는 지시를 받았다. 첫 번째는 '아무도 나를 좋아하지 않는다'는 믿음이 사실인 것처럼 단순히 '반응'하는 것이다. 두 번째는 적극적으로 그 믿음에 대해 재고하고 그 믿음의 부정적이고 해로운 면을 제거해보는, 즉 '재구성'해보는 것이었다. 재구성 방법에 대한 훈련은 전혀 없었지만 그럼에도 불구하고 모든 참가자가 최선을 다했다.

연구팀은 그 정신적 고문의 스캐너에서 나온 참가자들을 두 그룹으로 나누었다. 다음 4개월 동안 한 그룹은 빈둥거리며 놀게 했고 또 한 그룹은 매주 인지행동치료를 받으며 불안과 두려움을 대면하는 방법을 배우게 했다.

4개월 후, 모든 참가자가 다시 스캔 과정을 거쳤다. 자신이 기록했던 순간들과 불안한 믿음들이 이번에도 굵은 글씨로 나타났다가 사라졌다. 하지만 이번에는 조금 달랐다. 4개월 동안 인지행동치료로 무장한 그룹은 '재구성'해보라는 지시에 빈둥빈둥 놀고 있던 그룹보다 불안한 생각에서 훨씬 빨리 빠져나왔다. '아무도 나를 좋아하지 않아.'라는 문장은 '뭐, 꼭 그런 건 아니야.' '나를 좋아하는 사람들 이름도 댈 수 있어.' '뭐야, 저렇게 내 눈앞에서 깜빡인다고 그게 사실이라는 뜻은 아니잖아.'라는 생각으로 재빨리 대체되었다. 심지어 인지행동치료를 받은 그룹은 불안했던 예전처럼 생각하고 반응해보라는 요구에도 이미 변화된 뇌가 과거로 되돌아가지 못했다.

그뿐만이 아니었다. 인지행동치료를 받은 그룹의 달라진 반응 속도와 정도는 MRI 영상에서 눈으로도 확인할 수 있었다. 인지행동치료는 편도체를 설득하는 그 몇 초간의 지체를 줄여주었고 설득력도 강화시켰다. 골딘 박사는 그 연구에 대해 다음과 같이 완벽하게 정리했다. "그 몇 초가 한 사람에게 문제를 일으키느냐, 자유를 선사하느냐를 좌우합니다."

사소한 시도의 엄청난 힘

그렇다면 이제 파티 장소로 되돌아가 우리의 주인공에게 격려를 좀 해주자. 술잔을 들고 불안을 느끼는 것은 당연하다. 낯선 사람들에게 둘러싸인 상태에서 편도체는 바짝 긴장해 있으며, 전전두피질은 한량처럼 시간만 보내며 도울 생각을 하지 않는다. 다시는 파티 같은 데 오지 않겠다고 다짐하는 게 우리에겐 훨씬 더 자연스럽다.

하지만 이번에는 새로운 약속을 해본다. 아직 열리지도 않은 다음 파티를 미리 피하지 말고 몇 가지 변화를 시도해보기로 말이다. 상황은 충분히 달라질 수 있다. 불안해하는 뇌는 불안해하지 않는 뇌와 생리적으로 정확히 똑같은 뇌다. 구조도 그대로고 능력도 이미 갖추고 있다. 원래 있던 능력을 발휘하기 위한 연습이 좀 더 필요할 뿐이다. 인지행동치료는 이미 존재하지만 쓰지 않았던 연결망을 활성화시킨다. 열심히 운동하면 몸이 튼튼해지듯, 다르게 생각하고 행동하는 연습이 뇌를 강화시킨다. 인지행동치료가 눈에 띄는 뇌 변화를 가져온다는 또 다른 연구 결과도 있다. 골딘의 연구 결과는 그저 우연이 아니었다.

결론은 이렇다. 불안해하지 않는 연습을 꾸준히 지속하면, 늘 사용해 굳어진 뇌의 신경망에서 벗어날 수 있다. 다음 파티가 열릴 때쯤이면 당신과 당신의 뇌는 준비가 되어 있을 것이다. 이제 안줏거리 옆에서 벗어날 때다.

사회불안으로 힘들어하는 사람들은 급격한 변화가 필요하다고 생각하기 쉽다. 양말 뒤집듯 성격을 바꿔야 하고 지우개로 연필 지우듯 다 지워버려야 한다고 생각한다. 하지만 반대편의 성격 역시 우리가 이뤄야 할 목표는 아니다.

그렇다면 사회불안의 반대는 도대체 무엇일까? 두려움 없음? 언뜻 보기에는 행동억제 경향이 전혀 없다면 굉장히 편할 것 같다. 아무것도 두려워하지 않으면 머릿속에서 혼자 전쟁을 벌일 필요도 없을 테니까. 하지만 잠깐만, 소원은 신중히 빌어야 하는 법이다.

사회불안의 반대가 자신감이라고 생각한다면, 꼭 그렇지는 않다. 사회불안이 전혀 없는 수상한 상태에 도달한 사람들은 대략 인구의 1퍼센트인 사이코패스들이다. 하지만 사회불안이 다른 장점들과 한 쌍인 것처럼, 그와 같은 정신병도 마찬가지다. 자신감이 있지만 동시에 무책임하고 무모하고 충동적이며 피상적이고 죄책감이 없고

기만적이다. 사이코패스는 〈양들의 침묵The Silence Of The Lambs〉의 한니발부터 〈사우스파크South Park〉의 카트맨("스캇 테너맨 부모님으로 만든 칠리먹을 사람?")까지 영화나 소설의 흥미로운 주제가 될 수 있겠지만 토마스 홉스Thomas Hobbs의 말을 빌리자면 현실에서 그들의 존재는 불쾌하고 잔인하고 (간혹) 짧은 생으로 마무리된다. 우리가 원하는 바는 분명 아니다.

독일 튀빙겐Tübingen 대학교의 닐스 비르바우머Niels Birbaumer 연구팀은 사이코패스 범죄자들과 사회불안장애를 겪고 있는 사람들의 뇌를 관찰했다. 관찰 결과, 사회불안장애를 갖고 있는 사람들의 전두변연회로는 지나치게 활성화되어 있었던 반면, 사이코패스들의 전두변연회로는 거의 활동이 없었다. 즉 사이코패스와 사회불안장애는 정반대의 뉴런 활동이라는 뜻이다. 불안해하는 뇌에서 전두변연회로가 과도하게 활성화되면, 다시 말해 위협이 없어도 경보가 울린다면 어떨까? 아니면 반대의 상황, 그러니까 연기가 나고 있어도 경보가 울리지 않는다면 어떻게 될까? 사이코패스의 집은 이미 불에 타버리고 없을 것이다. 이것 역시 우리가 원하는 바는 아니다.

그렇다면 성격을 완전히 뒤바꾸는 것 말고 우리 뇌에 필요한 것은 무엇일까? 다행히 급격한 변화는 필요하지 않다. 필요한 것은 끊임없이 이어지는 사소한 시도들이다.

뇌와 행동은 쌍방향 상태라는 사실을 기억하라. 뇌가 행동에 영향을 미치지만 행동도 뇌에 영향을 미친다. 그러므로 조금씩 변화를 시도해보자. 다음 두 장에서는 새로운 사고방식과 세상에 맞서기 위한 새로운 전략을 소개한다. 닻의 역할은 밑바닥까지 가라앉는 것이다. 뇌의 역량 끝까지 조심스럽게 다가가 한계를 실험해보자. 튼튼한 신체를 타고 나지 못한 사람도 건강해질 수 있듯이 사회불안을 타고난 우리도 더 편안해질 수 있다.

이 비유를 더 확장해보자. 날씬해지는 법에 관한 책을 읽는다고 스키니 진을 무리 없이 소화할 수 있는 게 아니듯, 이 책을 읽기만 해서는 편해지지도, 자신감이 생기지도 않을 것이다. 앞으로 사회불안을 해결하는, 뇌뿐만 아니라 삶까지 변화시킬 수 있는 실천 방법들을 소개할 것이다. 책의 내용을 토대로 스스로 나가서 실험하고, 행동하고, 성장하고, 발전할 수 있어야 한다.

마법처럼 사람들의 시선을 독차지하는 사교적인 사람으로 변하지는 않을 것이다(당연히 사이코패스가 되지도 않을 것이다). 하지만 그럴 필요도 없다. 타인에게 관심을 기울이고, 경청하고, 공감하는 당신의 능력은 그대로다. 실천을 통해 얻게 될 것은 오직 편안함과 자신감이다.

HOW TO BE YOURSELF

내면의 비판자를
잠재우는 법

나를 제일 괴롭히는 나

내면의 비판자

불안감을 덜 느끼며 살아가려면 먼저 무엇을, 어떻게 해야 할까? 토론 참가자들이 상대편의 주장에 대해서도 연구하듯, 우리 역시 우리의 적수인 머릿속 내면의 비판자에 대해 잘 알아볼 필요가 있다. 내면의 비판자의 목소리는 사람에 따라 부드러울 수도, 우렁찰 수도 있다. 일단 이 지구에 사는 모든 사람의 머릿속에는 내면의 비판자가 있다. 우리 역시 인간이고 좋든 싫든 앞으로도 그럴 것이니 예외는 없다. 내 머릿속에도 있다. 지금 내 사회불안은 예전만큼 심하지는 않지만, 아직도 간혹 생일파티 폭죽처럼 갑자기 터지는 순간이 있다.

최근에도 그런 경험을 했다. 네 살인 우리 아이는 협동조합 유치원에 다닌다. 모든 가정이 협동조합의 임무를 나눠 맡는데, 우리 임무는 장보기였다. 그래서 몇 주에 한 번씩 니콜라스나 내가 마트에 가서 배고픈 유치원생들을 위해 해바라기씨 버터나 스트링 치즈를 싹쓸이해왔다.

장보기는 많은 사람의 사회불안을 정확히 자극하는 일이기도 하다. 방해가 된다는 느낌, 사람들이 카트에 든 물건으로 우리를 판단할 거라는 걱정, 계산원들과 말을 섞고 싶지 않은 마음 등이 자연스럽게 생긴다. 사실 장을 볼 때 나는 그렇게 불안하지 않았다. 비디오 촬영기사가 씨 없는 포도 진열 칸 뒤에서 날 찍으려고 갑자기 튀어나올 일은 거의 없으니까. 그래서 협동조합 식품위원회 가입을 신청할 때도 별생각이 없었다.

하지만 처음으로 다섯 장이나 되는 쇼핑 목록을 들고 장을 본 날, 마트에 들어가고 나서야 카트가 두 대는 필요하다는 사실을 깨달았다. 돌이켜보면 50명의 아이가 하루에 두 번 먹을 간식을 일주일 분량으로 사놓는 일이니 당연한 논리였지만 말이다. 나는 첫 번째 카트를 가득 채운 다음 고객 센터 옆에 세워놓고 두 번째 카트를 밀기 시작했다.

그런데 목록의 남은 품목인 1리터짜리 우유 37개, 바나나 40개, 사과 30개를 담으면 두 번째 카트도 가득 차버릴 것 같았다. 그때 익숙한 느낌이 되살아났다. 우유가 있는 곳으로 카트를 밀고 가면서 나는 한 가지 생각에 사로잡혔다. '사람들이 뭐라고 생각할까!' 오직 그 생각뿐이었다. 누군가 '오, 식단이 매우 한정적인가 봐. 그냥 소를 한 마리 사시지?' 혹은 '목이 많이 마르신가 봐요?'라고 내 귀에 이야기하는 것 같았다.

우유 37개를 카트에 하나씩 담았다. 엄청나게 무거워진 카트를 끌고 과일을 찾아 나섰다. 바나나 40개를 담았다. 40개라니, 살면서 그 어떤 것도 한꺼번에 40개는 사본 적이 없다. 마지막으로 사람들이 내뱉을지도 모르는 온갖 기분 나쁜 말을 상상하며 자의식에 똘똘 뭉쳐 사과 30개를 담고 있을 때 한 남자가 다가와 말했다. "사과가 잘 익었네." 나는 깜짝 놀라 뒤로 나자빠질 뻔했다. 그 순간, 아드레날린이 솟구쳤다. '드러남'의 순간이었다.

하지만 고개를 드니 오랜 친구가 나를 보며 웃고 있었다. 그가 깜짝 놀라며 순식간에 죄책감 가득한 표정으로 변하는 걸 보니 내 표정이 어땠을지 짐작이 갔다. "미안, 나 때문에 놀랐나 보네." 그가 말했다. "아니, 아니야. 나 때문이야." 내가 진심을 담아 말했다. "딴생각에 빠져 있었어." 기분 좋은 수다가 이어졌지만, 그는 내 카트에 대해 한마디도 하지 않았다. 아마 뭐가 들어 있었는지 보지도 않았을 것이다.

타인의 비난을 상상하며 자기 세계에 갇혀 있거나 자기 검열에서 빠져나오지 못하는 기분은 그리 좋지 않다. 그 생각들로 인해 나는 일요일 오후 분주한 식료품점의 사과 앞이 아니라 내가 만들어낸, '심지어 사실도 아닌' 비판의 세상으로 스스로를 밀어 넣고 있었다.

그곳에 존재하는 좋은 사람들의 모습을 다 놓치고 있었다. 어떤 커피를 살지 토론하는 젊은 연인, 아장아장 걷는 아기와 함께 있는 아빠, 쿵쿵 멜론 냄새를 맡는 나이 많은 할머니를 말이다. 그리고 그중 누구도 내게, 혹은 내 카트에 관심이 없다는 사실을 전혀 알아채지 못했다.

친구와 헤어진 다음 마음이 바뀌었다. 나는 고개를 들고 사람들을 보기로 했다. 넘치는 카트 두 대를 끌고 계산대로 가면서 지나가는 사람들을 하나씩 뜯어보았다. 상표를 확인하는 사람도 있었고 조리된 음식을 고르는 사람도 있었다. 물론, 그중 몇몇은 내 시선을 느끼고 나를 바라보았다. 하지만 아무도 그 어떤 말도 하지 않았다. 비록 말했다고 한들 뭐가 그리 큰일이겠는가? 나는 이상한 사람도 아니고, 그저 협동조합에서 맡은 일을 하고 있었다. 어쩌다 그 일이 엄청난 양의 우유와 바나나를 사는 것일 뿐. 내 카트를 보고 눈썹을 치켜올리는 사람은 단 한 명도 없었다. 만약 그랬다 해도 그쯤은 감당할 수 있었을 것이다.

그날 나는 두 손 가득 먹거리만 사 온 게 아니었다. 그러면서 몇 년에 걸쳐 배운 교훈을 복습할 수 있었다. 바로 내 불안은 사실이 아니라는 것. 어떤 사람도 실제로 이런 말을 하지 않는다. "와, 정말 불안해 보이시네요. 당신은 이상한 사람이니 여기 계시면 안 될 것 같아요." 혹은 "됐어요. 대화를 너무 많이 끊으시네요. 이제부터 당신과는 말하지 않겠어요." 혹은 내 경우였다면, "아줌마, 문제 있어요? 카트에 담긴 우유의 양으로 봤을 때 제정신이 아닌 것 같군요." 비록 누가 그런 말을 했다고 하더라도, 지나친 사람은 내가 아니라 비판하는 바로 그 사람이다. 실제로 누가 "우유하고 바나나만 먹어요? 진짜 문제 있네."라고 말했다고 해도 따지기 좋아하는 인간의 괴팍한 불평으로 치부해버리면 그만이다. 어쩌면 웃으며 바나나를 하나 권했을지도 모른다.

내면의 비판자가 부추기는 두려움

장을 보러 갔을 때처럼 여전히 가끔 두려움이 튀어나오지만, 오래전의 나는 거의 두려움을 달고 살았다. 아무도 실제로 뭐라고 하지 않았는데 왜 우리의 사회적 두려움은 수년에서 수십년 동안 지속되는 것일까? 아, 누군가 무언가를 말하긴 한다. 바로 내 머릿속 목소리, 바로 당신 머릿속에만 들리는 목소리다. 이를 불안이라 해도 좋고 자기비판이라 해도 좋다. 하지만 이 책에서는 '내면의 비판자'라고 지칭하려 한다. 누구에게나 내면의 비판자가 있다.

하지만 사회불안을 경험하는 우리에게 그 내면의 비판자는 귓가에 속삭이는 게 아니라 확성기에 대고 소리친다. 비난의 딱지와 당혹스러운 예측으로 우리를 공격한다. 그러면 어떻게 될까? 신체적 공격이든 감정적 공격이든, 타인의 공격이든 내 머릿속 공격이든, 모든 공격에 우리는 둘 중 하나를 선택한다. 싸우거나 도망가거나.

그런데 웃기게도 내면의 비판자는 자기가 큰 도움을 주고 있다고 생각한다. 따끔한 말로 우리를 보호한다고 생각한다. 내면의 비판자는 자식이 어떤 속상한 일도 당하지 않도록 늘 머리 위에서 맴도는 헬리콥터 부모와 비슷하다. 넌 할 수 없다고, 창피만 당할 거라고, 네가 감당할 수 있는 일이 아니라고 말한다. '바보 같은 모습 들키지 않으려면 그냥 가만히 있어.'라고 가르친다. '사람들이 볼지도 모르니까 괜히 시도하지 마.'라고 훈계한다.

하지만 동시에 우리가 누구보다도 최고이길 바란다. 부모가 자기 자식을 이 세상을 호령할 특별한 아이라고 생각하듯, 내면의 비판자도 우리가 특별하기를 기대한다. 최고의 모습만 보이길 바란다. 더 잘하길 바라고, 완벽하길 바라고, 그래서 당당히 나서기를 바라지만 동시에 그럴 능력이 없다고 주입시킨다. 마치 특별한 노력 없이도 제우스의 머리에서 완전한 모습으로 태어난 아테나 여신처럼, 우리는 완벽한 성과를 내야 한다. 우리의 안전을 보장하려는 의도는 좋지만, 내면의 비판자는 안전은커녕 우리를 불안에 몸부림치게 만든다.

오직 숨기고 싶은 마음

그렇다면 궁금증이 생긴다. 불안해하는 우리는 도대체 무엇을 두려워하는가? 사회적 상황인가? 꼭 그렇지는 않다. 사람들에게 알레르기가 있거나 그런 건 아니다. 우리도 소중하고 가까운 사람들과는 편하게 잘 어울린다. 그렇다면 부끄러움에 대한 두려움인가? 꼭 그렇지도 않다. 비슷하지만 정답은 아니다. 부끄러움은 두려움이 사실이 되었을 때의 결과에 더 가깝다.

앞에서 만나보았던 데이비드 모스코비치 박사의 말에 따르면, 우리가 진정으로 두려워하는 것은 바로 '드러남,' 즉 들키는 것이다. 궁극적으로 사회불안은 우리가 숨기려고 하는 그 '무엇'이 만천하에 드러날지도 모른다는 두려움이다. 대머리를 가리는 부분가발이 세찬 바람에 날아가버릴 것 같은 두려움이다. 우리는 자신에게 결점이 있다고 생각하고, 그래서 이를 숨기려고 한다. 여기서 '생각'이라는 단어에 크게 별표를 쳐야 한다. 왜? 우리가 인지하고 있는 결점이 진짜라고 느껴진다 해도, 그 결점은 사실이 아니며 설령 사실이라 해도 아무도 신경 쓰지 않을 정도이기 때문이다.

우리는 혼자 있거나 믿을 만한 사람과 함께 있을 때 편안하다. 자신의 결점 같은 건 떠올리지 않는다. 나 역시 사과 30개를 사야 하는 특별한 경우가 아니라면 내가 이상하다고 생각하며 돌아다니지 않는다. 그런 잘못된 믿음은 유독 사람들이 많은 곳에서만 튀어나온다. 목격자가 없다면 사과 300개를 사는 게 무슨 걱정일까? 비난할지도 모르는 청중이 존재하지 않으면 들킬 가능성도 없다. 하지만 직장 상사와 단둘이 남는다면, 새로운 직원을 훈련시켜야 한다면, 무인계산대가 없어서 할 수 없이 직원에게 말을 걸어야 한다면, 그때부터 우리는 자신을 의심하기 시작한다.

다시 말해, 사회불안은 오직 숨기고 싶은 마음이다. 두려움보다는 수치심shame에 더 가깝다. 수치심이라는 단어는 '덮다'라는 뜻의 인도유럽어족의 말 'skam'에서 유래했다. 수치심은 우리를 숨고 싶게 만든다. 신체의 신호로도 알 수 있다. 슬픔이 우리를 무겁게 짓누르고 피로와 분노가 우리를 긴장시키듯, 사회불안은 숨고자 하는 충동을 불러일으킨다.

앞서 언급했던 핵심적인 네 가지 두려움, 즉 불안, 외모, 성격, 사회성에 관한 두려움은 각기 다른 은폐 전략을 세운다. 예를 들어 불안해 보일까 봐 불안한 사람들을 살펴보자. 얼굴이 빨개지는 사람이라면 화장을 하거나 목까지 올라오는 옷만 입으려 한다. 외모에 대해 걱정하는 사람은 매력을 느끼는 이성에게 선뜻 말을 걸지 않는다. 사회성이 부족하다고 생각한다면 금요일 밤 파티에 참석해 들려줄 이야기를 무리 없이 해낼 수 있을 때까지 몰래 연습할 것이다. 마지막으로 자기 성격이 마음에 들지 않으면 자신에게 화제가 집중되지 않도록 끊임없이 질문을 던진다. "그 새로운 식당은 어땠어? 뭐 시켰어? 엄마 오시는 김에 모시고 간다고 했잖아. 엄마는 어떠셔? 동생은? 더 이야기해 봐. (제발 나에 관해 묻지만 말아줘!)"

내면의 비판자는 어떻게 최고의 자아를 몰아내는가

1999년, 선구적인 심리학자이자 옥스퍼드대학교 교수인 데이비드 클라크 David Clarke 박사는 내면의 비판자가 어떻게 활동하는지 보여주는 기발한 실험을 생각해냈다. 사회불안 정도가 극과 극인 사람들이 실험에 참가했다. 불안이 극심한 상위 15퍼센트는 우유와 바나나를 가득 담은 카트를 끌고 자기 머릿속에서 빠져나오지 못하는 사람들이고, 반대로 전혀 불안해하지 않는 하위 15퍼센트는 코를 틀어막게 만드는 냄새 고약한 비료를 한가득 싣고도 싱글벙글 웃으며 눈 하나 깜짝하지 않을 사람들이다. 연구팀은 참가자들에게 성격을 묘사하는 다양한 단어를 하나씩 보여주었다. 편안한/침착한/재치 있는/자신 있는 등과 같은 긍정적인 단어도 있었고 불편한/어리석은/성가신/애처로운 등과 같은 부정적인 단어도 있었다.

그리고 참가자들 절반에게 카메라 앞에서 2분간 연설을 하라고 지시했다. 그 연설로 사회성과 대중 연설 능력을 구체적으로 평가받고, 나중에 비디오를 보고 심리 전문가들이 점수를 매길 거라고 했다. 끝이 아니었다. 불쌍한 참가자들은 연설 주제를 30초 전에야 받는다고 했다. 그리고 나머지 절반의 참가자들은? 그냥 앉아서 시간을 보냈다. 연설이 없으니 불안도 없었다.

참가자들 절반만 연설을 하게 되면서 이제 그룹은 네 개로 나뉘었다.

① 부담스러운 연설을 앞둔 고불안 그룹(어떡해!)

② 연설을 하지 않아도 되는 고불안 그룹(휴!)

③ 연설을 앞둔 저불안 그룹(그 정도쯤이야!)

④ 연설을 하지 않아도 되는 저불안 그룹(뭐야, 이렇게 앉아서 돈을 벌다니.

　　또 참가할 실험 더 없나?)

하지만 연설은 바로 이어지지 않았다. 연설을 앞두고 참가자들을 불안하게, 혹은 불안하지 않게 만든 후 연구진은 모든 참가자가 아까 보여준 단어들을 얼마나 기억하고 있는지 확인했다. 불안한 성향에 연설 스트레스까지 받은 참가자들은 긍정적인 단어를 훨씬 적게 기억했다. 그들은 논리적인/사려 깊은/역동적인 같은 단어를 떠올리지 못했다. 하지만 어리석은/부적절한/실패한 같은 부정적인 단어는 마치 손바닥에 써놓기라도 한 것처럼 잘 기억해냈다. 곧 부족함을 들킬지도 모른다는 생각이 긍정적인 사고 능력을 훼손했지만 부정적인 생각을 누그러뜨리는 데에는 아무 효과를 발휘하지 못했다. 간단히 말하면, 내면의 비판자가 확성기를 들고 그들의 좋은 점을 전부 몰아낸 것이다.

이 실험이 뜻하는 바는 크다. 사회불안에 관한 한, 악이 선보다 강력하게 작용한다. 좋은 일에 대한 대비는 생존에 꼭 필요하지 않지만 나쁜 일에 대한 예측은 생존을 좌우하기 때문이다. 위협에 대처하지 않으면 엄청난 대가를 치르게 되므로 위협에 주의를 기울이는 것은 당연하다. 하지만 불행하게도, 그렇기 때문에 우리는 이미 스트레스를 받은 채로 접수처 직원을 만나고, 사람이 많은 방에 들어서고, 협상 테이블에 앉는다. 내면의 비판자는 우리 머릿속에서 모든 일은 잘못될 것이고 모든 사람이 이를 목격할 거라고 속삭인다. 잘해야 할 일도 잘할 수가 없다. 결국 숨을 곳을 찾거나 속수무책으로 들켜버린다.

무엇을 두려워하든 결국 생각은 한 가지로 수렴된다. '나는 충분하지 않으며, 더 나아가 모든 사람이 이를 확인하게 될 것'이라는 점이다. 많은 사람이 자신이 두려워하는 것이 무엇인지 정확히 알고 있다. 하지만 어떤 사람들은 그렇지 않다. 그저 좀 어색하고 몸에 열이 나는 것 같다는 애매한 느낌뿐이다. 만약 정확히 무엇을 두려워하는지, 무엇을 들키게 될지 확신하지 못하겠다면 게임을 하나 해보자. 빈칸을 채우는 간단한 게임이다. 우리는 같은 상황에서도 저마다 다른 답을 적어넣는다. 데이비드 모스코비치 박사의 네 가지 두려움 중 외모에 대해 걱정한다면, 꽉 막힌 도로에서 차 안에 혼자 앉아 있는 것은 마치 소형차 크기만 한 어항에 갇혀 있는 느낌일 것이다. 사회성에 대해 걱정한다면, 그 차 안은 평화를 찾을 수 있는 몇 안 되는 장소 중 하나일 것이다.

사회적으로 불안해지는 상황을 떠올리며 다음 빈칸을 채워보자.

나는 〔 내가 불안해지는 상황 〕일 때,
분명히 〔 내면의 비판자가 말하는 내 부족한 점 〕 것이다.

짐이었다면 이렇게 적었을 것이다.

나는 〔 디나와 함께 있을 〕 때,
분명히 〔 그 상황을 감당할 수 없을 〕 것이다.

장을 보고 있던 나라면 아래와 같이 채웠을 것이다. 여기서 알아뒤야 할 것은 내면의 비판자는 꼭 영혼을 가격하지도 않고 이성적인 판단을 내리지도 않는다는 점이다.

나는 (식품점에서 우유와 바나나로 가득 찬 카트를 끌고 있을) 때,
분명히 (이상한 사람처럼 보일) 것이다.

스마트폰에 정신이 팔린 척하는 방법이 많은 만큼 다양한 예가 있을 것이다.

나는 (직장에서 회의 시간에 발언해야 할) 때,
분명히 (무능해 보일) 것이다.

나는 (새로 온 인턴과 대화를 나눌) 때,
분명히 (개성 없는 사람처럼 보일) 것이다.

나는 (로렌의 생일 파티에 갈) 때,
분명히 (사회성을 전혀 발휘하지 못할) 것이다.

나는 (첫 번째 데이트를 할) 때,
분명히 (매력이라고는 없는 사람이 될) 것이다.

나는 (구직 인터뷰를 할) 때,

분명히 〔 떨리는 목소리로 말할 〕 것이다.

나는 〔 한 번에 여러 사람과 잡담을 나누어야 할 〕 때,
분명히 〔 머릿속이 멍해질 〕 것이다.

마지막으로, 셔츠 깃을 매만지며 '여기 왜 이렇게 덥지?'라고 생각
했던 순간을 떠올려보자. 그리고 다음의 빈 칸을 채워보자. 필요할
때마다 적어보는 것도 좋다.

나는 〔   〕 때,
분명히 〔   〕 것이다.

미리 불안해하고 나중에 후회하고

내면의 비판자가 늘 어떤 상황이 벌어지는 그 순간에만 나타나는
것은 아니다. 불안한 상황을 앞서 예상하고 있을 때나 나중에 부끄
러움에 몸부림칠 때도 우리와 함께한다. 내 설명보다는 내 환자 로
렌의 이야기가 더 신빙성 있게 들릴 것이다.

이번 추수감사절 주말에 로렌은 여자친구 사라와 함께 I-95 고속
도로의 체증에 갇혀 있었다. 그런데 이상하게도 감사함을 느꼈다.
로렌은 몹시 지쳐 있었다. 주말 내내 사라의 부모님과 언니는 물론

할머니, 숙모 삼촌들, 이름이 전부 J로 시작해 헷갈리기만 하는 사촌들까지 만났으니 당연히 피곤했을 것이다. 로렌의 양 볼은 웃느라 뻐근했다. 그는 사라의 어머님이 꼭 챙겨가라며 고집한 향기로운 호박파이와는 수다를 떨 필요가 없다는 사실이 너무 다행스러웠다.

로렌은 운전대를 두드리며 사라에게 물었다. "괜찮았던 것 같아? 내가 마음에 드셨는지 모르겠네."

"무슨 말이야?" 사라가 말했다. "당연히 괜찮고도 남았지. 모두 당신을 좋아했어. 다들 만나서 기뻐했잖아."

"정말? 너무 조용했던 것 같기도 하고. 말을 조금 더 해야 했나? 그런데 무슨 말을 할지 생각할 때마다 대화의 흐름을 놓쳐버린 것 같았어."

"정말이야? 나는 한 번도 그런 느낌 못 받았는데. 예의 바르게 잘 대했어. 우리 아빠랑 디저트 먹으면서 이야기도 오래 했잖아."

"그렇긴 했지. 아버님이 좀 몰아붙이시는 것 같기도 했고. 플라스틱이 바다를 오염시킨다는 이야기, 해변 청소 이야기, 뭐 그런 이야기를 했어."

"잘했네! 내가 보기에 아빠가 자기가 마음에 들어서 그랬던 것 같은데?"

"어쩌면. 아니면 그냥 날 시험해보고 싶으셨는지도 모르지. 자기 딸에게 어울리는 놈인가 하고 말이야."

"그러셨을 것 같진 않아. 그냥 자기와 대화하고 싶으셨던 거지. 내가 자기가 환경 전공이라고 말씀드렸고 또 카약을 타러 바다에 간다고도 말씀드렸거든. 아마 그 두 가지를 엮어 바다 오염 이야기를 꺼내신 것 같은데?"

"잘됐네. 그럼 아버님은 이제 날 생각하실 때마다 쓰레기를 떠올리시겠군."

"그럼 어떻게 되어야 했다고 생각해?" 사라가 약간 짜증이 난 듯 물었다.

"모르겠어. 더 잘했어야지."

로렌은 사라에게 하지 않은 말도 많았다. '어쩜 주말 내내 그렇게 긴장해 있었을까? 목소리를 떨지 말고 말해야 했는데! 간단한 대화 정도는 척척 해결하고 말이야. 젠장, 도대체 왜 그따위 쓰레기 이야기를 계속했지?'

"더 잘? 뭐가 잘못됐는데?" 사라가 물었다.

"모르겠어. 말을 더 많이 할 걸 그랬어. 멍청하게 입만 다물고 있었어."

"아니야. 당신 멋졌어. 뭐가 그렇게 걱정스러워?"

"원래 이런 거 잘 못해. 밥 먹으면서 재미있는 이야기로 사람들도 좀 웃기고. 그게 아니라도 공해보다는 더 즐거운 이야기를 생각해내야 했다고. 첫인상을 좋게 남기지 못한 것 같아."

"자기는 지금 너무 과도하게 생각하고 있어." 사라가 딱 잘라 말했다.

과도한 생각일 수도 있고, 집착일 수도 있고, 곱씹기일 수도 있고,

지옥 같은 자기 평가일 수도 있다. 연구자들은 이를 '사후처리과정'이라고 부른다. 뭐라고 부르든 사회적 행동의 실패에 대한 사후 검토다. 사후처리과정 전문가 신디 로퍼$^{Cyndi\ Lauper}$가 〈타임 애프터 타임$^{Time\ After\ Time}$〉에서 노래했듯이, "볼 수 있으면 나를 찾을 수 있다." 그래서 우리는 그렇게 한다. 내면의 비판자는 당신을 들여다보고 결점을 찾아낸다. 대화 중의 어색한 침묵, 제대로 못한 대답, 엉뚱한 순간에 터져 나온 사람들의 웃음을 말이다. 그리고 이를 하나로 엮어 끝이 없는 뫼비우스의 띠를 만든다.

그리고 실제로는 끔찍한 일이 전혀 일어나지 않았고 오히려 모든 일이 잘 풀렸음에도 불구하고 그렇게 엮인 불쾌한 사건들에 집중하면 사회불안은 시간이 갈수록 강력해진다. 이는 악순환이다. 잘못됐다고 생각하는 점에 집중함으로써 우리는 로렌의 말대로, 이런 일은 잘 못한다고 결론 내린다. 그리고 다음번에 그런 일이 닥쳤을 때 다시 두려움에 불이 붙는다. 사회불안 연구의 아버지 템플 대학교의 리처드 헤임버그$^{Richard\ Heimberg}$박사에 따르면, 이는 "승리의 눈앞에서 패배를 움켜쥐는 것"이다.

하지만 이미 벌어진 다음에만 그런 것도 아니다. 내면의 비판자는 사건이 일어나기 훨씬 전부터 심통을 부리기도 한다. 사실 준비 기간이야말로 내면의 비판자가 가장 활발히 움직이는 때다. 볼룸 댄스를 췄던 짐을 기억하는가? 그는 가족들이 모이는 행사를 앞두고 그랬다. 화려한 안줏거리 옆에 서 있던 우리의 참석자도 파티에 가기 전에 그랬다. 그 불안한 상상에 우리는 포기하고, 숨어버리고, 아파서 못 가겠다고 말해버린다. 연구자들은 이를 '예기불안'이라고 하지만, 한마디로 말하면 두려움이다.

로렌은 걱정이 I-95 고속도로에서부터 시작된 것은 아니었다고 사라에게 말하지 않았다. 사실 그는 함께 추수감사절 계획을 세우는 순간부터 사라의 가족을 만날 생각에 두려웠다. 지난주 내내 다른 일에 집중하고 있지 않을 때마다 그러한 걱정이 머릿속에 화면 보호기처럼 떠올랐다. 이번 주에는 할 말을 정신없이 연습하느라 버스에서 내릴 정거장을 놓치기도 했다.

물론 중요한 순간이나 급격한 변화를 앞두고 있을 때는 당연히 불안을 느낀다. 새로운 일을 시작하거나 첫 번째 데이트에 나가면서 긴장하지 않는 사람이 과연 있을까? 불안해하지 않는 것이 오히려 이상하다. 좋은 인상도 남기고 싶은데 모든 일이 잘 풀리기까지 바라니 당연히 불안할 수밖에 없다. 여기서 중요한 것은 불안의 크기다. 불안의 크기는 처리해야 할 일에 어울리는 정도여야 한다. 수천 명의 군중 앞에서 발표하기 전엔 불안한 게 당연하다. 하지만 처음 필라테스 수업을 들으러 가기 전에 그와 같은 정도의 불안을 느낀다면? 이는 적절하지 않다.

너무 오래 예기불안에 빠져있는 경우도 있다. 예기불안은 몇 분이나 몇 시간 동안 지속될 수 있지만, 사회불안장애를 겪고 있다면 실제로 일이 벌어지기 며칠이나 몇 주 전부터 증상이 시작되기도 한다. 주말마다 집에만 있던 시절, 짐은 가족 행사의 초대장을 받는 순간부터 잔디 깎는 기계의 전원을 켜듯 예기불안이 시작되었다고 기억했다. 실제로 세례식이나 바비큐가 열리는 그 순간까지 말이다. 카리사라는 환자는 다음 해 6월에 있을 고등학교 졸업식에서 학생 대표로 발언할 생각에 9월부터 불안해했다. 카리사는 이렇게 말했다. "1년 내내 두려웠어요. 졸업식 생각만 하면 갑자기 배가 아팠어요. 정말 끔찍했죠."

우리는 두려움을 누그러뜨리려고 다가올 상황을 머릿속으로 미리 연습하기도 한다. 일어날 수 있는 모든 경우의 수에 대해 답을 찾아놓으려고 한다. '오디오가 작동하지 않으면 어쩌지? 그녀가 날 무시하면 어떻게 할까? 답을 모르는 질문을 받을 때는?' 무엇보다 우리는 이렇게 생각한다. '어떻게 빠져나가지?' 우리는 탈출을 꿈꾼다. '어쩌면 지진이 나서 행사가 취소될지도 몰라! 전염병이 번져 파티가 취소되면 좋겠다!'

하지만 더 큰 문제는 따로 있다. 그렇게 두려워해도 상황과 마음에 아무 도움이 되지 않는다는 것이다. 2003년, 앞에서 언급했던 긍정/부정 형용사 실험을 진행했던 데이비드 클라크 박사와 그의 동료 헨드릭 힌릭센 박사는 사회불안 정도가 다양한 사람들을 대상으로 예기불안을 극도로 자극하는 상황에 대한 실험을 했다. 그들이 어떻게 그런 상황을 찾아냈는지 기가 막힐 정도였다. 실험에 참가한 불쌍한 대학생들은 20분 후 연설 주제를 받는 즉시 간단한 연설을 해야 했다. 불안을 증폭시키기 위해 연구팀은 연설을 녹화해 전문가들이 평가할 것이라 말했고, 다음과 같은 마무리로 참가자들의 불안을 최고로 끌어올렸다. "좋은 인상을 남길 수 있도록 노력하시기 바랍니다."

그리고 참가자들의 주의를 분산시키기 위해 절반에게는 벌레에 대한 20분짜리 영화를 보여주며 가장 예쁜 벌레를 찾으라고 했다. 하지만 나머지 절반은 20분 동안 공포에 떨어야 했다. 다음과 같은 질문에 답하면서 말이다. 예기불안을 초래하는 내면의 비판자만의 방법이 있다면 아마 다음과 같을 것이다.

① 불안을 느꼈거나 다른 사람에게 좋은 인상을 남기지 못했던, 일이 잘 풀리지 않았던 상황을 떠올려본다.
② 그때 자신의 모습을 상상해본다. 사람들에게 어떻게 보였을 것 같은가?
③ 그렇다면 앞으로 하게 될 연설에서는 사람들에게 어떤 모습을 보일 것 같은가?
④ 연설하는 동안 잘못될 수 있는 점을 최대한 구체적이고 자세하게 분석해 설명해보라.
⑤ 연설하는 동안 일어날 수 있는 최악의 상황을 예측해보라.
⑥ 창피를 당했을 때 어떻게 해야 할지 생각해보라.

가여운 참가자들은 공포에 떨며 각 단계에 대해 몇 분씩 생각했다. 20분이 다 지나기 전에 생각을 마무리하면, 그와 비슷한 다른 사건으로 다시 여섯 단계를 반복해야 했다. 그래서 어떻게 되었을까? 공포는 연설 준비에 아무 도움이 되지 않았다. 그저 기분만 우울해졌다.

흥미롭게도 참가자들의 사회불안 정도는 실험 결과에 영향을 미치지 않았다. 위의 여섯 단계는 힙합계의 전설 스눕 독Snoop Dog이라도 손톱을 물어뜯게 만들었을 것이다. 클라크와 힐릭센은 예기불안이 사회불안을 경험하게 만드는 가장 큰 원인은 아니라고 결론 내렸다. 예기불안의 효과는 누구에게나 마찬가지였다. 다만 사회불안을 겪는 사람이 미리 불안해할 가능성도 약간 큰 것뿐이었다.

요약하자면, 내면의 비판자가 중요한 순간을 '앞두고' 과거의 어두운 사건을 끄집어내는 것은 예기불안이고, 이것이 '이후에' 벌어지면 사후처리다. 어느 쪽이든 모두 잘못된 일에 대한 과도한 집착이다. 내면의 비판자는 우리를 돋보기로 본다. 그 돋보기는 확대만 하는 것이 아니라 왜곡까지 한다. 중립적인 상황도 부정적으로 해석하게 만든다. 사회불안이 잔인한 이유 중 하나는 아무리 미리 걱정하고 나중에 자책해도 도움이 되기는커녕 오히려 발목만 잡힌다는 것이다. 우리가 의도했던 것과 정반대의 효과를 낸다.

결정적으로 내면의 비판자는 우리 생각만큼 자신감이 넘치지도 않고 강철 주먹도 아니다. 별 볼 일 없는 정치가들보다 더 알맹이 없는, 장황한 말만 늘어놓는다. 2006년, 호주의 두 저명한 심리학자 주디스 윌슨Judith Wilson 박사와 로날드 라피Ronald Rapee 박사는 데이비드 클라크 박사의 1999년 형용사 실험과 비슷한 연구를 진행했다. 마찬가지로 사회불안장애가 있는 참가자들과 그렇지 않은 참가자들에게 성격을 묘사하는 단어들을 보여주었다. 절반은 지루한/무지한/게으른/이기적인 등의 부정적인 단어였고 나머지 절반은 존경할 만한/능력 있는/영리한/따뜻한 등과 같은 긍정적인 단어였다. 단, 불안한/부끄러운/차분한 등과 같이 불안과 관련된 단어는 의도적으로 배제했다. 그리고 클라크의 연구에서처럼 그 단어가 자신을 얼마나 묘사하는지 점수를 매기게 했다. 거기서 윌슨과 라피는 더 깊이 파고들어 참가자들이 각각의 단어에 점수를 매기는 시간까지 측정했다.

결과는 어땠을까? 우선 사회불안을 느끼는 사람들은 따분한/부족한/요령 없는 등과 같은 부정적인 단어에 더 높은 점수를, 능숙한/성공적인/가치 있는 등과 같은 긍정적인 단어에 더 낮은 점수를 매겨 클라크의 연구 결과를 그대로 보여주었다. 윌슨과 라피가 추가로 새롭게 발견한 바에 따르면, 불안해하는 참가자들은 그렇지 않은 참가자들보다 점수를 매기는 시간이 훨씬 오래 걸렸다. 무슨 뜻일까? 내면의 비판자가 확신하지 못했다는 뜻이다. '내가 이런가? 이게 내 모습일까?'를 고심해야 했다. 단 몇 초 주저했을 뿐이지만, 그 몇 초가 바로 확신이 없다는 상태를 단적으로 보여주었다. 그리고 그 불확실과 의심이 모든 불안의 핵심이다. 우리는 모르는 것이 있기 때문에 긴장한다. 확신하지 못하기 때문에, 장담할 수 없기 때문에 긴장한다.

그 지점이 바로 내면의 비판자의 한계다. 내면의 비판자는 우리를 안전하게 지키기 위해 '넌 할 수 없다.'고 말하지만, 확신하지 못한다. 우리가 부족하다고 말하지만, 생각할 시간이 필요하다. 내면의 비판자는 강력하고 전능한 존재가 아니라 『오즈의 마법사』에서 커튼 뒤에 숨어 있는, 그리 대단하지도 강력하지도 않은 인간적인 존재에 더 가깝다. 의도는 좋지만 결점도 있고 실수도 한다. 게다가 우리가 충분하지 않다는 그의 주장은 탄탄하지도 않을뿐더러 전부 왜곡된 것이다. 그래서 나는 이렇게 주장한다. 당신은 있는 그대로 충분하고 능력도 있다. 다른 사람들도 이에 동의할 것이다. 즉 아무것도 두려워할 필요가 없으며, 그저 있는 그대로의 자신이 되면 된다는 뜻이다.

내면의 비판자는 이미 확신이 없다. 그러니 실제로 그가 틀렸음을 증명해 보여주자. 내면의 비판자는 우리를 과소평가한다. 지금까지 그가 과소평가했던 것보다 우리는 훨씬 강하고, 유능하며, 호감가는 사람이다.

지금이 바로 그와 이별할 때

종종 내면의 비판자를 놓아주기 싫어하는 환자들을 만난다. "불안해지면 뭔가 하고 있다는 느낌이 들어요." "걱정이 좀 있어야 일을 잘하고 있는 것 같아요." "불안하지 않으면 아무 일도 못 할 겁니다."라고도 말한다. 또한 그들은 자기비판을 이렇게 옹호한다. "자신에게 엄격해야 실수를 만회할 수 있어요. 그래야 다음에 더 잘하죠."

로자라는 환자는 특히나 예기불안을 떨쳐내고 싶지 않아 했다. 그녀가 스스로 몰아붙이는 이야기를 듣기만 해도 피로가 몰려올 정도였다. "프레젠테이션이 다가오면 늘 계획을 세우기 시작해요." 그녀가 말했다. "잘못될 수 있는 모든 가능성을 그려보고 어떻게 반응할지 준비해요. 예전의 부끄러웠던 순간들을 복기하며 어떻게 해야 다시 그런 일을 겪지 않을 수 있는지 생각해요." 그리고 잠시 뜸을 들이다가 분명히 말했다. "그런데 사실 효과는 없어요. 피곤해지기만 하죠." 그녀는 그 모든 계획이 사실은 어지럽게 엉켜버린 예기불안 증상일 뿐이라는 사실을 잘 알고 있었다.

그렇다면 그 모든 계획의 역할은? 미리 겁에 질리는 게 도움이 되는가? 끝나고 나서 머리를 쥐어뜯는 것이 유용한가? 필^{Phil} 박사를 아는지 모르겠지만, 그는 이를 이렇게 표현했다. "내면의 비판자가 당신에게 어떻게 작용하나요?" 확실하지 않다면 이틀에 걸쳐 실험해보자. 첫째 날, 모든 불안을 내일로 미룬다. 그리고 둘째 날, 모든 불안을 불러 모은다. 제멋대로 예상하고 곱씹게 내버려둔다. 그리고 정신이 돌아오면 이 질문에 답해보자. 어떤 날 기분이 더 좋았는가? 어떤 날 더 생산적이었는가? 장담하건대, 둘째 날은 다신 반복하고 싶지 않을 것이다.

우유와 바나나를 담던 내게도, 추수감사절을 보내고 I-95 고속도로를 달리던 로렌에게도, 실험에 참가해 연설을 앞두고 두려움에 떨던 대학생들에게도 마찬가지였다. 학점을 따기 위해 발표를 할 때든, 삶 전반에 있어서든, 내면의 비판자는 아무 도움도 되지 않았고 상황을 개선시키지도 못했다.

그러니 내면의 비판자라는 문제의 뿌리를 뽑아버리자. 준비됐는가? 이제 시작이다.

모호한 불안을 구체화한다

최악의 시나리오 대체하기

우리 뇌 안에는 법정이 있다. 진갈색 배경에 판사석, 배심원석, 변호인석까지. 법정 드라마의 한 장면을 생각하면 좀 그렇지만 정말 있긴 있다. 게다가 몇 년째 재판이 진행 중이다. 우리의 두려움이 실현될 것인지 아닌지를 판가름하는 재판이다. 다시 말해 셔츠가 땀으로 흥건해지는 나를 보며 사람들이 조금씩 뒷걸음칠지, 발언하는 동안 사람들이 당황스러운 표정으로 쳐다볼지, 혹은 내 이야기를 듣느니 텔레비전 뉴스나 보러 가버릴 것인지 등을 판단하는 것이다. 검사측이 데려온 비장의 증인은 당연히 내면의 비판자다. 벌써 몇 년째 증인석을 차지하고 쉴 새 없이 떠들어대는 내면의 비판자에게 드디어 반대 심문을 할 차례가 왔다. 내면의 비판자의 곤혹스러운 목소리는 지금껏 우리를 곤경에 빠뜨려왔다. 종종 법정에 출두해 이제 법에도 해박해진 헤비메탈 밴드 트위스티드 시스터^{Twisted Sister}의 말을 빌리자면, "우리는 더 이상 이를 좌시하지 않을 것이다!"

내면의 비판자를 심문하기 위해서는 지금까지와는 다른 방식으로 그의 비판에 대응해야 한다. 즉 내면의 비판자가 목소리를 높이며 불쾌한 기분을 전할 때, 스스로의 사고방식을 바꾸는 것이다. 1990년대 후반의 그 유명했던 애플 광고 "다르게 생각하라."처럼 말이다. 이를 위해 우리는 두 가지 도구를 사용할 예정이다. 두 가지 도구는 서로 다르지만 둘 다 같은 목적을 위해 사용된다. 바로 덤불 뒤나 화장실로 숨는 것이 최선이라는 내면의 비판자의 목소리에 설득당하지 않고 대응하는 것이다.

그 첫 번째 도구는 '대체하기^{Replace}'다. 이제 우리는 내면의 비판자의 의견에 조목조목 반박할 것이다(아니면 예의 바른 거절 정도? 나도 대립을 즐기는 스타일은 아니다.). 반박의 목적은 내면의 비판자가 가하는 위협을 '변화'시키는 것이다. 그리고 다음 장에서는 전혀 다른 도구, 바로 '포용하기^{Embrace}'를 소개할 예정이다. 우리는 내면의 비판자와 싸우는 대신 그를 포용할 것이다. 다른 사람에게는 너무 잘 발휘하는 공감 능력을, 우리 자신에게도 적극 베풀 시간이다.

자, 이제 피고 측 변호사의 정교한 논리와 함께 대체하기를 시작해보자. 그녀(혹은 그)는 젊고 건강한데, 솔직히 말하자면 아직 풋내기다. 경험이 썩 많지는 않지만 열정과 의욕이 넘치니 이제 그녀의 실력을 시험해볼 시간이다. 어쩌면 그녀가 내면의 비판자의 불같은 비난을 누그러뜨릴 묘책을 갖고 있을지도 모른다.

여기서 한 가지 기억해야 할 점이 있다. 우리의 변호사는 긍정적으로 생각하기 위해 그 자리에 있는 것이 아니다. 우리 뇌의 법정에서 긍정적인 사고나 확신은 별 소용이 없다. "잘할 수 있어! 네 모습 그대로를 보여줘!" 같은 위로의 말도 거짓말처럼 느껴질 뿐이다. 격려 연설은 필요 없다. 우리의 변호사는 우리가 '명확하게' 생각하도록 돕기 위해 그 자리에 서 있다. 자, 이제 우리 내면의 비판자를 심문할 차례다. 힘껏 도울 준비가 되었는가?

변호사는 긴장한 채 판사 앞으로 걸어가 주위를 둘러본다. 내면의 비판자는 마치 제 집인 양 증인석을 차지하고 있다. 변호사는 이렇게 생각한다. '흠, 마침내 이 자리에 서서 보니 정말 다르군.' 그녀는 약간 긴장했지만 곧 어깨를 펴고 용기를 낸다.

구체적으로 말씀해주시겠어요?

변호사는 내면의 비판자를 바라본다. 그도 기분 나쁘게 웃으며 변호사와 눈을 마주친다. 이미 오랫동안 증인석을 차지하고 있어서 그런지 굉장히 편해 보인다. 하지만 우리 변호사에게도 비장의 무기가 있다. 그녀는 목을 가다듬고 이렇게 말문을 열었다. "첫 번째 질문입니다. 일어날 수 있는 최악의 상황은 무엇인가요?"

내면의 비판자 얼굴에 비웃음이 어린다. "지금 그걸 질문이라고 하신 겁니까? 그게 다예요? 일어날 수 있는 최악의 상황이 무엇이냐고요?"

"네."

"무슨, 반어법 같은 겁니까?" 내면의 비판자가 냉소적으로 대답했다.

"아니요. 아닙니다." 변호사가 말했다. "똑바로 답하셔야 할 질문입니다. 일어날 수 있는 최악의 상황은 '구체적으로' 무엇입니까?"

"그야 식은 죽 먹기죠. 모든 사람이 나를 이상하다고 생각할 겁니다."

"그렇죠. 바로 그겁니다." 그녀가 말했다. "모든 사람이 내가 이상하다고 생각한다? 너무 모호하죠. 모든 사람은 어떤 사람도 될 수 있습니다. 구체적으로 '누가' 그런 생각을 할까요?"

내면의 비판자는 혼란스러운 표정을 지었다. 그런 식으로는 한 번도 생각해본 적 없었다. "몰라요. 그냥 모든 사람이에요."

"아니요. 모든 사람일 리 없어요." 변호사가 말했다. "이름을 말씀해주세요."

이것이 바로 반짝반짝 빛나는 새 공구 상자의 첫 번째 도구다. 구체적으로 명시하기. 부동산은 첫째도 위치, 둘째도 위치, 셋째도 위치이듯, 불안을 극복하기 위한 방법 역시 첫째도, 둘째도, 셋째도 구체적으로 명시하기다. 왜냐고? 불안은 종종 모호한 형태로 나타나기 때문이다.

• 모두 나를 이상하다고 생각할 거야!

- 나쁜 일이 일어날 거야!

- 사람들이 나를 비난할 거야!

- 이러다 멍청한 짓을 하게 될 거야!

    내면의 비판자가 하는 예측은 매우 모호하기 때문에 마치 별자리 운세처럼 어떤 일이 벌어지더라도 그 예측은 들어맞는다. 그러니 언제나/결코/모두/아무도 등과 같은 '불확실함의 위험 신호'를 조심해야 한다.

    불안은 완전히 무르익은 생각이 아닌, 본능 수준의 반사 작용일 때 모호해질 수 있다. 갑작스러운 복통, 아드레날린의 분출, 사촌의 결혼식 장소를 그냥 지나쳐버리고 싶은 충동처럼 말이다. 내면의 비판자가 보내는 강력한 감정은 '사실처럼 느껴진다'. 우리가 부족하다고 '느끼기' 때문에 이는 진실이 되어버린다. 스스로 실패자라고 '느끼기' 때문에 우리는 실패자가 된다. 낯 뜨거움을 '느끼기' 때문에 우리는 〈세서미 스트리트〉의 엘모^{Elmo}처럼 얼굴이 붉어지며, 모든 사람이 그 모습으로 우리를 판단하고 있을 거라고 느낀다.

    내면의 비판자가 감정에 더 가깝다면, 이를 구체적으로 명시하기 위해 다음을 시도해보자. 배가 말을 할 수 있다면 그 아픈 느낌을 뭐라고 표현할까? 결혼식에 불참하고 싶은 충동을 언어로 바꾼다면? 내가 만화 속 주인공이라면 내 머리 위 말풍선에 어떤 말이 떠 있을까? 생각과 느낌이 언어의 형태를 갖추게 되면 그때부터 반박이 가능해진다.

자, 그러니 떠오르는 불안들을 구체적으로 명시하자. 일어날 수 있는 최악의 상황은 정확히 무엇인가? 구체적으로 어떤 멍청한 짓을 하게 될 것인가? 정확히 누가 나를 판단할 것 같은가? 우리의 변호사가 말했듯이, 이름을 말해보자.

- 모든 사람이 나를 싫어할 거야.
  ⇨ 이 프레젠테이션은 상사의 마음에 들지 않을 거야.
- 모든 사람이 나를 괴짜라고 생각할 거야.
  ⇨ 파티에서 이야기를 나누었던 대여섯 사람이 떨리는 내 손을 보고 날 좀 이상하다고 생각했을지도 몰라.
- 다들 내가 못생겼다고 생각할 거야.
  ⇨ 맥켄지와 카르멘이 또 내 의상과 머리에 대해 이러쿵저러쿵 떠들어대겠지.
- 결국 일을 망치게 될 거야.
  ⇨ 고객 상담 센터 직원이 내 말을 알아듣지 못해 또 오랫동안 장황하게 설명해야겠지.
- 나쁜 일이 일어날지도 몰라.
  ⇨ 모임에 가서 어디에 서 있을지, 어떻게 서 있어야 할지 걱정스러워.

가끔 운이 좋으면 구체적으로 명시하기만 해도 곧바로 불안이 사라지기도 한다. 두려움이 구체적으로 드러나면 두려움을 있는 그대로 인식하게 된다. '창피한 일이 일어날지도 몰라.'를 '회의에서 아기처럼 말을 더듬을지도 몰라.'로 구체화하면 그 불안이 바비인형의 하이힐처럼 비현실적이라는 사실을 깨닫게 된다.

하지만 대부분의 경우 구체적으로 명시하기는 그저 첫 번째 단계일 뿐이다. 내면의 비판자가 그리는 최악의 시나리오를 구체적으로 알게 되었다면 이제 반격을 시작할 차례다. 그렇다면 다시 법정으로 돌아가 우리 변호사의 활약을 지켜보자.

실제로 일어날 만한 일인가요?

다음은 마법의 질문이다. 변호사는 내면의 비판자를 똑바로 바라보며 첫 번째 마법의 질문을 던진다. "실제로 상황이 얼마나 나빠질까요?"

내면의 비판자는 다시 비웃는다. "실제로 얼마나 나빠질 거냐고요? 끔찍하겠죠. 사람들이 나를 거부할 겁니다! 무시하거나! 나를 바보 멍청이로 보거나! 그런 일이 나쁜 일은 아니라고는 말씀 못 하시겠죠? 모든 걸 다 잃게 될 겁니다."

"맞습니다. 물론 유쾌한 일은 아니죠." 변호사가 동의했다. "하지만 그 모든 일이 '정말로' 엄청난 재앙일까요?"

"당연하죠!"

내면의 비판자의 대답에 변호사가 되묻는다. "누가 목숨을 잃을까요? 회복할 수 없을 정도로 상처를 받을까요?"

내면의 비판자는 시간을 끌었다. "마음이 죽는 경우도 해당됩니까?"

"아니요." 변호사는 단호했다.

"하지만 그런 일들은 죽고 싶을 만큼 끔찍하다고요!"

"맞습니다. 끔찍하죠. 하지만 정말 재앙일까요? 정말 엄청나게 속상해할 만한 일일까요?"

처음으로 내면의 비판자의 목소리가 약간 부드러워졌다. "그래도 안 좋은 건 안 좋은 겁니다." 물론 뜻을 굽히지는 않았다.

변호사는 승리의 미소를 지으며 마음속으로 박수를 쳤다. 발걸음도 가벼워진 걸 보니 그 순간을 즐기고 있는 듯했다.

우리의 변호사가 지금 하고 있는 일은 무엇일까? 이는 확대 및 과장과 같은 인지 왜곡을 조정하는 'What if 기법 decatastrophizing'이다. 사자의 발톱을 빼내고, 최악의 시나리오에서 거품을 터뜨리는 일이다. 물론 문제는 여전히 존재한다. 누군가는 정말로 잠깐이나마 우리가 이상하고, 매력 없고, 멍청하다고 생각할지도 모른다. 하지만 그게 그렇게 나쁜 일인가? 잠깐의 생각이 나쁘면 얼마나 나쁠까? 우리가 잘 처리할 수 있을까? 결과를 보면 알 수 있을 것이다.

그런데 내면의 비판자가 좋은 생각이 떠올랐다는 듯 다시 활기차졌다. "많은 일이 재앙과 비슷해질 수 있어요! 프레젠테이션을 하다가 실수를 하면 직장에서 해고될 수 있지 않습니까? 땀을 줄줄 흘리면 직장 동료들이 나를 불안장애 환자로 취급할 겁니다! 데이트에서 바보 같은 모습만 보이다가 평생 혼자 살게 된다고요!"

내면의 비판자에게 이건 꽤 대단한 재능이라고 한마디 해야 한다.

모호하거나 약간 위협적인 상황을 엄청난 대재앙으로 둔갑시키는 능력 말이다. "하, 덤벼보시지! 그런 일들은 진짜 재앙이라고 할 수 있지 않겠어?" 내면의 비판자는 의기양양하게 팔짱을 끼고 말한다.

하지만 우리의 변호사도 준비가 되어 있다. "맞습니다. 전부 나쁜 일이죠. 하지만 말씀해보세요. 그럴 가능성이 과연 얼마나 될까요? 프레젠테이션에서 실수했다고 해고당할 가능성은요? 땀 좀 흘린다고 모든 사람이 당신을 불안장애 환자라고 생각할 가능성은 과연 얼마나 되죠? 데이트 한 번으로 평생 외롭게 살아갈 가능성은 또 얼마나 될까요?"

"꽤 높습니다." 내면의 비판자가 재빠르게 대답한다.

"그럴까요? 한 번의 실수로 해고라고요? 이 세상 모든 사람이 당신을 환자 취급한다고요? 이 지구에서 사라지는 날까지 계속 외로울 거다?"

우리의 변호사가 하고 싶은 말은 무엇일까? 내면의 비판자는 늘 최악의 상황을 예상할 뿐만 아니라 그 일이 분명히 일어날 것이라고 설득한다. 변호사는 우리 뇌가 이에 휘말리지 않도록 뒤흔드는 것이다. 물론, 사회적 재앙을 예측하는 능력은 유용할 때가 있다. '아마추어 나이트(뉴욕시 맨해튼 할렘가에 있는 공연장에서 수요일 밤마다 열리는 오디션-옮긴이)'에서 술 취한 무리가 썩은 토마토를 들고 있다면 댄스 데뷔는 다음으로 미뤄야 한다.

하지만 대부분의 경우, 우리는 사소한 일에서 엄청난 결과를 예측한다. 예를 들면, 다음과 같다. 직장에서 프레젠테이션을 하다가 잠깐 머리가 멍해지면(사소한 일) 해고당할 것이다(엄청난 결과). 땀을 좀 흘리면(사소한 일) 모든 사람이 이를 보고 몸을 움찔하며 뒤로 물러날 것이다(엄청난 결과). 데이트가 한 번 잘못되면(사소한 일) 평생 혼자가 될 것이다(엄청난 결과).

우리 뇌가 예측하는 최악의 상황이 실제로 일어날 가능성은 낮다. 프레젠테이션을 예로 들어보자. 프레젠테이션에서 실수했을 때 해고될 가능성이 더 클까, 사람들이 뭔가 눈치채고 잠깐 동정의 눈빛을 보낸 다음 머릿속으로 전날 섭취한 칼로리를 계산할 가능성이 더 클까? 모든 사람이 나를 불안장애 환자라고 생각할 가능성은 얼마나 될까? 한두 사람이 땀에 젖은 셔츠를 보고 '많이 더운가 보다' 혹은 '긴장했나 보다' 하고 연민을 느낄 가능성이 더 크지 않을까? 서툰 데이트 때문에 실제로 영원히 외롭게 살 가능성은 과연 얼마나 될까? 그저 그 사람과 잘 맞지 않았던 건 아닐까? 아무리 천생연분을 찾을 수 없다고 해도, 평생 금요일 밤마다 뜨개질만 하며 눈물을 흘리게 될까?

이처럼 꼬리에 꼬리를 무는 질문, 즉 '실제로 상황이 얼마나 나빠질까?'와 '그럴 가능성은 얼마일까?'로 넘어오는 과정은 그 자체만으로도 불안을 상당히 덜어준다. 이쯤 되면 내면의 비판자는 안절부절못하기 시작한다.

앞으로 어떻게 하실 계획이죠?

내면의 비판자는 이제 초조해지기 시작했다. 변호사가 그에게 다가가 마지막 질문을 던졌다. "어떻게 대응하실 겁니까?"

우리는 해결할 수 없다고 생각할 때 불안해진다. 당연히 그럴 것이다. 불안은 자신의 능력을 의심하게 만든다. 그리고 우리가 가진 두려움은 사실처럼 느껴진다. 우리는 능력이 없다고 '느끼고', 그렇기 때문에 실제로 능력을 발휘하지 못한다고 여긴다. 우리는 상황에 압도당한다고 '느끼고', 그렇기 때문에 실제로 감당할 수 없다고 여긴다. 하지만 두려움이 생길 때 이를 해결할 수 있도록 도와줄 주변의 모든 자원을 떠올려보자. 친구, 가족, 내면의 힘, 신념, 나만의 매력, 서랍 한쪽 구석에 처박혀 있는 요가 무료 수강권도 있다. 구체적으로 설명해보자. 어떻게 대응할 것인가? 어떤 행동을 취할 것인가?

예를 들어 정말로 프리젠테이션을 이유로 해고된다면 무엇을 할 수 있을까? 정말 진지하게, 무엇을 할 수 있을까? 다른 일을 찾아볼 수도 있고, 아니면 당분간 돈을 아껴 쓰면 된다. 친구와 가족에게 일자리를 알아봐달라고 부탁할 수도 있다. 어쨌든 아주 쉬운 일은 아닐 것이다. 생각보다 힘들 수도 있다. 하지만 희망이 아예 없는 것은 아니며, 당신은 어떻게든 이겨낼 것이다. 바로 그것이 핵심이다. 두려움과 불안이 아무리 커 보여도 삶이 던져주는 대부분의 고난에 우리는 대응할 수 있다. 커브 공부터 스크루볼, 엉터리 파울볼까지 말이다.

다시 법정으로 돌아가보자. 내면의 비판자는 몹시 당황해 어쩔 줄 모르고 있다. 변호사가 휙 돌아서며 미소를 지었다. "이상입니다."

마음 법정에서의 질문들을 요약해보자. 내면의 비판자가 불안의 시동을 걸 때 가장 먼저 이렇게 물어라. "일어날 수 있는 최악의 상황은 무엇인가?" 최대한 명확하게 대답하라. 구체적으로 명시해야 한다는 점을 반드시 기억하자. 그리고 아래의 질문들을 스스로에게 던져보자.

- 실제로 상황이 얼마나 나빠질까?
- 그럴 가능성은 얼마나 될까?
- 어떻게 대응할 것인가?

이 질문들은 사회불안을 느끼는 대부분의 상황에서 도움이 될 것이다. 최악의 시나리오를 더 현실적이고 덜 불안한 상황으로 대체시켜준다. 물론, 아직 현실적으로 느껴지지 않을 수 있지만, 반대 심문은 이제 겨우 시작되었다는 것을 명심하자. 사회불안은 일생 동안 단단히 굳어져 왔다. 그리고 이를 적정 수준으로 되돌리는 데에 한평생이 걸리지는 않겠지만, 두 번째 도구인 '포용'이 그 속도를 높이는 데 도움이 될 것이다.

친절이 비판을 이긴다
자신을 포용하기

곧 수영 레슨이 끝날 아이를 데리러 가는 길이다. 주차장에 차를 대고 건물 안으로 들어가 접수처에 멍하게 앉아 있는 대학생에게 인사를 한다. 벽에 붙어 물장구치는 아이들을 살살 피해 천천히 수영장으로 들어간다. 수영장에 들어가 있는 아이들 숫자를 헤아리다가 문득 물의 상당수가 소변일지도 모른다고 생각하니 진동하는 염소 냄새가 차라리 다행이다 싶다. 아이들은 몇 개의 그룹으로 나뉘어 각기 다른 교사에게 서로 다른 단계를 배우고 있었다. 당신은 아이를 찾기 위해 물 안을 둘러본다. 그런데 그때, 물장구 소리와 잡담 소리를 뒤덮는 어른의 목소리가 들려온다.

"아니야! 그게 아니라고, 이 멍청아! 생각이 있어, 없어? 어떻게 이 따위로 차! 이런 물에 빠진 닭 같으니라고! 그거밖에 못 해? 그렇게 수영하면 다 널 비웃을걸!"

당신은 깜짝 놀라 바라본다. 교사 한 명이 발차기를 하는 아이 옆에 서 있다. 아이가 쓴 물안경 안에 눈물이 차오르기 시작한다. "다음 주부터는 아예 오지 마!" 교사가 씩씩거리며 말했다. "다른 아이들한테 방해만 되니까."

눈앞에서 벌어진 이 상황을 믿을 수가 없다. 당신은 다른 사람이 또 이 일을 목격했는지 주변을 살핀다. 이 정도면 아동 학대 아닌가? 내 아이 곁에 이런 놈이 절대 접근하지 못하게 해야겠다고 머릿속에서 다짐한다.

접수처에 뭐라고 말해야 할지 생각하는 동안 당신이 서 있는 곳 근처에서 다른 수업이 시작되었다. 아이들은 아까 그 그룹처럼 발차기를 연습하고 있었다. 아이들 대부분이 신나서 물보라를 일으키며 발차기하는데, 한 아이가 힘들어한다. 두 다리가 제멋대로 움직인다. "안녕, 꼬마 친구." 교사가 말했다. "열심히 잘하고 있네. 좋아. 그런데 말이야. 다리를 쭉 뻗고 엉덩이로 차는 거야. 그러면 다리 전체로 찰 수 있어서 엄청나게 빨리 나갈 수 있어. 어디 한번 해볼까? 좋아. 많이 나아졌어. 다시 한번 해보자. 잘했어. 계속 연습하면 물고기보다 더 빨라질 거야! 자, 하이 파이브!"

자, 이제 물 밖으로 나와보자. 어떤 교사한테 배운 아이가 수영을 더 잘하게 될까? 당연히 두 번째 교사다. 그렇다면 왜 혹독한 교습은 효과가 없을까? 비판의 효과는 무엇일까? 동기 부여인가? 당연히 아니다. 부모님이나 선생님, 직장 상사에게 된소리를 듣고 '와, 정말 그러네. 다음에는 정말 더 열심히 해봐야지. 잘못된 방법을 고쳐줘서 고맙습니다!'라고 생각해본 적이 있는가? 절대 없을 것이다. 바닥을 녹여버리는 염산처럼 신랄한 빈정거림이었다면 모를까.

혹독한 비난은 첫 번째 아이에게 두 가지 영향을 끼쳤다. 첫째, 부끄럽게 만들었다. 그것만으로도 나쁘지만 둘째, 다시 시도하고 싶지 않게 만들었다. 결국 배울 기회를 앗아가버렸다. 첫 번째 아이의 부모는 오늘 밤 쓰레기통에서 아이의 물안경을 발견할 것이고, 수영이라면 질색이고 다시는 수영장에 가지 않겠다는 말을 들을 것이다. 다음 주에 억지로 수영장에 보내려 하면 고집을 피우며 울음을 터트릴 것이다. 아이는 오늘 밤 침대에서 그 선생님이 끔찍하게 고통받는 여러 가지 장면을 상상하며 잠이 들 것이다.

반대로, 두 번째 교사에게 배운 아이는 다음 주에도 수업에 올 뿐만 아니라 수영도 아주 잘하게 될 것이다. 교사는 아이에게 빈말이 아니라 정말로 힘을 주었다. 아이를 존중하며 시간을 들여 아이의 덜 효과적인 자세를 교정해주었다. 연습을 독려하고, 기술을 익히려면 시간이 필요하다는 것을 이해하며, 아이에 대한 확실하고 긍정적인 관심도 있었다. 힘이 되는 교사는 함께 있기에도 즐겁지만 더 효과적인 가르침을 준다. 이것이 바로 두 번째 도구의 핵심이다. 우리는 처벌받는 환경보다 힘이 되는 환경에서 목표를 훨씬 더 잘 성취한다.

첫 번째 교사는 내면의 비판자와 놀랄 만큼 비슷하다. 심술의 수준이 막상막하다. 하지만 우리는 자신에게 늘 그런 식으로 말한다. 가차 없는 비난이 동기를 부여하고 변화를 다짐하게 만든다고 생각하며, 수치심으로 자신을 벌해야 한다고 생각한다. 우리는 첫 번째 교사의 자질이 부족하다는 사실을 본능적으로 알지만, 내면의 비판자도 그렇다는 사실은 쉽게 깨닫지 못한다. 잘못되었을 뿐만 아니라 효과도 없다. 넌 할 수 없다는 말은, 그건 네 능력 밖이라는 말은, 그러니 아예 포기하라는 말은 우리를 숨고 싶게 만든다. 감추고 회피하고 싶게 만들 뿐이다.

그렇다면 자신에게 어떻게 말해야 할까? 간단히 말하자면, 두 번째 교사처럼 이야기해야 한다. 내면의 비판자에 맞서 극단적인 생각과 두려움을 바꾸는 것이 대체라면, 힘이 되는 환경을 조성해 어려운 일도 시도해보게 만드는 것이 바로 포용이다. 포용은 머릿속 생각에 정면으로 맞서지 않는다. 생각을 있는 그대로 인정하되 자신을 따뜻하게 지지해주는 것이다. 그 방법은 이제부터 알려주겠다.

비틀즈의 링고 스타^{Ringo Starr}도 이렇게 물었다. "내 노래의 음정이 틀리면 어떻게 하실 건가요? 나를 버리고 떠날 건가요?" 이 아름다운 불안 앞에서 링고는 좋은 생각을 떠올렸다. "친구들의 도움으로 그럭저럭 지내겠지요." 포용도 그럭저럭 지낼 만큼의 효과를 발휘하지만, 본래 그 힘은 친구들이 주는 것이 아니라 우리 안에서 얻는 것이다. 친구들은 늘 대기 상태가 아닐 수 있지만 나는 늘 내 곁에 있으니까 말이다.

스스로에게 베푸는 자비

이것이 바로 자기자비[Self-compassion]다. 좋은 친구가 줄 수 있는 혹은 좋은 친구에게 전할 수 있는 지지, 따뜻함, 친절을 자신에게 베푸는 것이다. 가장 도움이 필요할 때 건네는 작은 도움이다.

'자기자비'라고 하면 패출리[Patchouli] 향이 감도는 몽환적인 이미지를 떠올리는 사람도 있겠지만, 사실 자기자비는 매우 실용적인 도구다. 지나치게 엄격했거나 비판적인 가정에서 자랐다면 자기자비가 멋대로 하는 것, 약한 것, 혹은 자유를 넘치게 주는 것이라는 선입견 때문에 처음에는 거부감을 느낄 수도 있다. 그렇다면 자기자비에 대해 앞장서서 연구하고 있는 텍사스대학교의 크리스틴 네프[Kristin Neff] 박사의 말을 들어보자. 자기자비를 가려내는 아주 좋은 방법을 그녀가 알려주었다. "예를 들어보죠. 아이를 잘 돌보는 엄마라면 아이가 사탕을 마음껏 먹도록 내버려둘까요?" 당연히 아닐 것이다. 아이가 제멋대로 하거나 버릇없이 굴도록 내버려두지 않고, 사탕은 당연히 먹고 싶겠지만 그래도 더 몸에 좋은 대안을 선택하도록 친절하게 격려할 것이다. 자기자비는 그와 똑같은 지지와 친절, 격려의 환경을 조성하는 것이다. 용기를 내 현명한 선택을 할 수 있도록 만든다. 자기자비는 자기비판의 반대다. 자기비판은 우리 안의 약점을 찾아 공격하지만, 자기자비는 우리 안의 인간적인 면을 찾아 이를 이해하고 친절, 감사, 격려를 전한다.

네프 박사에 따르면 자기자비는 세 가지 요소로 이루어져 있다.

바로 마음챙김^{mindfulness}, 자기친절^{self-kindness}, 그리고 우리가 모두 비슷한 인간성을 공유하고 있다는 인식이다. 첫 번째 요소인 마음챙김에 대해서는 다들 많이 들어보았을 것이다. 그러나 마음챙김은 한마디로 정확히 정의하기 힘들다. 그렇다면 여기서 마음챙김에 대한 짧은 특강을 하나 듣고 넘어가자.

머릿속 생각에 반기를 들려면("실제로 상황이 얼마나 나빠질까? 그럴 가능성은 얼마일까? 어떻게 대응할 것인가?") 부정적인 생각에 맞서 몇 차례 링에 올라야 하지만, 마음챙김은 차분하게 링 밖에서 관찰하는 것에 가깝다. 간단히 말하자면 의식적으로 아무 판단 없이 지금 이 순간에 주의를 기울이는 것이다. 마음챙김에 대해서는 네프 박사가 자신의 저서 『자기자비^{Self-Compassion : The Proven Power of Being Kind to Yourself}』에서 언급한 설명이 최고였다고 생각한다. 먼저 극장에서 영화를 보고 있다고 상상해보자. 영화에 푹 빠져든 당신은 악당이 공격할 때 같이 몸을 움찔했고, 양 팀이 싸울 때는 손톱을 물어뜯었으며, 마침내 반전이 드러났을 때 숨이 턱 막혔다. 바로 그 순간, 옆에 앉은 사람이 재채기를 했다. 몽상은 깨졌다. 갑자기 팝콘을 들고 극장에 앉아 있는 스스로를 인지한다. '아, 나 영화 보는 중이었지.'

다시 말하면 마음챙김은 '실재'한다고 느끼는 생각과 경험을 그저 '바라보는' 것이다. '아, X를 생각하고 있구나', '지금 Y를 듣고 있구나', 'Z가 눈에 보이는구나'와 같은 깨달음이다. 심지어 관심의 대상을 선택할 수도 있다. 머릿속 생각을 바라볼 수도 있고, 호흡이나 감정의 동요, 신체의 갑작스러운 변화를 응시할 수도 있다. 극장의 스크린 앞에 앉아 있는 것처럼 우리는 의식의 장에 떠다니는 자신의 생각과 감정을 바라볼 수 있다.

마음챙김을 사용하면 불안한 생각에 빠려드는 대신 그저 바라볼 수 있다. 최근에 가장 부끄러웠던 순간을 떠올려보자. 이런 생각이 들 것이다. '그때 완전히 일을 망쳐버렸지.' 당시 느꼈던 부끄러움이나 죄책감, 수치심이 다시 떠오를지도 모른다. 바로 그때 이렇게 생각한다. '완전히 일을 망쳐버렸다고 생각하고 있구나.' 미묘한 차이지만 다르다. 두 번째 생각에는 거리와 자각이 있다. 극장에서 옆 사람이 재채기를 한 순간처럼, 실제인 듯 영화에 빠려 들어가 있다가 그저 영화를 보고 있을 뿐이라는 사실을 인식하는 것이다. 영화가 현실이 아니듯, 우리의 생각도 현실이 아니다. 놀랍지 않은가? 동시에 자유롭다. 감정은 사실이 아니다. 생각도 진실이 아니다. 그저 지나갈 뿐이다. 내면의 비판자가 불안해하며 실패만 떠올린다 해도 그 생각에 계속 사로잡혀 있을 필요가 없다. 내면의 비판자가 그런 생각을 한다는 사실을 그저 바라보면 된다. 받아들일 필요는 더더욱 없다.

더 놀라운 점은 따로 있다. 아직도 많은 사람이 '나는 사회성이 없어.' '할 말이 없을 거야.'라는 생각을 '내 눈은 갈색이야.' '내 나이는 서른아홉 살이야.'와 같은 수준의 진실로 받아들인다는 것이다. 하지만 극장에서의 깨달음처럼, '망신만 당할 거야' 같은 생각은 그저 우리의 생각일 뿐이다. 존재의 위치를 일깨워주었던 재채기로 우리는 '나는 부족해.'를 '내가 부족하다고 생각하고 있구나.'로 바꿀 수 있었다. 그 차이가 전부고 사실이다. 정확히 바로 그 순간에, 우리가 믿었던 절대적인 진실이 잠깐 떠오른 생각으로 변한다. 그리고 그 생각은 언제든 바뀔 수 있다. 마음챙김의 관점에서 말하자면, 그저 지켜보기만 하면 된다.

2011년, 마음챙김이 사회불안을 치료할 수 있는지 확인하기 위한 실험이 진행되었다. 사회불안장애 환자들을 세 그룹으로 나누어 10분 동안 첫 번째 그룹에는 마음챙김 훈련을 시켰고 두 번째 그룹은 주의력을 분산시켰으며(실험과 관련 없는 다른 일에 신경 쓰게 만들었다.) 세 번째 그룹은 그냥 내버려두었다. 첫 번째 그룹은 호흡에 집중하는 법을 배웠다. 도중에 마음이 흐트러지면 다시 차분히 호흡에 집중하는 연습을 했다. (마음은 곧잘 방황한다. 사실 처음 마음챙김 훈련을 할 때는 자신의 집중력이 '훈련되지 않은 강아지'의 집중력이나 '어린아이'의 집중력 사이 어디쯤에 속한다는 생각이 들 것이다.) 훈련의 목적은 '생각과 감정을 인식하고 지금 이 순간의 경험을 받아들이는 것'이었다. 10분 후 모든 참가자는 파티나 회의, 프레젠테이션이나 데이트에서 몹시 불안하고 어색하고 부끄러웠던 최근의 경험을 떠올려보라는 요청을 받았다. 그 상황을 최대한 자세히 떠올린 다음 5분 동안 그 부끄러웠던 기억에 빠져 있게 했다. 그리고 기분이 얼마나 상했는지 점수를 매겼다. 그런 다음 새로 배운 방법(마음챙김/주의 분산/가만히 있기)을 5분 동안 적용해보고 다시 점수를 매겼다. 예상했겠지만 마음챙김 훈련의 효과가 독보적이었다. 첫 번째 그룹의 괴로움은 5분 동안 꾸준히, 그리고 상당히 감소했다. 두 번째 그룹의 괴로움은 전혀 줄어들지 않았으며, 가만히 있었던 통제집단의 괴로움은 심지어 더 가중됐다. 이는 모두 단 10분 동안의 훈련을 통해 얻은 결과였다.

초심자에게는 짧은 시간으로 좋은 효과를 얻을 수 있는 세 가지 마음챙김 훈련을 추천한다.

5-4-3-2-1 훈련

5-4-3-2-1은 불안에서 벗어나 현실에 발 디딜 수 있도록 도와주는, 어디서든 할 수 있는 훈련이다. 오감을 다 동원해야 하는 이 훈련의 방법은 다음과 같다. 첫째, 주위를 둘러보며 눈에 보이는 다섯 가지를 말한다. 지금 나는 내 노트북, 얼 그레이 찻잔, 성미 고약한 프린터, 파란색 접착 메모지, 그리고 앨버트 앨리스의 자서전이 보인다. 둘째, 네 가지 소리를 찾아본다. 창밖의 자동차 소리, 새가 지저귀는 소리, 이웃집 에어컨 돌아가는 소리, 어디선가 흐르는 물소리. 셋째, 세 가지 촉각이다. 신발을 신고 있는 발의 감각, 의자에 닿은 등의 촉감, 손가락에 닿는 노트북 자판의 느낌. 넷째, 두 가지 냄새를 말해본다. 차의 향기, 자서전의 퀴퀴한 냄새. 그리고 마지막으로, 한 가지 미각을 말해본다. 나는 얼 그레이 차를 한 모금 홀짝인다. 하지만 가까이에 아무것도 없다면 자기 입안의 맛에 주의를 기울여볼 수도 있다(보통은 역겨울 것이다). 아니면 대안으로 자신의 좋은 점을 한 가지 말해본다(결코 역겨울 일이 없다).

이 훈련을 하는 이유는 첫째, 오감을 통해 지금/여기로 돌아오기 위해서다. 미래에 대해 걱정하고 있었다면, 5-4-3-2-1 훈련이 미래에서 현재로 우리를 되돌려준다. 과거의 기억에 빠져 있었다면 부드럽게 다시 현재로 이끌어준다. 둘째, 5에서 1까지 숫자를 세면서 오감을 느껴보는 것은 걱정으로 빙글빙글 도는 뇌의 바큇살에 막대기를 꽂아 회전을 멈추게 만든다.

의식적 듣기

의식적 듣기는 '판단을 개입시키지 않는' 좋은 방법이다. 들려오는 소리를 듣기만 하면 된다. 커피 전문점의 소란, 고속도로를 달리는 자동차 소음, 도서관에서 조용히 책 넘기는 소리. 모든 소리를 아무 반응 없이 듣는다. 머릿속에 쇼핑 목록이나 TV 광고 노래가 계속해서 떠오르면, 다시 주변의 소리에 집중한다. 지금 이 순간 들리는 소리에 귀 기울인다.

의식적 호흡

아주 고전적인 방법인 의식적 호흡을 시도해보자. 이미 그 효과가 입증된, 가장 기본적인 마음챙김 훈련법은 호흡이다. 먼저 콧구멍으로 들어오는 공기를 느껴본다. 코 안쪽에 닿는 시원한 느낌에 집중한다. "네 박자에 들이쉬고, 여섯 박자에 내쉬고" 같은 엉터리 멘트는 잊어라. 그냥 숨 쉬자. 가슴이 부풀었다가 가라앉는 걸 느낀다.

콧구멍으로 빠져나가는 따뜻한 공기를 느껴본다. 계속 반복한다. 마음이 궁지에 몰린 족제비처럼 날뛰어도 절망하지 말라. 호흡으로 마음챙김을 할 수 있는 기회는 얼마든지 있다.

이 외에도 수만 가지 훈련법과 명상법이 있다. 무엇을 실천하든지 '아, 영화를 보고 있었지.'라는 느낌을 기억하라. 그렇게 꽃을, 건포도를 관찰하고, 더 중요하게는 자신의 불안한 생각을 관찰하라. 네프 박사가 말했듯이, "느끼지 못하는 것은 치유할 수 없다." 무엇을 선택하든, 판단하지 않고 의식적으로 주의를 기울여라.

나를 먼저 어르고 달랠 것

자, 여기까지가 우리에게 필요한 마음챙김 명상법이다. 그렇다면 이제 다시 본 수업으로 돌아가 포용에 관해 이야기해보자. 네프 박사는 이렇게 말했다. "무턱대고 '내면의 비판자를 믿지 마.'라고 할 수는 없어요. 그전에 내면의 비판자에게 이렇게 물어야 해요. '나를 어떻게 도우려는 건데?' 가끔 내면의 비판자와 자기자비가 정확히 같은 걸 원하기도 해요."

두 명의 수영 교사도 그랬다. 둘 다 표면적으로 목표는 같았다. 아이들이 수영을 잘하게 만드는 것. 첫 번째 교사도 어떤 면에서는 도우려고 노력했다. 이웃집 바비큐 파티에 어색할까 봐 가고 싶지 않을 때, 이웃이 우리를 이상하게 생각할까 봐 피하고 싶을 때, 내면의 비판자에게 나를 어떻게 도울 건지 물어라. 대답은 아마 늘 비슷할 것이다. "너를 안전하게 보호하려고 그러는 거야." 내면의 비판자는 여기저기 쫓아다니며 잔소리를 해대는 암탉처럼 이렇게 말할 것이다. "안 가면 상처받을 일도 없잖아. 그러니까 그냥 있어. 왜 괜히 일을 만들어? 나중에 후회하지 말고 조심해야지. 그러니까 이번에는 그냥 집에 있는 게 어때?"

하지만 다음과 같이 자신을 돌볼 수도 있다. '오, 사랑스러운 그대. 무서운 거 알아. 잘 알지도 못하는 사람들이니 겁나는 건 당연하지. 그런데 다른 사람들도 다 그래. 다들 가끔은 어색해하고 불편해하지. 그리고 다들 처음에는 모르는 사람이었어. 처음이 가장 힘들지만, 그때부터 점점 나아진다는 건 이미 경험해봐서 알잖아. 더 힘든 일도 해봤으니 긴장되는 건 알지만 이번에도 할 수 있을 거야.' 느끼해서 스스로를 '사랑스러운 그대'라고 부르지 못하겠다면 안 불러도 괜찮다. 중요한 것은 자신을 친절하게 대하고, 자신에게 힘과 용기를 주는 것이다. 반대로 '오, 사랑스러운 그대. 무서운 거 알아. 그러니 집에서 체리 아이스크림이나 한 통 먹어 치우는 건 어때?'라는 속삭임은 자기자비가 아니다. 두 번째 수영 교사가 제멋대로 발차기하는 아이들을 내버려두고 빈말로 칭찬을 늘어놓지 않았던 것처럼, 자기자비도 그 상황을 피하라고 하지 않는다. 자기자비는 어려워하던 아이에게 부드럽고 다정하게 방법을 가르쳐주었던 두 번째 수영 교사의 역할을 해낸다. 우리 모두 자기만의 모습이 있으니 그렇지 않은 척할 필요가 없다는 것이 자기자비의 기본 관점이다. 자기자비는 무능함과 실패에도 개의치 않을뿐더러 실패해볼 수 있는 안전하고 힘이 되는 공간을 제공한다. 자기자비는 '나'라는 인간의 모든 면을 사랑한다. 자신을 잘 돌보는 것은, 자신이 대접받고 싶은 대로 남을 대접하라는 황금률을 뒤집는다. 남을 대접하듯이 자기 자신도 대접해야 한다.

자기자비는 자신감과는 다르다. 네프 박사에 따르면 자신감은 '나는 훌륭해.' '나는 아름다워.' 같은 꼬리표다. 하지만 '나는 똑똑해.' '나는 성공했어.'와 같은 긍정적인 말도 여전히 꼬리표일 뿐이다. 결국 그 꼬리표에 집착해 이를 위협할지도 모르는 새로운 시도를 회피하게 될 위험이 있다. 2015년의 한 연구에 따르면, 자기자비 훈련을 한 사람은 낮은 자신감이 정신 건강에 거의 영향을 끼치지 않았다. 자기자비는, 우리가 삶이라고 부르는 아슬아슬한 줄타기에서 떨어져도 다치지 않을 친절이라는 안전망을 만든다.

독자들도 나와 비슷하다면, 처음에 자신에게 다정하게 이야기하는 것은 약 3초 정도 효과가 있을 것이다. 그리고 마음은 다시 블랙홀로 빠져들 듯 '오늘은 무엇을 들킬까' 조마조마할 것이다. 하지만 그것이 정상이다. 훈련과 조절의 측면에서 보자면 우리는 앞에서도 언급했듯이 강아지와 어린아이 사이다. 자신을 몰아붙이는 것이 익숙한 사람에게, 스스로에게 친절하게 말해보란 주문은 굉장히 어렵다. 하지만 그렇기에 더더욱 마음챙김이 필요하다. '아, 영화를 보고 있었지.'라는 그 느낌을 떠올리며 불안을 아무 판단 없이 바라보고 다시 한번 시도해보자.

섞일 때 더 황홀해진다

자, 이제 대체와 포용을 통합할 시간이다. 이 방법들을 개별적으로 사용할 수도 있지만, 섞였을 때 더 황홀해지는 훌륭한 두 가지 맛처럼, 한꺼번에 사용할 때 훨씬 효과적이다.

내 환자였던 프라나브는 몇 년 전 스타트업 기업을 세운 생명공학도였다. 자금을 지원받기 위해 그는 수십억 달러 규모의 기업들에 자신의 아이디어를 홍보해야 했다. 프라나브는 프레젠테이션 이야기를 하며 자기 물잔에 얼음 조각이 아니라 차가운 금덩어리들이 들어 있었다고 농담했다. 다시 말하자면, 엄청난 압박감을 느끼면서도 부가 눈앞에 있는 상황이었다. 누구라도 그런 상황에서는 긴장했을 것이다. 하지만 대중 연설은 프라나브가 부족함이 드러날까 봐 두려워하는 영역은 아니었기 때문에 약간의 긴장에도 열과 성을 다해 임했다. 결국 자금을 지원받았고, 나중에 가족들과 저녁을 먹으며 3년 동안 앞만 보고 달려왔던 날들을 성대하게 축하하는 자리를 갖기도 했다. 그 후 그의 스타트업은 누구나 한 번쯤 복용해본 약을 만드는, 한 제약 회사가 인수했다. 오늘날 프라나브는 열다섯 명의 직속 부하와 많은 직원들을 이끌고 있다. 그가 보고할 사람은 최고경영자뿐이다. 프라나브는 회의를 주재하고 프레젠테이션을 하는 데는 전혀 문제가 없었다. 문자 메시지나 메일도 마찬가지였다. 문제는 전화 통화였다.

가스나 케이블 텔레비전, 휴대폰 등 집안에 문제가 생기면 고객

서비스 센터에 전화하는 사람은 늘 아내였다. 그는 친구나 가족들과도 전화보다는 메일로 연락을 주고받았다. "온라인 주문이 있어서 얼마나 다행인지 모릅니다." 그가 웃으며 말했다. "가서 음식을 받아오는 것도 괜찮고, 어디서 먹을지, 무엇을 먹을지도 크게 신경 쓰지 않아요. 보통 다른 사람들에게 선택권을 주죠. 하지만 전화는 안 해요." 도대체 왜? 프라나브는 전화선의 반대편 끝에 있는 사람이 자신에게 화를 낼까 봐 걱정했다. 어쩔 수 없이 전화를 하고 나면 머릿속으로 꼭 다시 점검했다. '잘 말했나? 말투는 적당했나? 그 사람이 화가 나지 않았을까?' 전화에 대해 생각하는 것만으로도 그는 열이 나고 불안해졌다.

그래서 프라나브는 대체와 포용을 차례로 시도해보았다. '구체적으로 명시하기'에 대해 그는 곰곰이 생각하다 이렇게 말했다. "설명하기 어렵네요. 혹시 내가 짐이 되지 않을까, 귀찮은 사람이 되거나 상대방이 불편한 시간에 전화한 건 아닐까 걱정스러워요." '일어날 수 있는 최악의 상황은 무엇인가?'에 대해서는 이렇게 답했다. "누가 전화를 받든 그 사람이 날 정신없는 사람이라고 생각할 것 같아요. 언제 전화를 해야 하는지, 무슨 말을 해야 하는지도 모르는 무능력한 사람이라고 생각할 것 같아요." 훌륭하다. 이것이 우리의 문제다. "사람들이 날 정신없는 사람이라고 생각할 것 같아요."

자, 그렇다면 이제 세 가지 질문에 차례로 답해보자. 첫째, '실제로 상황이 얼마나 나빠질까?' 프라나브는 잠시 생각하다가 천천히 말했다. "재앙까지는 아니죠. 죽을 것 같다거나 그렇진 않아요. 하지만 상대방이 절 흘겨보며 유치원생 대하듯 말하는 모습이 떠올라요." 그는 다시 한번 자문했다. 실제로 상황이 얼마나 나빠질까? "기분은 나쁘겠죠. 창피하고." 하지만 무섭게 으르렁거리는 방범견에서 정강이를 간지럽히는 작은 개로 최악의 상황을 누그러뜨려보니 이렇게 생각할 수 있었다. '그래, 그런 느낌 알지. 그렇게 끔찍하지는 않아. 편두통처럼 잠깐 괴롭지만 늘 지나가잖아. 전화 받는 사람이 내가 정신없이 팟타이를 시킨다고 생각해도, 내가 전반적으로 늘 정신없는 사람은 아니니까.'

멋지다. 그렇다면 이제 두 번째 질문이다. '그럴 가능성은 얼마일까?' 프라나브는 잠시 생각하다 결론을 내렸다. "그 사람들은 온갖 통화를 다 해봤겠죠. 술 취한 사람들, 싸움 거는 손님들. 그러니 통화 중에 메뉴 좀 바꾼다고 신경이나 쓰겠어요?"

이제 마지막 질문이다. '어떻게 대응할 것인가?' 프라나브는 생각했다. "상대방이 신경질을 낸다면? 딱히 제가 할 일은 없을 것 같아요. 몇 분 정도 기분은 나쁘겠지만 곧 정신이 딴 데 팔리겠죠. 아이들이나 일, 뭐 그런 걸로요." 이를 통해 프라나브는 벤티 사이즈 불안을 쇼트 사이즈로 줄였다. 불안은 사라지지 않았지만 처음에 생각하던 것보다 나쁘지 않다는, 그리고 그 정도는 감당할 수 있다는 사실을 떠올리는 게 큰 도움이 되었다.

다음은 포용이다. 처음에 프라나브는 마음챙김을 힘들어했다. 떠오르는 생각에 대처하지 않고 그저 바라만 보는 것이 너무 어려웠다. 그 안의 문제 해결자가 가만히 있지 못했다. 그리고 어느 목요일 저녁, 프라나브는 몹시 지쳐 있었다. 바쁜 한 주였고 마지막으로 호주에 있는 공동 연구자에게 전화를 해야 할 일이 남아 있었다. 프라나브의 머릿속에서 두려움이 커지기 시작했지만, 그 순간 그는 그저 생각이 흘러가도록 내버려두었다. "사실 너무 피곤해서 대응할 수도 없었어요. 어쩌다 보니 그게 마음챙김 훈련이 되었는데, 효과가 있었어요. 불안이 커지는 걸 보고 그저 '어쩌라고' 했지 뭡니까. 그랬더니 얼마나 놀라웠는지 몰라요. 진짜 '영화를 보고 있구나!' 딱 그 느낌이었다니까요!"

프라나브는 우연히 시작했던 그 마음챙김 훈련을 나중에 전화로 음식을 주문할 때 다시 시도해보았다. 그리고 이번에는 생각을 그저 바라볼 수 있었다. "누가 전화를 받든 내가 내 돈 주고 음식을 주문하는 건데 나한테 소리를 지를 거라고 생각하고 있구나. 하지만 그런 일은 안 일어나겠지."

그리고 자신을 더 격려하기 위해 만약 아들이 같은 상황이었다면 뭐라고 달래줄지 생각해보았다. 관점을 바꾸자 마음이 놓이면서 한결 편해졌다. 그가 늘 사용했던 '혼자 힘으로 해결하는' 태도와는 전혀 다른 경험이었다. '좋아, 프라나브.' 그는 생각했다. '누구나 불안해져. 다들 자기만의 문제가 있고 넌 지금 이 문제를 해결하려고 노력 중이야.' 프라나브는 꼿꼿이 앉았다. '몇 분 정도 어색한 느낌 감당할 수 있잖아. 그렇게 힘들었던 지난 몇 년도 버텼는데 전화 한 통쯤이야. 잠깐 어색해도 괜찮아. 계속 발전할 테니까.' 프라나브는 훌륭하게 상황을 벗어났다.

당신의 걱정은 그저 시나리오다

이제 조금 더 심각한 경우를 살펴보자. 넬리는 20대 중반의 커뮤니티칼리지 학생이었다. 넬리는 의류 디자이너가 되고 싶었고 연애도 하고 싶었다. 온라인에서 메시지를 주고받던 남자를 직접 만나러 나갔던 게 마지막 데이트였는데 그때 얼마나 긴장했는지 모른다. 메일과 문자 메시지를 주고받던 그 남자는 재미있는 사람 같았고, 그녀가 쓴 글에도 관심을 기울였으며, 사진이 믿을 만하다면 외모도 매력적이었다. 하지만 넬리는 그 모든 과정이 끔찍하게 싫었다. 나가기 전에 술기운을 빌려볼 생각도 했지만 처음부터 잭 다니엘 냄새를 풍기긴 싫었다. "제가 원하는 제 모습은 아니니까요." 넬리가 말했다. 그녀는 첫 데이트부터 하룻밤을 함께 보내는 습관도 바꾸고 싶었다. 그것 말고 제안할 것이 하나도 없을까 봐 걱정이라고 했다. 성인들의 하룻밤이 문제는 아니겠지만 넬리는 잘못된 이유로 그러는 게 문제라고 말했다. "정말이지 데이트가 너무 무서워요."

　넬리는 데이트를 하기 전, 대체와 포용을 연습했다. 가장 먼저 무엇이 두려운지 자문하자(구체적으로 명시하기) 머릿속에 수많은 질문이 떠올랐다. '그 사람이 날 싫어하면 어쩌지? 나한테 실망하면? 자기 시간을 낭비한다고 생각할지도 몰라.' 질문에 반박하기는 쉽지 않으므로 넬리는 질문을 평서문으로 바꾸었다. '그는 나를 좋아하지 않을 거야. 그가 실망하겠지? 시간을 낭비하고 있다고 생각할지도 몰라.' 하지만 그 생각이 전부가 아니었다. 넬리는 한 번의 데이트로 자신의 미래 전체를 예상하면서, 먼저 결혼한 친구들에게 버림받고 고양이 아홉 마리와 쓸쓸하게 지내는 자기 모습을 떠올렸다. '난 영영 혼자일 거야.'가 최악의 시나리오였다. 그런 생각이 머릿속을 휩쓰는데 불안하지 않을 도리가 있을까?

하지만 마법의 질문은 어떤 두려운 생각이라도 해결해준다. 넬리는 가장 먼저 이렇게 물었다. '실제로 상황이 얼마나 나빠질까?' 처음에는 이렇게 생각했다. '최악이 되겠지! 영영 혼자 살긴 싫단 말이야.' 하지만 최악의 시나리오를 큰소리로 말해보면서 자기 생각이 얼마나 극단적인지 깨달았다. '영원히 혼자?' 넬리는 잠시 생각했다. '하지만 내가 독방에 갇히는 것도 아니잖아. 그리고 이 데이트 한 번이 내 남은 평생을 좌우하는 것도 아니야. 게다가 짝을 못 만난다고 해도 어떻게든 살아가겠지. 내가 원하는 바는 아니지만 그렇다고 죽지는 않으니까.' '그럴 가능성은 얼마일까?' 고양이 아홉 마리를 입양할지 말지는 자신이 결정할 수 있으며, 그 두려운 가능성을 아예 차단할 수도 있다. 현재로 돌아와보니, 그보다 현실적인 시나리오는 그저 또 한 번의 어색한 데이트일 뿐이었다. 다음으로 '어떻게 대응할 것인가?' '작별 인사를 하고 집으로 돌아와 편한 옷으로 갈아입고 코미디 프로그램을 봐야지.' 아주 괜찮은 계획이라고 넬리는 생각했다.

그렇게 상황을 받아들이는 것만으로도 기분이 조금 나아졌지만, 넬리는 그래도 긴장을 풀지 않고 이렇게 생각했다. '친구가 같은 상황이라면 무슨 말을 해줄지 정확히 알고 있잖아. 바로 저번 주에도 그런 대화를 했고. 물론 걱정은 되지만 그런 상황이라면 누구나 그렇게 느낄 거야. 원래 힘든 일이야.' 넬리는 사랑을 찾는 일은 누구에게나 어려운 일이며 좋은 인연을 만나는 데에는 시간이 필요한 법이라고 정리했다. 넬리는 불안을 감수하고 용기를 낸 자신을 칭찬했으며 그 남자도 긴장했을 거라고 생각했다. 아니면 이상한 놈이거나. 어떤 경우든 그녀는 집으로 돌아와 코미디 프로그램을 볼 수 있다. 그녀는 생각했다. '노력하느라 고생했어. 이 정도 어려운 일쯤은 해낼 수 있지. 살면서 힘든 일 많이 겪어왔잖아. 언제나 잘 극복해냈고!' 마침내 대체와 포용이 거짓처럼 느껴지지 않았다. 기분을 나아지게 하려고 억지로 애쓰는 느낌도 아니었다. 놀랍고 기쁘게도, 큰 위안이 되었다.

이제 독자들의 차례다. 먼저 머릿속에 떠오르는 생각들을 대체해보자.

나는 [내가 불안해지는 상황] 일 때,

분명히 [내면의 비판자가 말하는 내 부족한 점] 것이다.

이제 자신이 두려워하는 결과에 대해 이렇게 물어보자. "실제로 상황이 얼마나 나빠질까?" 정말 엄청난 재앙의 수준인가? 정말로? 재앙까지는 아니라고 이미 생각했다면 "어떻게 대응할 것인가?"로 바로 넘어갈 수 있다. 그렇지 않다면, 이렇게 물어라. "그럴 가능성은 얼마일까?" 무엇이 더 현실적인가? 실제로 일어날 것 같은 일은 무엇인가? 그리고 마지막으로 묻자. "어떻게 대응할 것인가?" 가족, 친구, 스스로 할 수 있는 일, 건강보험, 맛있는 간식 등 받을 수 있는 모든 도움을 떠올려보자. 최대한 노력해보자!

　다음으로, 포용으로 자신을 위로하자. 좋은 친구에게 말하듯 자신에게 이야기한다. 내 걱정을 덜어주고, 자신에게 용기를 주고, 스스로의 힘이 되어줘라. 자신의 노력에 감사함을 보여라. 두려움을 인정하라. 아무도 보고 있지 않다면 두 팔로 스스로를 안아주어도 좋다. 등을 토닥여주고 힘내라고 말하며 꼭 안아주자. 목소리에 날카로움이 서려 있다면 스스로를 관대하게 대하고 처음부터 다시 해보자.

　중요한 점은, 대체와 포용이 첫 번째 단계라는 것이다. 이는 두려워하는 상황을 헤쳐나가기 위한 도움닫기다. 불안을 완전히 없애주지는 않겠지만 마법의 질문들이 불안을 누그러뜨려주고, 포용의 자기 연민이 마음을 편하게 먹을 수 있도록 도와줄 것이다.

　자, 그렇다면 이제 준비가 되었다. 정리해보자. 내면의 비판자도 우리를 돕기 위해 최선을 다하지만 효과적이지 않은 방법만 알려준다. 그러니 이성적으로 대화해야 한다. 우리가 얼마나 강한지 보여주고, 친절이 비판보다 낫다고 일깨워주는 것이다. 자, 내면의 비판자 씨, 실례지만 이제 우리는 두려움에 맞서보려 한다.

HOW TO BE YOURSELF

세상 속으로
나아가기

시작하면 자신감은 따라온다
준비되기 전에 행동하기

매일 거의 10킬로미터씩 걷는 브랜든 스탠튼이 오늘 향한 곳은 첼시였다. 걷다가 찍은 그 사진을 유명한 자신의 포토로그 '휴먼스 오브 뉴욕'에 올린다. 내가 이 글을 쓰고 있는 지금 휴먼스 오브 뉴욕의 팔로워는 2천만이 넘는다. 빛바랜 치노 바지와 회색 보온 셔츠, 털 비니는 190센티미터가 넘는 거구에다 최고의 사진을 찍기 위해 길거리에 엎드리기 좋아하는 그에게 딱 어울리는 의상이었다.

그는 흰옷에 요리사 모자를 쓴 아프리카계 미국인 요리사 세 명이 레스토랑 바깥에서 잠시 쉬고 있는 모습을 목격한다. 그리고 신이 나서 그들에게 다가가 말을 건넨다. 그의 행동은 물 흐르듯 자연스럽고, 조금의 꾸밈이나 가식도 없다. 그가 내게 말했듯이, "벌써 오 랫동안 알고 지낸 사이인 듯 대화를 시작"한다. 대화는 막힘없이 흘 렀고 그는 요리사들에게 사진을 찍어도 되는지 묻는다. 요리사들의 자연스러운 대화를 들으며 그는 카메라를 들어 올려 셔터를 누르기 시작했다. 그렇게 자연스럽게, 이야기와 사진이 매혹적으로 어우러 졌다.

처음부터 이렇게 쉬웠던 건 아니었다. 취미로 사진을 독학하던 브 랜든은 2010년 금융계 직장을 잃은 김에 전국을 돌며 빈둥거리기 로 했다. 뉴올리언스와 피츠버그 같은 도시에서 사진을 찍다가 몇 달 후 뉴욕에 입성했다. 뉴욕은 처음이었던 브랜든은 그 규모와 다양성 에 놀라 입을 다물지 못했다. 그는 곧바로 뉴욕과 사랑에 빠졌다.

처음 카메라를 들고 뉴욕의 거리를 활보하기 시작했을 때, 브랜든 은 빈털터리였고 뉴욕에 아는 사람도 없었다. 하지만 그는 날마다 거리로 나갔고 수천 장의 사진을 찍었다. 처음에는 건물이나 소화 전, 여러 가지 신호 등 닥치는 대로 찍었다. 인물사진도 있었는데, 사실대로 말하면 몰래 찍은 것들이었다. 친구들과 가족들을 위해 소 셜미디어에 사진을 올리다 보니 인물 사진이 반응이 가장 좋았다. 인물 사진에는 다른 대상이 결코 범접할 수 없는 강렬함이 있었다. 도전을 피하지 않았던 브랜든은 1만 명의 뉴욕 사람들을 찍어 이를 지도에 표시해보기로 했다. 말하자면 사진으로 보는 뉴욕 인구지도 였다. 하지만 목표를 정하고 나서 곧장 깨달았다. 그 프로젝트를 위 해서는 1만 명의 낯선 사람들에게 말을 걸어야 했다. 브랜든은 낯선 사람에게 말을 거는 방법을 반드시 배워야 했다.

아직 목표한 숫자를 다 채우지 못했지만 브랜든은 자신이 사람들과 꽤 잘 지낸다고 생각한다. 물론 그는 이렇게 말했다. "처음 몇 달은 거리에서 사람들에게 다가가 말을 걸기가 얼마나 무서웠는지 몰라요. 거부당할지도 모른다는 느낌이 본능적으로 저를 긴장하게 만드는 것 같아요."

'그냥 하는 것'의 대단함

그렇다면 브랜든은 어떻게 이를 극복했을까? 전혀 모르는 사람에게 오랫동안 알고 지낸 사람처럼 다가가는 방법을 어떻게 배웠을까? 그는 이렇게 말했다. "그냥 계속했어요. 그러자 모르는 사람이라는 느낌 자체가 없어졌어요. (…) 상상력을 발휘해 불안을 만들어낼 여지가 없어진 거죠. 이미 여러 번 해봤고, 할 수 있다는 사실도 알고 있고, 그러다 보니 상대방이 어떤 반응을 보일지 아무 걱정도, 불안도 없이 편하게 다가갈 수 있는 경지에 이른 것 같아요."

찰칵, 찰칵, 찰칵. 브랜든은 마지막으로 몇 장을 더 찍고 세 명의 요리사에게 다정한 감사의 인사를 전했다. 그리고 다음 인물을 찾으러 돌아선다. 여기서 잠깐, 그의 말에 별표를 좀 달고 지나가자. 첫째, "상상력을 발휘해 불안을 만들어낼 여지가 없어졌다"를 보자. 알다시피, 우리 뇌는 최악의 시나리오로 성급하게 돌진하도록 진화되었다. 온갖 '가정'들이 끓어오르기 시작한다. '누가 총을 꺼내면 어쩌지?' '나를 납치하지는 않겠지?' 뇌는 최악의 상황이 '가능'하다고 말하지만, 우리는 경험을 통해 그 최악의 상황이 실제로 벌어질 확률은 별로 없다는 사실을 알고 있다. 그래서 첫 번째 접근이 가장 어려운 것이다. 이는 과보호하기 좋아하는 뇌의 경고를 무시할 만큼 경험이 쌓이지 않았기 때문이다. 브랜든의 경우, 1만 명의 낯선 이들에게 다가가면서 대부분의 사람이, 심지어 척박한 도시에서도 대체로 다정하다고 확신하게 되었다. 물론 가끔 거절당하기도 하고, 무례하거나 경우 없는 사람에게 당하기도 하고, 음흉하게 반응하는 사람들을 만나기도 한다. 하지만 다 일어날 만한 일이다. 경험을 통해, 대부분의 사람이 다른 동료 인간을 마주할 때 기꺼이 도우려고 한다는 사실을 체득했다.

둘째, 브랜든은 이렇게 말했다. "할 수 있다는 사실도 알고 있다." 거절을 당하든, 무례한 말을 듣든, 속임수에 걸려들 뻔했든, 놀랍게도 브랜든은 그 어떤 상황에도 적당히 대처할 수 있었다. 촬영이 실패했다고 자신이 실패자가 되는 것은 아니다. 그저 이번에는 잘되지 않았을 뿐이고 다시 시도하면 된다. 실제로 브랜든은 '네.'보다 '아니요.'를 통해 자기 능력에 대해 더 잘 알게 되었고 무엇보다 자신을 믿어야 한다는 사실을 깨달았다. 그럴수록 있는 그대로의 자기 모습에 자신감이 생겼다.

나는 브랜든에게 낯선 사람과 편히 대화하고 싶어 하는 사람들에게 해줄 조언이 있는지 물었다. "누구에게나 편하게 말을 걸고 싶다면," 그가 대답했다. "불편할 때 다가가는 방법밖에 없어요. 수없이 불안을 마주하면서 결국 편해지는 거니까요." 브랜든은 계획했던 인구지도는 만들지 못했다. 하지만 그보다 훨씬 중요한 성과를 얻었다. 바로 자신의 성장이었다. 그는 낯선 이들과 나누었던 수천 마디 대화를 통해 편안함과 자신감을 얻었다.

느낌이 아니라 행동을 기준으로 삼는다

익숙한 이야기 같지 않은가? "이룰 때까지 이룬 척해라."라는 말과 같은 뜻이기도 하다. 그리고 이는 효과가 있다. 왜? 무엇이든 실제로 실천하는 자기 모습을 볼 때, 할 수 있다는 믿음도 생기기 때문이다.

물론 이룰 때까지 이룬 척하는 것은 어렵기도 하고 도덕적인 문제도 있을 것 같다. 그렇다면 왜 첫 번째 시도가 가장 어려울까? 언제쯤이면 준비가 되었다고 느낄 수 있을까? 실제로 브랜든은 1만 명에게 다가가기 전에 자신이 준비가 되었다는 사실을 어떻게 알았을까? 우리는 보통 준비가 되었다고 '느낄 때' 준비가 되었다고 생각한다. 불안하면 미룬다. 하지만 비결은 따로 있다. 실제로는 그와 반대로 접근해야 한다는 것이다. 브랜든이 말했던 것처럼 불편함을 느낄 때 준비가 된 것이다. 일단 시작해보면, 자신감은 저절로 따라온다.

처음으로 이 사실을 깨닫고 나니 어떤 상황에서든 마찬가지라는 걸 알 수 있었다. 사람들은 대부분 하고 싶다는 느낌이 들어야 무언가를 할 수 있다고 생각한다. 대다수가 하기 싫어하는 일들을 떠올려보자. 운동하러 가기, 샐러드 먹기, 로그아웃하고 잠자리에 들기, 명상하기 등은 하기 싫지만 일단 하고 나면 했다는 사실에 기쁘지 않은가? 마찬가지로, 무언가를 배우려고 할 때 실제로 연습하고 싶은 마음이 얼마나 자주 드는가? 나의 경우, 어렸을 때 7년 동안 피아노를 배우면서도 하고 싶은 마음이 먼저 들었던 횟수는 열 손가락 안에 꼽는다. 수영 선수들은 물살을 가르고 싶은 마음이 좀처럼 들지 않을 테고, 바이올리니스트들도 음계 연습이 진짜 하고 싶은 적은 별로 없을 것이다. 춥고 어두운 겨울 새벽에 아이스하키 링크에 올라서야 한다는 생각은 스케이트 끈을 묶기보다 이불 속에 머무르고 싶게 만든다.

하지만 막상 시작하고 나면 대부분 금방 빠져든다. 부모님이나 코치에게는 비밀이었겠지만, 수영장에서 물살을 가르는 리듬이나, 얼음 위의 부드러운 활공을 즐기지 않았는가? 나 역시 처음에는 내키지 않았지만, 일단 피아노 앞에 억지로 앉으면 보통 채워야 하는 20분을 훨씬 넘어서까지 연습하기도 했다. 인정한 적은 없었지만, 나를 괴롭게 만들었던 건 연습 자체가 아니라 내 마음속 저항이었다.

마찬가지다. 요가 매트에 올라서고 싶지 않을 때, 운동화 끈을 묶고 싶지 않을 때, 앉아서 글을 쓰고 싶지 않을 때, 혹은 유튜브를 끄고 일에 집중할 마음이 들지 않을 때 사용할 수 있는 마법이 있다. 의욕이 생기기 전에 행동을 시작하는 것이다. 브랜든처럼, 뭔가 하고 싶은 마음이 들 때까지 기다릴 필요가 없다. 일단 시작하고 나면,

우리가 오해하는 '자신감이 생기는 과정'

하고 싶은 마음은 곧 따라온다.

이 법칙은 자신감에도 정확히 적용된다. 자신감을 느껴야 준비가 된 것이라는 잘못된 편견이 있다. 하지만 준비되지 않았을 때, 여전히 두려울 때, 그럼에도 불구하고 행동하면서 우리는 자신감을 얻게 된다. 일단 움직이기 시작하면 자신감이 따라온다.

그러니 자신감보다 행동이 먼저다. 이룰 때까지 이룬 척하라. 진심으로 순수하게. 브랜든이 그랬던 것처럼 계속 시도하다 보면, 하나씩 배워가면 차차 자신감이 생긴다. 조금 두려운 마음이 드는 행동부터 시작하라. 이를 용기라고 할 수도 있다. 용기는 두려움을 느끼지 않는 것이 아니다. 두려움은 용기의 전제 조건이다. 진정한 용

3부　세상 속으로 나아가기

실제로 자신감이 생기는 과정

기는 두렵지만 그래도 하는 것이다.

　그러다 보면 변화를 느낀다. 사회불안은 우리의 '존재 자체'가 아니라 '잠시 일어나는' 해프닝이 된다. 불안할 때 '절대 그러면 안 돼.'라고 생각하기보다 '음, 또 시작이군.'이라고 여기게 된다. 사회불안을 우리를 제자리에 묶어놓는 족쇄로 보는 대신 그 족쇄를 들고 나아갈 수 있게 된다. 자신감을 느끼기 전에 행동하라. 사람들이 많은 방으로 들어가든, 더 많은 사람과 눈을 맞추든, 좀 더 자유롭게 행동하든, 준비가 되었다고 느낄 때까지 기다리지 말고 떨쳐 일어나 행동하면 자신감이 따라온다.

　낯선 사람들에게 말을 걸던 브랜든처럼, 처음 몇 번이 가장 어렵다. 최악의 시나리오에 대한 상상을 경험이 아직 따라잡지 못했기 때문이다. 그러니 아직 어려운 초기 단계라면, 느낌보다 행동을 기준으로 삼아라. 불안하지만 그래도 '안녕' 하고 인사하고, 땀이 물처럼 흐르지만 그래도 연봉 인상을 요구하라. 정답을 몰라도 손을 들고, 토할 것 같아도 데이트 신청을 해라. 불안은 믿을 만한 것이 못 된다. 그러니 불안의 의견 따위 묻지 말고 실제로 당신이 한 행동을 보라. 성취가 성공의 척도가 되게 하라. 자신감은 거기 있다. 보이지 않는가? 지금 행동을 따라잡기 위해 전력 질주 중이다.

틀이 있으면 단단해진다

스스로 선택한 역할 맡기

〈더 투나잇 쇼^{The Tonight Show}〉의 한 오래된 에피소드에서 진행자 자니 카슨^{Johnny Carson}이 1970년대의 가십 칼럼니스트이자 유명 인사들을 인터뷰하는 로나 바렛^{Rona Barrett}을 초대 손님으로 반긴다. 대화 도중 어쩌다 그녀가 자니에게 연예 산업에 종사하게 된 계기를 묻는다. 이에 조지는 옛날이야기를 들려준다. 어렸을 때 연극 공연을 하다가 관객들을 웃게 만들었는데, 바로 그때 자신이 사람들의 시선을 즐긴 다는 사실을 깨달았다고 한다. 바렛이 그 순간을 놓치지 않고 물었 다. "왜 사람들의 관심을 원했죠?"

카슨은 이렇게 대답했다. "왜 관심을 원했냐고요? 부끄러움이 많았으니까요. 지금은 말도 안 되는 소리 같죠? 아시겠지만 무대 위에, 관객들 앞에 있을 때는 통제할 수 있어요. 하지만 무대가 아닌 곳에서 사람들이 엄청나게 모여 있는 상황은 통제할 수가 없었어요. 그래서 저는 연예 산업에 종사하면, 뭐랄까…" 그가 잠시 말을 골랐다. "부끄러움을 극복할 수 있을 것 같았어요."

젊은 자니 카슨도 알았던 것이다. 자전거 타는 법에 관한 책 대신 실제로 자전거에 올라 타보는 것은 일종의 구조 개념을 제공한다. 알아서 해결해야 하는 상황은 우리를 긴장시킨다. '어떡하지? 무슨 말을 해야 하지?' 하지만 통념과 달리, 어떤 일이나 역할의 체계는 의외로 우리를 자유롭게 만든다. 자니에게 '엔터테이너'라는 역할은 그의 목적과 방향을 확실히 설정해주었다.

선택권이 무한하면 감당하기가 버겁다. 텅 빈 백지 앞에서 무엇을 써야 할지 막막했거나 거대한 도화지 앞에서 무엇을 그릴지 막막했던 적이 있다면 맨바닥부터 시작하는 고통을 잘 알 것이다. 이상하게도 제한이 있을 때 일하기가 더 쉽다. 방향, 체계, 따라야 할 예시가 있으면 놀랍게도 자신감이 생긴다. 상식과 반대로 한계가 일을 진척시켜준다.

구조는 사회적 상황에서도 같은 방식으로 작용한다. 역할이나 목표가 주어지면, 무엇을 해야 할지 고민할 필요가 줄어들어 행동하기가 더 쉽다. 호주의 사이먼 톰프슨Simon Thompson 박사와 론 라피Ron Rapee 박사의 오래된 연구에 따르면, 역할이나 규칙이 모호하고 구조가 없는 상황을 역할이나 목표가 명확한 체계적인 상황으로 바꾸었을 때 사회불안 경향이 있는 사람들의 역량이 눈에 띄게 증가했다.

톰프슨과 라피 박사는 사회불안이 높은 여성들과 낮은 여성들을 대상으로 실험을 진행했다. 참가자들은 몰랐지만, 사실 그들이 대기실에 들어선 순간부터 실험은 시작되고 있었다. 여성들이 자리에 앉자마자 남성 연구자가 그녀 옆에 앉아 소소한 대화를 시도했다. 이 부분은 구조가 없는 상황에 대한 실험이었다. 남성은 "너무 오래 기다리지 않았으면 좋겠어요." 같은 부드러운 말로 말문을 열어 자연스럽게 대화를 이어갔다. 30초 정도 침묵이 생기면 다시 다른 화두를 던져 대화를 이어갔다. 즐거울 수도, 고통스러울 수도 있었던 5분이 지난 뒤 실험 진행자가 나타나 두 사람에게 기다려줘서 감사하다는 말을 전한 다음, 이번에는 구조가 있는 상황에 대한 실험을 진행했다. "파티에 참석했다고 상상해보세요." 진행자가 말했다. "5분 안에 서로에 대해 최대한 많은 정보를 알아내야 합니다." 또 대화가 시작되었지만 이번에는 여성에게 임무가 있었다. 즉 구조를 미리 설정해놓은 상황이었다.

5분씩 진행된 두 차례의 대화는 녹화되었고, 연구진은 나중에 비디오를 보며 신체 언어나 대화 기술 등 참가자들의 사교 능력을 평가했다. 구조가 없는 대화에서 사회불안이 높은 여성들은 예상했던 대로 주저 없이 대화를 나누던 사회불안이 낮은 여성들에 비해 사교성이 현저히 떨어졌다. 하지만 구조가 생기자 완전히 달라졌다. 사회불안이 높은 여성들도 이뤄야 할 임무가 생기자 사교 능력 점수가 급격히 높아져 두 집단의 차이가 거의 없어졌다. 사회불안이 높은 여성들도 꽤 사교적인 모습을 보인 것이다. 그들은 단지 의지할 수 있는 구조가 필요했을 뿐이었다. 사회불안이 높은 그룹은 일단 구조를 갖게 되자 자신 있게 대화하던 사회불안이 낮은 여성들과 비교해봐도 뒤지지 않을 정도로, 괴로울 수 있는 사소한 잡담에서 인상적인 모습을 보였다.

건강한 이유로 구조를 지어라

구조는 크기도, 기간도 다양할 수 있다. 그 규모에 상관없이 구조는 목적과 의미를 제공한다. 불확실성을 확실성으로 대체한다. 구조는 자기 능력에 대한 자신감을 주고, 더 나아가 스스로 자신감을 갖게 해준다.

　구조는 형식적이고 명확할 수 있다. 예를 들어, 결혼식에 참석해서 모여 있는 하객들에게 사진 찍기를 권하거나 방명록 서명을 부탁하는 것도 구조가 될 수 있다. 단체에 속한 사람이라면, 행사 진행을 맡아 모든 참가자들과 대화를 나눌 이유를 만들 수도 있다. 회비를 걷거나 메일 주소를 수집하는 사소한 일일지라도 말이다. 학부모라면 아이가 다니는 학교의 도서전, 벼룩시장, 자선 경매 행사에서 계산대를 맡겠다고 자원할 수도 있다. 줄을 선 모든 학부모들과 대화하며 자신감을 훈련할 좋은 기회가 된다.

　미리 맡은 역할이 없다면 스스로 임무를 설정해 구조를 만드는 것도 방법이다. 사교모임에서 '세 사람에게 자신을 소개하기'가 좋은 예다. 회사의 연말 파티에서 '상사, 가장 친한 동료 두 명, 사무실 관리자와 대화하기'라는 임무를 수행할 수도 있다. 아니면 실험에 참여했던 여성들처럼 5분 안에 새로 알게 된 사람에 대해 최대한 많은 정보를 알아내는 도전을 해볼 수도 있다.

"그런데 잠깐," 물론 여기서 그냥 넘어가지 못하는 사람들도 있다. "무슨 말인지는 알겠는데, 그저 역할을 수행하고 있는 거라면, 그게 내 진짜 모습은 아니잖아? 그런 한계나 구조를 통해 자신에게 편해질 수 있나?"

좋은 질문이다. 답은 자니에게서 듣자.

어린 자니 카슨은 마술에 심취해 있었다. 집에서 가족들을 졸졸 따라다니며 이렇게 말했다. "아무 카드나 한 장만 뽑아봐." 거울 앞에 몇 시간씩 서서 사람들 눈을 속이는 손기술을 연습했다. 10대가 되자 고향인 네브래스카 노퍽을 돌아다니며 공연을 시작했고, 실력이 좋아서 동네 로터리클럽에서 한 첫 번째 공연에서 3달러를 벌었다. 1930년대 후반이었으니 아이들에게는 꽤 큰돈이었을 것이다. 하지만 돈을 벌기 위해 했던 일은 아니었다.

〈더 투나잇 쇼〉의 또 다른 에피소드에서 자니는 이번에 배우 베아 아서 Bea Arthur 를 인터뷰하고 있었다. 그런데 어느 순간 역할이 바뀌어 그가 또 자기 이야기를 늘어놓게 되었다. "어렸을 때 수줍음이 많고 내성적이라 마술을 배웠어요. 그게 파티에 가기 좋은 방법이었

170

죠. 이런 광고가 있었거든요. '파티의 주인공이 되어라! 그리고 여자들을 얻어라!' 가장 큰 목적은 여학생들이었죠. 물론 둘 다 성공하진 못했지만. 다들 그렇지 않나요? 사람들 앞에 나서길 좋아하잖아요. 흔히 말하듯, 자기 자신이 되지 않고도 관심의 대상이 될 수 있으니까요."

'자기 자신이 되지 않고도 관심이 대상이 될 수 있다.' 이 말은 자니의 전기 작가 로렌스 레머Laurence Leamer가 다큐멘터리 〈자니 카슨 : 늦은 밤의 제왕〉에서 한 이야기를 살펴보면 이해할 수 있다. "자니는 통제할 수 있는 상황을 좋아했다. 그래서 그는 엔터테이너가 되어 그 통제력을 행사했다. 그는 늘 배우고, 공연을 하며, 누구도 아닌 오직 자니 카슨이라는 자신의 캐릭터를 발전시켰다."

자니는 마술과 공연으로 다양한 구조를 만들었다. 하지만 자신에 대해서는 한 번도 편한 적이 없었다. 30년 동안 충실하게 그의 옆자리를 지켰던 에드 맥마흔Ed McMahon도 자니에 대해 이렇게 말했다. "그는 1천만 명의 관중 앞에서는 멋지지만 10명 앞에서는 형편없죠." 그렇다면 왜 구조가 자니 자신에게는 효과가 없었을까? 왜 자니는 자기 자신이라는 궁극의 역할은 제대로 수행하지 못했을까?

답은 그 동기에 있다. 자니 카슨의 전기 작가들은 자니의 페르소나persona, 즉 엔터네이터 자니 카슨이 특정한 사람의 인정을 받기 위해 만들어졌다는 이론을 제시했다. 바로 엄마, 루스였다. 루스는 더럽고 행실이 나쁘다며 남자 아이들을 싫어하고 딸 캐서린만 편애했다. 사람들 말에 따르면, 자니의 페르소나는 루스의 관심을 얻기 위한 시도였다. 충분히 웃기면, 충분히 성공하고 유명해지면 루스의 자랑거리가 될 수 있을지도 모른다고 말이다. 결국 자신을 위한 일이 아니었다. 자니는 엄마의 인정을 받기 위해 가면을 썼지만 그럼에도 불구하고 이는 이룰 수 없는 꿈이었다. 소문에 따르면 자니가 한창 유명했을 때, 루스는 〈뉴욕 타임스〉의 기자 앞에서 자니의 〈더 투나잇 쇼〉 모놀로그를 본 후 텔레비전을 꺼버리며 이렇게 말했다고 한다. "하나도 재미없네."

진정한 자신이 되기를 방해하는 구조와 자신이라는 궁극의 역할로 나아가는 디딤돌이 되는 구조의 차이는 바로 이것이다. 역할은 타인이 아니라 자기 내면으로부터 나와야 한다. 어떻게 해도 만족시킬 수 없는 엄마나 직장 상사, 짝사랑 대상, 미국 사회, 혹은 그 누구로부터 시작되거나 비롯되어서는 안 된다. 자신의 역할은 오직 자신이 선택해서 맡아야 한다.

자신이 건물이라고 생각해보자. 다른 사람을 기준으로 페르소나를 만드는 것은 외관만 꾸미는 일과 같다. 옛 서부 도시를 떠올려보자. 회전초가 굴러다니고 중심가의 건물들 앞에 말이 매여 있다. 겉보기에는 탄탄한 정착지처럼 보이지 않는가? 하지만 위풍당당한 건물의 뒤편을 들여다보면, 그저 커다란 캔버스 천막과 나무 바닥에 불과한, 기껏해야 조잡한 구조물일 뿐이다. 일시적으로 성황을 맞았지만, 호황과 불황이 반복되는 경제 속에서 얼마나 발전할지 모르는 곳으로 건축 자재를 힘들게 끌고 가는 것은 위험 요소가 많은 데다 부담도 너무 컸다. 하지만 사업가들은 고객을 끌어들이기 위해 성공과

안정의 이미지를 내보여야 했다. 그래서 공들여 멋진 가림막을 만들어 세웠다. 이미지에 신경은 썼지만 실제 건물의 심층은 무시했다.

타인에 의해 자신의 역할을 선택하는 것은 가림막을 만드는 일과 같다. 겉으로 보이는 이미지에 소중한 자원을 낭비하는 동안 실제 건물, 즉 진정한 자신은 엉성한 상태가 된다. 가림막은 멋지고 위압적일 수 있지만 그 의도는 바로 속임수와 기만이다.[*]

진짜 모습을 만들고 강화해가기

그와 반대로 스스로 자신의 역할을 선택하는 것은 튼튼한 뼈대, 즉 골조를 세우는 일이다. 건물을 세우거나 수리하기 위해 임시 구조물을 세우는 것이다. 골조는 건물을 강화하는 동안, 일부분을 고치는 동안, 마지막 손질을 하는 동안 통로가 되기도 하고 안전을 제공하기도 한다. 일이 마무리되면 더 이상 뼈대는 필요하지 않다. 뼈대는 철거되지만 더 나아진 새 건물은 남는다. 스스로 선택한 역할을 맡는 것은 그와 같은 구조를 만들어 자신의 진짜 모습을 만들어가고 강화해나가는 방법이다.

그렇다면 이를 실생활에서 어떻게 적용할 수 있을까? 어떻게 스

---

[*] 물론 가끔은 가림막이 필요하다. 안전과 생명에 직결된 폭력적이고 위험한 상황이라면 진짜 모습을 감춰야 한다. 그 상황에서 빠져나와 안전을 확보한 다음 진짜 자기 모습을 되찾으면 된다.

173

스로 구조를 만들어 자신의 진짜 모습을 강화할 수 있을까? 직장에서 심각한 사회불안을 겪었던 의사 아이샤를 만나보자. 아이샤는 가족 중 처음으로 대학에 진학해 그들의 기대를 한 몸에 받았지만 명망 있는 학교에서도, 일을 시작한 병원에서도 늘 한발 벗어나 있는 느낌이었다. 자신이 명문 고등학교나 아이비리그에 속해 있지 않다고 느꼈다. 아이샤는 상상했던 것 이상으로 좋은 교육을 받고 멋진 직장을 얻었지만 언젠가 누군가 다가와 이렇게 말할 거라고 확신하고 있었다. "죄송하지만, 실수였습니다." 그런 다음 정중하게 자신을 몰아낼 거라고 말이다.*

근래 들어 아이샤의 전문 분야인 자폐 아동에 대한 관심이 높아졌다. 그녀는 자신 없어 했지만, 그 분야에서 발휘하는 아이샤의 능력은 수준급이었다. 아이샤는 제힘으로 바닥부터 시작한 응용연구 프로그램을 성공시켰고, 힘들게 노력해 엄청난 자금을 지원받았다. 그 덕분에 병원 고위 관계자들의 눈에 띄었고 영문도 모른 채 승진을 거듭했다. 하지만 행복하기는커녕 공포에 질린 상태로 조만간 자신의 무능력이 드러나버릴 거라고 확신하고 있었다.

나를 찾아온 아이샤는 자신이 이렇게 높은 곳에 있으면 안 되는

---

* 자신이 이룬 업적을 스스로 받아들이지 못하는 심리적 현상을 '가면 증후군Imposter Syndrome'이라고 한다. 이 심리는 학교와 직장에서의 나에게 끊임없이 속삭인다. '여기는 네가 있을 곳이 아니야. 실수로 어쩌다 들어오게 된 거지.' 가면 증후군은 스스로에게 언젠가 정체가 드러나 끔찍한 결과를 맞게 될 거라고 가정하게 한다. 사람들은 두 가지의 극단적인 방식으로 가면 증후군에 대처한다. 어떤 사람은 부족한 점을 너무 의식하고, 지나치게 준비하고 연습하며 행동한다. 또 다른 사람은 '이건 내 일이 아니야', '무슨 소용이람?', '시도조차 안 할 거야'라며 경험을 평가절하하고 그 경험에서 자신을 분리한다.

사람이라고 말했다. 하지만 나는 아이샤가 환자들을 돌보는 데 최고의 능력을 발휘할 수 있는 사람임을 알고 있었다. 그녀는 진심으로 자폐 아동이 있는 가정을, 특히나 삶의 균형을 잡기 더 어려운 한부모가정을 돕는 일을 좋아했다. 하지만 아이샤는 사람들을 이끌 능력이 부족하므로 그 자리에 있어서는 안 된다고 생각했고, 그게 문제였다. 아이샤는 병원 관계자들 앞에서 처음 프레젠테이션을 하다가 너무 긴장한 나머지 도중에 동료에게 프레젠테이션을 넘겨버렸다. 동료는 아무렇지도 않은 듯, 마치 처음부터 그렇게 계획했던 것처럼 우아하게 프레젠테이션을 이어받았다. 나중에 그 동료가 불신과 걱정이 뒤섞인 표정으로 아이샤를 찾아왔고, 결국 그 일 때문에 아이샤가 나를 찾아온 것이었다. 또 다른 회의에서는 급한 전화가 온 척 복도로 나와 벽에 기대 호흡을 가다듬기도 했다. 그녀는 회의가 있을 때마다 입는 멋진 정장을 일종의 변장으로 여긴다고 말했다. 평소 다른 동료들과 함께 입던 진료실의 흰 가운과는 전혀 다른 차림이었기 때문이다.

그러던 중, 어느 회의에서 연간 병원 예산에 대해 발표하는 최고 재무책임자를 보게 되었다. 50대의 우아한 여성이었던 그녀는 세련되고 명쾌한 방식으로 병원의 투자와 지출로 큰 도움을 받게 된 환자들의 이야기를 들려주었다. 병원 재정에 대한 복잡한 프레젠테이션이 강력한 수면 유도제가 되지 않도록 말이다.

아이샤는 자신의 병동에도 이를 적용하고 싶었다. 분명 아이샤 병원의 이사회도 환자들을 위해 더 많은 일을 할 수 있었다. 그녀의 용기가 자폐 아동과 그 가족들을, 인력과 자금을 쥐고 있는 병원 관계자들의 우선순위로 만들 수 있는 기회가 될지도 몰랐다. 최고 재무책임자의 이야기에 자극받은 아이샤는 역할극을 해보기로, 즉 스스로 구조를 만들어보기로 했다.

아이샤는 대변자 역할을 선택했다. 그녀는 관계 맺는 법을 배우는 자폐 아동들과 모든 것을 바치는 가족들에 관한 이야기를 병원 고위 관계자들에게 들려줄 것이다. 최고 재무책임자가 연간 예산에 관심을 갖게 만들 수 있다면, 그렇게 자폐 아동들에게 자금을 지원하게 만들 수 있다면 아이샤는 환자와 가족들의 이야기를 할 수 있겠다고 생각했다. 그래서 그녀는 가족들의 대변인이 되기로 했다. 그녀는 모든 상황을 "가족들에게 가장 좋은 것은 무엇일까?"라는 질문을 기준으로 바라보았다. 이사회 회의도 가족들을 위한 것이었고, 원형 테이블에 앉아서 했던 발언도 가족들을 위한 것이었으며, 프레젠테이션 역시 마찬가지였다.

자극을 받은 아이샤는 계속 회의에 참석했고, 그 단순 반복을 통해 병원 관계자들에 대한 두려움이 조금씩 사라졌다. 처음에는 가족들의 대변자 역할을 맡아 그들의 메시지를 전하는 발언만 했다. 그저 메시지를 전하기 위해 프레젠테이션을 했다. 하지만 시간이 지나면서 아이샤의 성격이 대변자의 역할로 조금씩 스며들었다. 그리고 흥미롭게도, 손을 들고 일어나 발언하는 대변자의 모습 역시 아이샤의 성격으로 조금씩 스며들었다. 스스로 그런 행동을 하는 모습을 보며 아이샤는 실제로 할 수 있다고 믿기 시작했다.

자니 카슨은 가면을 썼다. 무정한 엄마를 기쁘게 하려고 세운 가림막이었다. 반대로 아이샤는 투사의 역할을 맡았다. 그녀는 환자의 가족들에게 가장 좋은 것이 무엇인지를 기준으로 행동했다. 그리고 안전하고 확실한 구조를 통해 더 이상 임시 구조물이 필요하지 않을 정도까지 자신의 건물을 세웠다. 아이샤는 역할이라는 구조를 넘어 자기 자신의 모습으로 성장했다. 그녀는 여전히 대변자일 수 있다. 하지만 이제는 스스로 선택한 자신의 모습으로 그들을 대변한다.

태도가 감정을 바꾼다

역할을 맡는다는 것은 겉모습만 따라 하는 것도 해당된다. 강하고 자신 있고 믿음직한 사람이 보일 만한 태도를 취해보라. 이는 자신에게, 그리고 다른 사람들에게 영향을 미치는 두 개의 피드백 고리를 만든다. 자신 있는 자세를 취하면 뇌에 자신감의 메시지가 전달된다. 그리고 낯선 이에게 다가가 사진을 찍어도 되냐고 묻던 브랜든이나 자폐 아동을 대변하던 아이샤가 그랬던 것처럼, 자신 있는 태도는 다른 사람들의 존중 또한 이끌어낸다.

에이미 커디 ^{Amy Cuddy} 박사가 주창한 '파워 포즈 ^{Power Pose}' 현상도 이 원칙을 토대로 한 것이다. 연구자들은 파워 포즈가 코르티솔과 테스토스테론 수치를 변화시키는 생물학적 '효과'가 있는지에 대해서 여전히 논쟁 중이지만, 수많은 지지자가 증언했듯이 이는 분명히 마음가짐을 변화시킨다. 강한 척하는 것이 아니라, 강한 사람의 자세를 따라 하는 것만으로도 말이다.

파워 포즈는 전통적으로 결정적인 순간을 대비하기 위해 활용되었다. 오디션, 면접, 프레젠테이션 전에 화장실로 숨어드는 이야기들은 차고 넘친다. 하지만 파워 포즈는 어색하거나 당황스러운 순간에도, 그전이나 후에도 도움이 된다.

몸이 움츠러들기 시작하는 것 같으면 잠시 시간을 내 자신감 있는 자세를 취해보라. 왜? 우리 뇌는 자세, 표정, 목소리, 감정 등과 어우러져 움직이기를 좋아한다. 흔히 '일치'라고 알고 있는 현상이다. 구부정하게 앉아 팔짱을 끼고 얼굴을 찡그린 채로 "나는 도전할 준비가 되어 있어."라고 말해보자. 기다릴 테니 어서 해봐라. 확신이 안 들지 않는가? 이제 전통적인 '원더우먼' 자세로 일어나서, 그러니까 두 발을 어깨너비로 벌리고, 두 손은 허리에, 팔꿈치는 옆으로 벌리고, 턱을 들어보자. 그 상태에서 "나는 도전할 준비가 되어 있어."라고 말해보자. 좀 다르지 않은가? 감정이 신체에 영향을 미칠 뿐만 아니라, 신체 또한 감정에 영향을 미친다. 이것이 슈퍼 파워가 아니라면, 나는 무엇이 슈퍼 파워인지 모르겠다.

아이샤처럼 불안에 민감한 사람들은 대부분 자신에게만 좋은 역할을 맡기를 꺼려한다. 공동의 선을 위해 힘쓰지 못한다면 원더우먼이나 슈퍼맨이 되는 의미가 있을까? 이 역시 사회불안과 밀접한 관련이 있다. 자기 잇속만 차리는 것은 우리 스타일이 아니다. 하지만 사랑하는 누군가를 위한 일이거나, 자신의 신념을 위해 나서야 할 일에는 주저하지 않는다. 아이샤가 환자의 가족들을 위해 나섰던 것처럼 말이다. 그러니 '호스트' 역할을 맡아 걸음마를 하는 아기의 사회성 발달을 위해 앞장서서 놀이 계획을 잡아보자. '좋은 주인' 역할을 맡아 강아지를 공원으로 데리고 가서 다른 개(그리고 그 견주)의 이름을 익히는 것을 임무로 삼아보자. 처음 출근한 동료를 편하게 해주기 위해 먼저 자신을 소개하며 어색한 분위기를 누그러뜨려보자. 무대 울렁증이 있는 친구에게 네가 비욘세라고 상상하라는 조언으로 선의를 베풀어보자. 그것이 바로 확실한 구조의 힘이다.

다른 사람을 편하게 해주는 것에 관한 이야기가 나왔으니 덧붙이자면, 사회불안에 대해 알아갈수록 불안해하는 사람이 자주 보일 것이다. 파티에서 잠깐 혼자 서 있는 사람을 봤다고 해보자. 그는 내면의 어색함을 가라앉히기 위해 백발백중 휴대폰을 꺼낼 것이다. 그런 상황에서 다른 사람을 편하게 해주는 역할을 맡아 돌 하나로 두 마리의 새를 잡을 수 있다. 실제로 대부분의 사람이 다른 사람이 먼저 말을 걸어주는 걸 좋아한다. 겉으로는 안도감을 드러내지 않겠지만 속으로는 몹시 고마워할 것이다. 그러니 혼자 서 있는 사람을 찾아 먼저 인사하는 임무를 맡으면 자신은 물론 다른 사람까지 편하게 해줄 수 있다. 그들도 당신에게 고마운 마음을 갖겠지만, 대화를 마칠 때쯤 당신 역시 더 행복하고 강하다는 느낌을 받을 것이다.

시카고대학교에서 2014년에 진행했던 한 연구에 따르면, 문화적으로 침묵이 예상되는 출퇴근 시간 교통수단 안에서도 먼저 인사를 하는 사람은 다른 사람의 하루를 기분 좋게 만들어줄 뿐만 아니라 자신도 기분이 좋아진다고 한다. 통근자들은 열차 안에서 낯선 사람에게 먼저 말을 걸어야 하는 임무를 받았다. 더 오래 대화할수록 좋았다. 참가자들에게 구조를 제공하기 위해 연구팀은 이렇게 말했다. "상대방의 재미있는 점을 발견해 대화하고 자신에 대해서도 이야기를 나눠보세요. (…) 오늘 아침 당신의 목표는 같은 동네의 이웃에 대해 더 잘 아는 것입니다." 혼자만의 시간을 누릴 다른 그룹에는 이렇게 말했다. "오늘 전철에서는 자신에게 집중하면서 고독을 즐겨보세요. 자기 머릿속을 가만히 들여다보는 시간으로 활용하는 겁니다. 자신과 눈앞의 하루에 집중하는 것이 목표입니다."

예상대로 낯선 사람에게 말을 걸어야 했던 참가자들은 처음에는 주저했다. 그들은 그 경험이 어색하고 불쾌하며 비생산적일 거라고 예측했지만, 결과는 정반대였다. 놀랍게도 낯선 사람과 대화했던 사람들이 고요히 앉아 있던 사람들보다 그 시간을 훨씬 긍정적으로 바라보았다. 게다가 통근 시간의 생산성도 줄어들지 않았다. 낯선 사람과 교감했던 그룹의 생산성은 가만히 앉아 있던 그룹의 생산성과 거의 비슷했다. 먼저 인사를 건네고 날씨에 대해 잡담을 나누는 임무를 부여하는 것은 그것으로 끝날 수도 있고 그래도 괜찮다. 하지만 그것이 더 유쾌한 대화나 더 나은 기분, 생산성 향상으로 이어지기도 한다. 그리고 더 중요하게는, 자신이라는 건물에 또 다른 벽돌 한 장을 탄탄하게 쌓아 올리는 일이기도 하다.

여기서 한 가지 주의할 점이 있다. 회피하게 만드는 구조는 선택해선 안 된다. 파티 후에 앞장서서 설거지하는 것은 좋지만, 다른 사람들이 커피를 마시며 수다를 떨 때 부엌에 혼자 있어야 한다면 결국 자신이라는 건물을 아무도 돌보지 않는 것이다. 태극권 모임의 자금 조달 업무에 자원하는 것도 스스로를 위한 훌륭한 구조가 될 수 있지만, 모든 의사소통이 메시지로만 이루어져서는 안 된다.

규모나 시기에 상관없이 어떤 구조든 스스로 선택한 역할을 맡아 행동하는 것은 자신의 건물, 즉 진짜 자기 모습이라는 벽돌을 쌓아가는 것이다. 비공식 사진사의 역할은 정중하게 자기 의견을 표현하는 방법을 가르쳐주는 구조가 될 수 있다. "다들 조금씩 붙어주세요. 그리고 린다! 선글라스 좀 벗어줄래요?" 가족을 위해 배달 기사 역할을 맡아보면, 전화 상대방이 당신이 모든 걸 완벽하게 말하길 기대하지 않으며, 10대 자녀가 주문 도중에 소시지에서 페퍼로니로 메뉴를 바꾸더라도 그 정도 변덕쯤이야 받아들일 수 있다는 사실을 깨닫게 된다.

당분간은 구조의 도움이 필요할지 모르지만, 이는 궁극적으로 자신의 진정한 힘을 발견하고 진짜 자신을 만들어가는 과정이다. 몇 번 연습하다 보면 처음부터 가림막 같은 건 필요하지 않았다는 사실을 깨달을 것이다.

어려운 처음을 계속 연습하라

쉬워질 때까지 반복하기

1942년 뉴욕, 브롱크스 식물원에서 손톱을 물어뜯고 있는 빼빼 마른 열아홉 살 청년 앨버트 엘리스^{Albert Ellis}가 저 멀리 날씬한 다리로 공원 벤치에 앉아 있는 여인을 바라보고 있다. 그러다 어깨를 펴고 성큼성큼 걸어가 그녀 옆에 앉는다. 그리고 활짝 웃으며 이렇게 말한다. "오늘 날씨 참 좋죠?"

그로부터 몇십 년 후, 그 빼빼 마른 아이는 심리학계의 전설이 되고, 식물원에서 그가 했던 경험은 이 책의 뿌리이기도 한 초창기 인지행동치료(CBT)의 토대가 된다. 이 책이 인지행동치료를 근간으로 삼은 건, 간단히 설명하자면 그 방법이 매우 효과적이기 때문이다.

오랫동안 인지행동치료는 우울증부터 외상후스트레스장애, 사회불안장애까지 모든 종류의 정신 질환에 가장 효과적인 치료법임이 거듭 증명되었다. 하지만 1942년, 열아홉 살이었던 앨버트 엘리스는 오늘날 임상심리학자들이 역사상 가장 영향력 있는 심리치료사의 이름을 대라고 할 때, 프로이트보다 그의 이름을 먼저 말할 거라는 사실은 몰랐다. 당시 10대였던 엘리스가 알고 있었던 것은 귀여운 소녀들에게 말을 걸기가 너무 무섭다는 사실뿐이었다.

엘리스는 심각할 정도로 부끄러움이 많은 아이였다. 성인이 되어서는 별난 행동으로 유명했고 명성도 얻었지만, 어렸을 때 그는 학급 연극에서 어떤 역할도 맡지 않으려고 했고 시를 낭송해야 하거나 상을 받아야 할 땐 불안으로 땀을 줄줄 흘렸다. 그래서 열아홉 살 때 자신을 위한 프로젝트를 시작했다. 스스로 구조를 만든 것이다. 그는 최대한 많은 여성에게 말을 걸어보기로 결심했다. 지금은 뉴욕 식물원이 된 그곳으로 프로젝트를 위해 날마다 향했다. 2004년 국립 공영 라디오와의 인터뷰에서 아흔의 나이가 된 그는 그 프로젝트를 마치 어제 일어났던 일처럼 생생히 기억하고 있었다. "공원 벤치에 혼자 앉아 있는 여성들을 볼 때마다 옆에 앉아 1분 동안 대화를 시도했습니다. 불안해서 죽으면 그냥 죽는 거다, 알 게 뭐야. 이렇게 생각했죠." (짐작했는지 모르겠지만 엘리스는 선구적이고 저명한 이론가인 동시에 뱃사람들도 얼굴이 붉어지게 할 만큼 입이 거친 사람이었다.)

한 달 동안 엘리스는 130명이 넘는 여성들에게 말을 걸었다. 다가가 옆에 앉고 인사를 하는 그 짧은 시간 동안, 그는 무척 용감했다. 그래서 어떻게 되었을까? 엘리스가 말했다. "철학적으로, 인지적으로 아무 일도 일어나지 않더군요. 누구도 저에게 망신을 주지 않았고요. 결국 수백 번의 즐거운 대화를 나누었죠."

'아무 일도 일어나지 않았다.' 이상적인 결과는 바로 그것이다. 아무 일도 일어나지 않는 것. 그 어떤 상상도 마술처럼 현실이 되지 않았다. 내면의 비판자의 어떤 속삭임도 실제로 일어나지 않았다. 직접 경험해보니 거절도 생각했던 것만큼 나쁘지 않았다.

엘리스는 반복이 핵심이라는 사실 또한 발견했다. 브랜든 스탠튼의 경험처럼 처음이 가장 어렵다. 나중엔 점점 쉬워졌다. 횟수가 많아질수록 불안도 조금씩 감소했다. 게다가 회복 시간도 빨라졌다. 예전처럼 오래 땀이 흐르지도 않았다. 그것이 바로 자신감이 따라오는 동안, 구조를 선택하고 역할을 맡아 행동하는 동안, 우리가 기대하는 것이다. 불안 또한 사라지는 것. 여기서부터는 내 말보다는 앨버트 엘리스의 말을 직접 들어보자.

시간의 흐름과 당황스러움의 상관관계

그림이 수천 마디 말보다 효과가 좋으니 청년 앨버트 엘리스에게 일어났던 일을 그림으로 그려보자. 그래프에서 가로축은 시간의 흐름이다. 세로축은 불안의 강도로, 맨 아래의 '평온한' 상태에서 위로 올라갈수록 '몹시 불안한' 상태를 나타낸다.

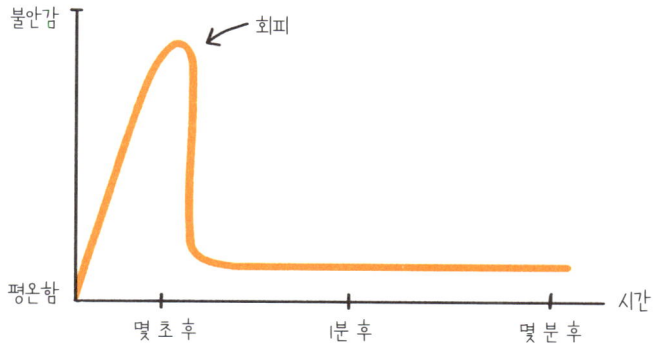

이 그래프를 어떻게 보는지는 다들 알 것이다. 사회불안은 핼로윈 파티 귀신처럼 한순간에 나타날 수 있다. 몇 초 만에 모든 시스템이 가동된다. 자리를 뜨고 싶고, 눈에 띄지 않으려고 멀리 돌아가는 길로 쏜살같이 피하고, 사람들과 눈을 마주치지 않으려고 휴대폰을 꺼낸다. 회피가 작동하는 것이다. 회피는 마법처럼 불안을 없애 마음을 편하게 만들어줄 뿐만 아니라 안타까운 확신도 하게 만든다. 우리가 방금 회피로 얻은 것은 아이의 같은 반 친구 엄마와의 대화, 지난밤 경기에 대한 직장 동료들과의 휴게실 난상 토론, 1940년대 멋쟁이와 공원 벤치에서 나누는 대화는 정말 위험한 것이었다는 확신이다. 이 확신은 사실과는 관계가 없다. 끝이 아니다. 회피는 어쨌거나 헤쳐나갈 수 없는 일이었을 거라는 느낌을 계속 유지시킨다.

이번에는 두 번째 그래프를 보자. 이는 어떻게든 버틸 때의 상황

3부　세상 속으로 나아가기

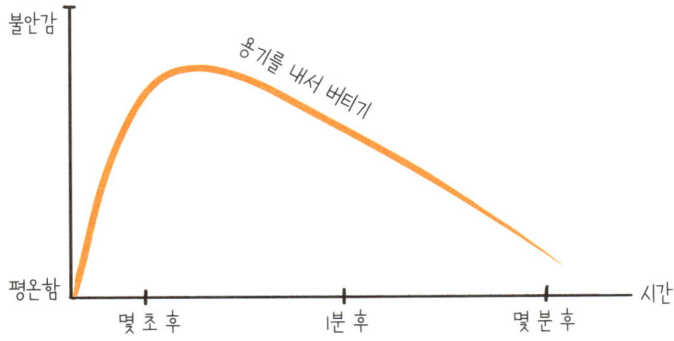

을 나타낸 그래프다. 파티에서 몇 초의 용기를 내 무리에 합류했을 때, 수업 중에 손을 들었을 때, 젊은 앨버트가 벤치에 앉을 때 벌어지는 일이다. 불안이 급상승했지만, 회피하지 않으면 산꼭대기에 다다른 후부터는 내리막길뿐이다. 올라간 것은 반드시 내려오게 되어 있다. 따라서 회피하지 않고 정상까지 올라갔을 때 얻을 수 있는 교훈은 남다르다. 벤치의 저 소녀는 피해야 할 위협이 아니라, 비록 남자친구가 있다고 해도 예의 바른 사람이라는 사실을 배운다. 불편하지만 거기 앉는다고 죽는 건 아니라는 사실을 배운다. 입에서 재치 있는 말들이 물 흐르듯 나오지 않더라도 그 상황을 헤쳐나갈 수 있다는 사실을 배운다. 물론 회피했을 때보다 불안은 더 천천히 감소하지만 줄어드는 불안을 통해 브랜든 스탠튼과 앨버트 엘리스가 얻은 그 교훈을 우리도 얻는다. 미리 상상했던 것보다 안전하다는 점

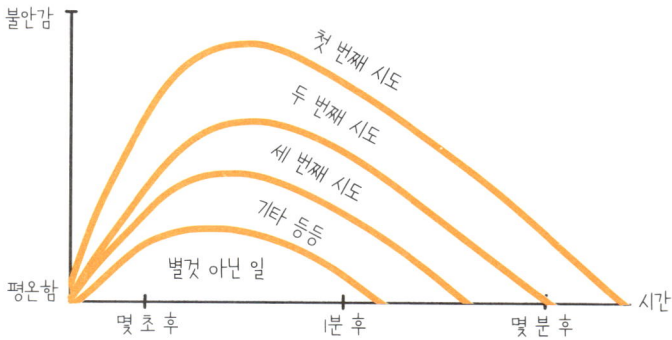

과 충분히 감당할 수 있다는 점이다.

이제 가장 어려운 부분에 집중해보자. 그래프의 뾰족한 꼭대기 말이다. 그 꼭대기에서 짐은 수풀에 숨어버렸다. 아이샤는 전화를 받는 척 밖으로 나왔다. 나는 거리에서 클립보드를 들고 웃으며 달려드는 친절하지만 공격적인 비영리 단체 모금원들을 피하기 위해 정말 먹고 싶었던 타코 샐러드까지 포기하면서 길을 건너버렸다. 그꼭대기는 높을 수 있지만 실제로는 보잘것없는 한 점일 뿐이다. 꼭대기에 올라 이를 넘어서는 데 그리 오랜 시간이 걸리지도 않는다. 길어야 10초 정도다. 그러니 단 10초만 용기를 내보자. 일단 부딪치고 나면 거기서부터는 다 내리막길이다. 계속하다 보면 점점 쉬워진다. 게다가 타코 샐러드도 포기하지 않을 수 있다.

다행히 독자들은 브랜든이나 앨버트만큼 세게 부딪쳐볼 필요도

3부   세상 속으로 나아가기

없다. 매력적인 여성 130명에게 말을 걸 필요도 없고 낯선 사람 1만 명에게 다가갈 필요는 더더욱 없다. 첫 번째 대화, 첫 번째 독서 모임, 첫 번째 소프트볼 연습처럼, 첫 시도가 가장 어렵다. 하지만 첫 번째 시도에 그만두어서는 안 된다. 다음번 기회를 만들어 또 시도하고, 계속해서 시도한다. 시도할 때마다 불안의 강도와 지속 시간은 차츰 줄어든다. 불안이라는 에베레스트는 동네 뒷산이 된다. 대신 자신감이 에베레스트처럼 솟을 것이다.

거절당하는 용기

나만의 도전 목록 만들기

'아메리칸드림'에 대해 검색해보면 지아 장$^{Jia\ Jiang}$의 웃는 모습이 나올 것이다. 지아는 열여섯 살의 나이에 큰 꿈을 갖고 중국에서 미국으로 건너왔다. 그는 제2의 빌 게이츠가 되고 싶었다. 하지만 늘 그렇듯, 시간은 빨리 흘렀다. 고등학교, 대학교, 첫 직장, 경영대학원, 결혼까지 하고 나니 어느새 서른이 된 지아의 곁에는 갚아야 할 대출금과 아내, 곧 태어날 아기가 있었다. 지아는 하고 싶은 일에 뛰어들지 않으면 스스로의 모습이 '중년의 중간 관리자'로 굳어져버릴 것만 같았다. 그래서 그는 아내의 응원을 받으며 연봉 1억이 넘는 직장을 그만두고 일생의 꿈을 위한 모험을 시작했다. 지아는 스타트업을 설립했다.

지아는 더 이상 바랄 것이 없었다. 회사는 정확히 그가 바라던 모습이었다. 일은 창의적이었고 사회적이었으며 진척도 빨랐다. 그는 에너지와 희망이 넘쳤다. 하지만 4개월쯤 되었을 때 고액 투자자가 지아의 꿈이 현실로 이뤄지기 직전에 손을 뗐고, 수입이 전무한 상태에서 지아는 먹여 살려야 할 가족과 네 명의 직원까지 떠안게 되었다. 지아는 무너졌다. 그는 서둘러 새로운 투자자를 찾아야 한다고 생각했지만 의심에서 벗어나지 못했다. '투자자들이 더 잘 알 거 아니야.' 그는 생각했다. '그들이 투자할 가치가 없다고 생각한다면 정말 그럴지도 몰라.' 지아의 의심은 점점 커졌다. 내면의 비판자도 비웃었다. '너는 그냥 빌 게이츠를 동경하는 사람일 뿐이야.' 지아는 투자자를 더 찾아야 한다고 생각했지만 거절당할까 봐 너두 두려워 아무것도 할 수 없었다.

지아는 자신의 불안이 스타트업의 꿈을 실현하는 데 방해가 되고 있다는 사실을 깨달았고, 이를 단기 집중 프로젝트로 돌파해보기로 했다. 바로 '100일의 거절 프로젝트'였다. 놀랍게도 그 프로젝트는 『거절당하기 연습』이라는 책으로 탄생했다. 그는 날마다 거절당하기 위해 최선을 다했다. 그는 전혀 모르는 사람들에게 말도 안 되는 요구를 했다. "눈싸움하실래요?" "이 가게 매트리스에서 낮잠 좀 자도 될까요?" "이 소포를 산타클로스에게 보내주세요." "소방서 기둥을 타고 내려와봐도 될까요?" "제가 아베크롬비의 살아 있는 마네킹이 되고 싶은데 가능할까요?" 많은 사람이 거절했지만 거절당하기 위해 한 일이었으니 그 모든 거절이 곧 프로젝트의 성공이었다.

거절한 사람도 많았지만, 생각보다 많은 사람이 승낙했다. "좋아요. 우리 집 뒤뜰에서 축구 연습하셔도 돼요." "좋아요. 경찰차 한번 운전해보세요." "네, 제 수업에서 강의하셔도 됩니다." "사우스웨스트 기내 방송을 할 수 있게 해드리겠습니다." "좋아요. 이 춤추는 산타가 춤추는 법을 가르쳐드릴 겁니다." "저희 크리스피 크림 도넛으로 올림픽 오륜기를 정확히 15분 안에 만들어드리겠습니다."•

당신은 지아처럼 애견미용사에게 머리를 잘라달라고 할 필요는 없다. 하지만 지아처럼 행동을 취하고, 두려움을 마주하는 것은 중요하다. 당신을 두렵게 하는 것 몇 가지를 골라보자. 바지에 실례할 만큼 무서운 것 말고, 그저 약간 무서운 정도의 것들이면 된다. 두려움을 마주하는 것을 전문 용어로는 '노출'이라고 한다. 경범죄나 자유가 넘칠 때 일어나는 그런 일처럼 들리기도 하지만, 실제로는 '연습'의 그럴듯한 이름일 뿐이다.

알리는 내 오래전 환자였지만 여전히 내 기억에 사회불안 노출의 왕으로 남아 있다. 나와 처음 연습을 시작했을 때만 해도 알리는 몹시 주저했다. 그래서 우리는 내가 일하던 병원에서 아주 사소한 일들부터 시작했다. 우선, 내가 안내 데스크로 가서 카페테리아에 가

• 지아가 거절당하거나 거절당하지 않은 순간들을 모은 영상은 다음 링크에서 볼 수 있다.
  https://www.rejectiontherapy.com/100-days-of-rejection-therapy/

는 방향을 물었다. 그다음은 알리의 차례였다. 그리고 연분홍색 상의로 알아볼 수 있는 병원 자원봉사자들을 각자 불러 세워 다시 방향을 물었다.

알리는 30여 분 만에 완전히 적응했다. 그는 붐비는 중앙 복도를 걷던 도중 자발적으로 전혀 모르는 사람에게 주차장으로 가는 길을 물었다. 그는 감사의 인사를 하고 나서 그녀를 보내주더니 갑자기 즉석에서 연습을 더 재미있게 만들었다. 또 다른 사람에게 방향을 묻더니 알려준 방향과 정반대로 걷는 것이다. 방향을 알려준 젊은 남자가 서둘러 그를 쫓아와 이렇게 말했다. "이봐요, 이쪽이 아니고 저쪽이에요." 알리는 갑자기 이해했다는 표정으로 다시 고맙다고 한 다음 웃으며 좋은 하루를 보내라고 대답했다. 나는 멀찍이 서서 놀랍고 자랑스러운 기분으로 그를 바라보았다.

알리는 마치 노출의 디제이처럼 최고의 것들을 섞어 모아 즐기고 있었다. 그리고 세 번째 사람에게 방향을 묻고 눈을 반짝이며 '왼쪽'이 어느 쪽이냐고 물었다. 세 번째 사람은 눈 하나 깜짝하지 않고 왼쪽을 가리키며 "이쪽이에요."라고 대답했다. 이상한 표정도 짓지 않은 채로.

알리는 기분이 좋아졌다. "내가 물구나무를 서도 아무도 신경 쓰지 않을 것 같아요!"라고 그가 신나서 외쳤다. 나는 치료를 마치고 그와 헤어진 후에 내 방 문밖을 살짝 내다보았다. 그가 대기실 한가운데서 물구나무를 서 있지 않을까 반쯤 기대하면서 말이다.

어려운 시도들을 헤아려보자

우리는 먼저 자신에게 물어봐야 한다. 두려움이 없어진다면 내가 어떤 행동을 하고 있을지 말이다. '어떤 기분일까?'라고 묻지 말고 '무엇을 하고 있을까?'라고 묻는 것이 중요하다. 자신감이 있다면 나는 어떤 행동을 하고 있을까? 브랜든 스탠튼의 대답은 다음과 같을 것이다. '불편하지 않다면 나는 낯선 사람들에게 사진을 찍어도 되냐고 물을 것이다.' 앨버트 엘리스의 대답은 '불안하지 않다면 나는 귀여운 소녀들과 이야기를 나누고 있을 것이다'였을 것이고, 지아의 대답은 이랬을 것이다. '자신감이 있다면 나는 거절을 당하더라도 털고 일어나 다시 시도할 것이다.'

그렇다면 당신은 어떤가? 더 많은 초대에 응할 것인가? 더 많은 사람에게 자신을 소개할 것인가? 얼굴이 붉어질까 걱정스럽더라도 참석할 것인가? 대답이 무엇이든, 복잡하게 엉켜 있는 잡동사니에서 구체적인 목표를 뽑아내야 한다. 목표를 하나씩 지워나가고 있다면 제대로 가고 있는 것이다. "수업이 끝난 후 교수에게 질문을 한다." 했음. "프레젠테이션을 하는 동안 청중과 눈을 마주친다." 완료. "뭐라고 말할지 미리 연습하지 않고 고객 상담 센터에 전화한다." 했음. "제이미의 파티에 가서 두 사람에게 말을 걸어본다." 확인.

그렇다면 목표는 왜 구체적이어야 하는가? "자신감을 갖는다." "좋은 인상을 남긴다." "평범하게 행동한다."와 같은 모호하고 감상적인 목표로는 성취 여부를 판단하기 힘들다. 내면의 비판자는 내가 좋은 인상을 남겼는지, 혹은 평범하게 행동했는지 물으면 아무리 일이 잘 풀렸어도 여전히 코웃음을 치며 아니라고 할 것이기 때문이다. 반면에, 목표가 구체적이면 성취 여부를 쉽게 판단할 수 있다. 그리고 '그 순간'이라는 보상을 받는다. 사회불안이 없어진 후의 삶을 상상해보는 것이 도전 목록의 첫걸음이다. 도전 목록은 정복해야 할 것들이 담긴 버킷리스트와 비슷하다.

나는 환자들에게 도전 목록을 소개하면서, 그들이 두려워하는 일을 바로 옆에서 함께하겠다고 약속한다. 양심상 나 혼자서 못할 일을 그들에게 혼자 해보라고 할 수는 없다. 나는 환자들의 사회불안을 물리치는 데 도움을 주면서 낯선 사람들에게 시간을 물었고, 복잡한 엘리베이터에서 고의로 엉뚱한 버튼을 눌렀다. 환자들과 조깅을 하러 갔고, 공공장소에서 커피를 엎질렀고, 두루마리 화장지 더미를 넘어뜨렸으며(그리고 다시 주웠으니 걱정 마시라. 엄마한테 잘 배웠으니까!), 화장지를 일부러 신발에 붙이고 복도를 여기저기 걸어 다녔다. 그 밖에도 수많은 일들을 했다. 이런 일들은 내가 두려워하는 일들이 아니라서 꽤 쉽게 할 수 있었다.

1. 누군가 주차장에서 내 차가 빠지길 기다리고 있을 때 허둥거리지 않고 평소 속도대로 차를 몰아 나가는 것

2. 아이들이 페이스타임으로 친구들과 대화할 때 슬쩍 끼어드는 것

3. 잘 모르는 사람들이 섞여 있는 그룹에서 이야기를 하는 것

4. 자주 보지만 이름은 모르는 사람에게 먼저 내 소개를 하는 것

이런 일들은 나를 조금 두렵게 한다. 환자들에게 조금 두려운 일들을 해보라고 하면서 나는 하지 않는다면 그건 위선이다. 믿어달라. 거짓말을 할까 생각하기도 했지만, 소중한 독자들을 위해 나도 내 두려움을 마주했다.

첫 번째 항목을 먼저 보자. 나는 누가 내 차 앞에서 하염없이 기다리고 있는 상황이 정말 싫다. 그 사람이 점점 화가 나고 있을 거라 상상하며 괜히 스트레스를 받는다. 그 사람이 경적을 울리거나 전속력으로 다른 자리를 찾아가면서 나에게 가운뎃손가락을 치켜들지 않을까 걱정한다. 그래서 나는 다음에 누가 내 차 앞에서 기다리고 있을 때 평소 속도대로 차를 몰기로 목표를 정했다. 어떻게 되었을까? 아무 일도 일어나지 않았다. 그 남자는 그냥 기다렸다. 너무 아무렇지도 않아서 그건 연습도 아니라는 생각이 들었다. 하지만 연습이었다. 그 연습은 생각보다 쉬운 '그 순간'이었다. 며칠 후, 또 그런 일이 있었다. 그때 운전사는 내가 카트 한가득 물건을 실은 채 카시트에 앉기 싫어하는 남자아이 둘을 데리고 있다는 사실을 발견하고 천천히 다른 곳을 찾아갔다. 경적도, 가운뎃손가락도 없었다. 해가 지기 전에 차를 빼줄 다른 누군가를 찾아 나섰을 뿐이었다.

하지만 그가 경적을 울렸거나 손가락을 치켜들었다면 어땠을까? 마음 법정에서 등장했던 질문들을 기억하는가? 실제로 상황이 얼마나 나빠질까? 그럴 가능성은 얼마일까? 어떻게 대응할 것인가? 낯선 사람이 내게 경적을 울리거나 가운뎃손가락을 치켜드는 것은 약간 급박한 상황이긴 하지만 그래도 대처할 수 있다. '뭐 이런 사람이 있어!'라고 남편에게 문자 메시지를 보낼 수도 있고, 아이들에게 차분히 기다리는 일의 중요성을 알려줄 기회로 만들 수도 있다. 어쨌거나 괜찮을 것이다.

가운뎃손가락 이야기가 나왔으니 덧붙이자면, 두려운 것들의 목록을 만들어 이겨내는 연습을 하되 얼간이가 되는 연습은 하지 말자. 직장 상사에게 시원하게 대드는 일이 불안감을 조성한다고, 대드는 상황을 연습하지는 말아야 한다는 것이다. 상식을 활용하자. 길거리에서 누군가에게 폭발해버릴 수도 있다는 생각에 불안하다고 해서 그 상황을 연습하는 게 좋은 선택은 아니다.

진정한 자신을 만들어갈 수 있는 것들을 선택하자. 이 도전 목록은 사실 자신의 진정성 목록이기도 하다. 이렇게 생각해보자. 불안이 방해하지 않는다면 어떤 행동을 할 것인가? 머리가 복잡하지 않다면 무엇을 하고 싶은가? 두려움 없는 당신은 무엇을 할 것 같은가? 크든 작든 이 질문에 대한 답들로 목록을 만들어라.

이제 독자들의 차례. 조금 두려운 생각이 드는 것들부터 시작한다. 사회불안 나라로 가는 급행 티켓이라고 할 수 있는, 사소해 보이지만 분명 나를 불안하게 하는 것들을 구체적으로 적어보자.

1. 〔   〕
2. 〔   〕
3. 〔   〕

4. (   )

　그리고 기회가 될 때마다 하나씩 시도해보자. 미리 말하자면, 도전 목록을 실제로 해내는 것보다 그 일에 대해 생각하고 있을 때 기분이 훨씬 안 좋을 것이다. 이는 너무 흔한 현상이라 '걱정 불일치'라는 명칭까지 있는데, 살펴보면 불일치라고 불리는 이유가 있다. 주차장에서의 내 경험처럼, 안전지대에서 벗어나 의도적으로 무언가를 시도해보는 것의 결과는 보통 아무 일도 일어나지 않는 것이다. 가끔 사람들이 이상하다거나 이해할 수 없다는 표정으로 쳐다보겠지만, 그렇다고 감당할 수 없는 일은 전혀 아니다. 지아는 애견미용사가 사람 머리카락은 자르지 않는다며 웃었지만 그래도 그 사람이 친절하다는 사실을 배웠다. 끔찍한 일은 일어나지 않았다. 아무도 경찰을 부르지 않았고, 아무도 왜 그렇게 멍청하냐고 묻지 않았다. 아무도 화를 내지 않았다. 하지만 그 결론에 도달하기 위해서는 직접 경험해봐야 한다.

　머릿속 걱정과 실제 경험의 차이에 대해 지아도 이렇게 말했다. "그 불일치는 꽤 빨리 교정되었어요. 몇 번 해보니 기준이 금방 바뀌더라고요. 처음에는 모든 경우에 발생할 최악의 시나리오만 상상했죠. 저 남자가 총을 꺼내고, 경찰을 부르고, 나에게 욕할 거라고, 마음속으로 모든 걱정을 기정사실화했어요. 하지만 결국 누구에게든, 어디서든, 무슨 부탁이든 다 할 수 있게 되었죠."

　그러니 도전 목록에 있는 것들을 시도해보려고 할 때 약간 의심이

들어도 괜찮다. 프라나브는 음식을 주문할 때 불안해졌다. 넬리는 데이트를 하러 가기 전에 안절부절못했다. 알리는 길을 묻고 싶지 않았다. 나는 아들이 다니는 학교에서 학부모들에게 내 소개를 하기 전에 긴장했다. 하지만 어쨌든 모두 해냈고, 그것이 중요하다. 연봉이 인상되었든, 그녀의 전화번호를 받았든, 상대방이 미소 지었든, 그것은 별로 중요하지 않다. 실제로 행동했다는 사실이 중요하다. 도전의 성공은 결과와 상관이 없다. 단 한 가지 기준은 바로 '실제로 했는가?'이다. 해냈는가? 그렇다면 도장을 찍어주겠다. 참 잘했어요!

물론 두려운 모든 상황을 전부 다 도전 목록에 욱여넣을 필요는 없다. 대충 그때그때 상황에 맞게 도전해볼 수도 있다. 최근에 우리 집 네 살배기 아이의 가방이 어쩌다 유치원에 남게 되었다. 그날 밤, 나는 가방이 집에도 차에도 없다는 사실을 뒤늦게 깨닫고 다음 날 아침 보온 통에서 상해가는 스파게티를 보고 싶지 않은 마음에 재빨리 학교로 가방을 가지러 갔다. 평소와 달리 꽉 찬 주차장에 차를 대는데, 학교의 커다란 통유리창으로 전 직원이 회의하는 모습이 보였다. 가방을 가지러 가려면 원장 선생님과 담임선생님은 물론 학교의 전 직원을 지나쳐 가야 하는 상황이었다. 나는 잠시 차 안에 앉아 그냥 집으로 갈까 생각했다. 하지만 이렇게 중얼거렸다. "생각이 들기 전에 행동해야지." 그리고 차에서 내렸다. 나는 건물로 들어가 웃는 얼굴로 손을 흔들며 그들을 지나쳤고, 가방을 들고 다시 돌아왔다. 아들이 가장 좋아하는 선생님이 문 옆에 앉아 계셨다. 그녀도 웃으며 손을 흔들었다. 나는 입 모양으로 "가방을 놓고 와서요."라고 했고 그녀는 "잘하셨어요, 내일 봐요."라고 속삭였다. 간단히 말하자면, 아무 일도 아니었다. 심지어 집에 돌아와 남편한테 그 일에 대해 이야기하는 것도 잊어버렸다. 계속 도전하면서 나는 언제나 결과는 예상과 다르다는 사실을 깨달았다. 그리고 일이 잘못된다 해도, 나는 분명히 대처할 수 있을 것이었다. 그렇다면 당신도 당연히 할 수 있다.

안전행동부터 놓아버려라

목록을 하나씩 지워가는 동안, 더 이상 발전이 없다는 느낌이 들기 시작해도 걱정할 필요는 없다. 나를 비롯한 많은 이들이 같은 경험을 했다. 전부 제대로 잘하고 있었다. 힘을 그러모아 용기를 내고 있을 것이다. 아는 노래가 더 이상 없을 때까지 집 앞 현관에 앉아 기타를 칠 것이다. 머리를 꼿꼿이 들고 사교 모임에 참가할 것이고, 마지막 생존자가 될 때까지 파티에 남아 있을 것이다. 하지만 그러고 나서 실망한 채 집으로 돌아갈 것이다. 그리고 이렇게 한탄할 것이다. "해냈어. 그게 중요하다는 건 알지만 계속 형편없는 모습만 보인 것 같아. 아직도 불안한 건 마찬가지야."

조바심 내지 말아야 한다. 늘 있는 일이다. 어차피 산을 오를 생각이라면, 하산은 반대쪽으로 하는 게 어떤가? 설명하자면 이렇다. 우리는 자기도 모르는 사이 스스로에게 방해 공작을 펴고 있다. 어떻게? 여기서 브리티시컬럼비아대학교의 린 올던Lynn Alden 박사를 만나보자. 올던 박사는 40여 년 가까이 사회불안에 대해 연구하오고 있으며, 지금은 예전에 자신의 학생이었던 캘리포니아대학교 샌디에이고 캠퍼스 교수인 찰스 테일러Charles Taylor 박사와 함께 활발한 사회불안 연구 활동을 펼치고 있다. 올던 박사가 한 여성 환자 이야기를 들려주었다. 그녀를 베스라고 해보자. "베스는 관심 있는 남성이 근처에 오기만 하면 자리를 피했어요. 그 남자는 무슨 생각을 했을까요? 자기가 올 때마다 곧장 자리를 피해버리는 베스를 보면서요."

자리를 피하는 것은 베스의 '안전행동'이다. 파티 장소에 들어서자마자 술 몇 잔을 급하게 들이켜는 것도, 잘 모르는 사람들과의 점심 식사 자리에서 내내 친한 친구 곁에만 붙어있는 것도, 바닥만 바라보는 것도, 무리의 가장자리만 맴도는 것도 안전행동이다. 안전행동은 자신의 무능함, 즉 내면의 비판자가 지적하는 부족함을 감추기 위해 취하는 행동이다. 하지만 바로 그 행동 때문에 두려움은 사라지지 않는다. 자신을 구하기 위해 하는 행동이 결국 스스로를 수렁에서 빠져나오지 못하게 만든다. 구명조끼에 눌려 물속에 가라앉는 것처럼 아이러니한 일이다.

그렇다면 왜 우리는 안전행동을 계속할까? 안전행동을 통해 숨어있다는, 그래서 더 안전하다는 느낌을 받기 때문이다. 하지간 이는 빤히 보이는 곳에 숨는 일일 뿐이다. 아무리 자신의 결점을 감추고

200

있다고 생각해도 사람들은 우리를 볼 수 있다. 너무 당연한 말 같지만 안전해지려고 노력하는 동안 우리는 실제로 그와 정반대의 메시지를 보내고 있다. 말을 더 잘하기 위해 미리 연습하지만 결국 딴생각에 빠져 있는 것처럼 보인다. 자기 이야기를 하기 싫어 상대방에게 질문을 퍼붓지만, 그 사람은 괜히 심문받는다는 느낌만 받는다. 상사가 하는 말에 전부 동의하고 있지만 "듣고 있기는 하냐?"라는 의심만 산다.

"모든 행동은 타인에게 메시지를 보낸다. 사회불안이 있는 사람들은 그 사실을 잊곤 한다. 그들은 숨어 있다고 생각한다." 올던 박사의 이야기다. 하지만 안전행동은 우리가 내보이고 싶은 모습과 정반대의 메시지를 보낸다. 우리는 자기도 모르게 '나는 관심 없어/나는 다정하지 않아/나는 오만해/나는 까칠해'라는, 진실과 거리가 먼 메시지를 보낸다. 베스는 자리를 피함으로써 마음에 드는 사람과의 안전한 거리를 확보했다고 생각했지만, 그는 당연히 베스의 모습을 볼 수 있었다. 베스는 자신의 행동이 차갑고 거만하게 보였을 거라는 사실을 이해했고, 올던 박사의 도움으로 자리를 피하지 않는 법을 배웠다. 결국 상대방이 다정하다는 사실은 물론, 자신 또한 안전행동 없이도 안전할 수 있다는 사실을 깨달았다. 베스가 믿었던 구명조끼는 오히려 그녀를 물 밖으로 나오지 못하게 만들었다.

올던 박사와 테일러 박사는 오랜 시간 함께 연구하면서 그런 환자들을 지속적으로 목격했다. 그들은 자신의 안전행동을 타인의 시각으로 바라보는 순간 깨달음을 얻었다. 실제로 실내에서 선글라스를 쓰고 있는 사람, 휴대폰만 바라보는 사람, 팔짱을 끼고 바닥만 내려다보는 사람, 내가 가까이 갈 때마다 자리를 피하는 사람을 보면 기분이 어떨까? 나와 이야기를 나누기 싫거나 심지어 나를 좋아하지 않는다고 생각할 것이다. 나도 그런 순간이 있었다. 고등학교 때 유독 눈치가 없었지만 마음은 순수했던 한 남학생이 내 졸업 앨범에 이런 글을 남겼다. '차갑지만 마음에 드는' 여학생이라고. 그 순간, 불안을 감추려는 내 노력이 다른 사람들에게는 차가운 모습으로 보일 수 있다는 사실을 깨달았다.

그렇다면 어떻게 해야 할까? 테일러 박사는 이렇게 말했다. "과학적으로 접근해야 합니다. 먼저 어떤 안전행동을 하고 있는지 제대로 파악하고, 그 행동을 하지 않을 때의 결과를 확인할 수 있는 몇 가지 실험이 필요합니다."

여기서 좋은 소식이 있다. 물 위에 떠 있도록 도와주는 구명조끼는 벗어버릴 수 있을 뿐만 아니라 결과도 보장한다. 어떻게 아느냐고? 올던과 테일러가 지난 10여 년 동안 여러 차례에 걸쳐 이를 증명하는 획기적인 실험을 했는데, 실험 참가자의 92퍼센트가 자신의 안전행동을 즉각 파악했다. 나 역시 내 안전행동이 무엇이었는지 안다. 나는 사람들과 눈을 마주치지 않고, 자기소개를 피하고, 이미 그 사람을 알고 있는 척하는 이상한 버릇이 있었다. 그래서 상대방이 혼란스러워하다가 둘 다 어색해지곤 했다. 하지만 그게 내 안전행동이라는 사실을 깨닫자마자 멈출 수 있었다. 올던과 테일러의 실험 참가자들도 자신의 안전행동을 깨닫고 이를 즉시 멈추었다.

올덴과 테일러는 사회불안 경향이 있는 참가자들에게 실험 진행자 한 명과 5분 동안 대화를 나누라고 했다. 새로운 우정을 쌓으려면 반드시 거쳐야 하는, 서로에 대해 파악하는 그런 대화 말이다. 실험에 앞서 대화를 하다가 벌어질 수 있는 걱정스러운 상황에 대해 참가자들에게 물었다. 말하자면, 내면의 비판자가 분명히 벌어질 거라고 장담하는 것이 무엇인지 말이다. 대답은 "멍청한 말을 할 것 같아요."부터 "상대방이 절 나쁘게 생각할 것 같아요." "제가 이상한 사람이라고 생각하겠죠."까지 다양했다.

그리고 참가자들에게 자신의 안전행동이 무엇인지 물었다. 더 안전하다고 느끼기 위해, 혹은 부족함을 들키지 않기 위해 해왔던 행동은 무엇인가? 이번에도 대답은 광범위했다.

- "무슨 말이든 제대로 하려고 엄청나게 생각해요."
- "말할 때 손으로 입을 가려요."
- "상대방이 이야기하고 있을 때 다음 할 말을 연습해요."
- "그저 웃고 또 웃어요."
- "발음에 신경을 써요."
- "말을 잘하고 있는지 계속 확인해요."
- "진정하려고 숨을 크게 들이마실지 고민해요."

그리고 참가자들에게 개인적인 두려움과 자신의 안전행동이 무엇인지 빈칸을 채워보라고 했다.

불안을 극복하려면 두려워하는 일이 실제로 벌어지는지 확인하는 것이 중요하다. 이를 위해서는 상대방이 나를 멍청하다고 생각하지 않게 만들려고 늘 하던 행동을 하지 말아야 한다. 예를 들어, 대화 도중 자신을 구하기 위한 어떤 행동도 하지 않는 것이다. 시선을 피하지 말고, 시선을 피하지 않을 때 어떻게 되는지 확인하고 싶다는 생각에 집중하라. 이를 통해 걱정하는 일이 실제로 벌어지는지 아닌지 확인할 수 있다.

그리고 나머지 참가자 절반에게는 안전행동에 대해 전혀 언급하지 않고 그저 기다리라고만 했다. 불안을 극복하는 것은 뜨거운 물에 몸을 담그는 것과 같아서 처음에는 기분이 나쁘지만 시간이 지나고 온도에 적응하면 기분이 나아질 거라고 말이다.

그다음 모든 참가자가 5분 동안 실험 진행자들과 일대일 대화를 했다. 결과는 놀라웠다. 첫째, 안전행동을 내려놓은 참가자들이 덜 불안해 보였다. 불안을 감추려고 노력하지 않을 때 그 불안이 삐져나오기는커녕 더 편해 보였다.

그다음으로 앨렌과 테일러는 어떤 그룹과의 대화를 더 즐겼는지 진행자들에게 물었다. 바로 안전행동을 내려놓은 그룹이었다. 더 오래 대화하고 싶었던 그룹은? 마찬가지였다. 친구로 삼고 싶은 그룹은? 답은 생각하는 그대로다.

더 흥미로운 점은 또 있었다. 안전행동을 내려놓은 참가자들은 자신이 덜 불안해 보여서 진행자들이 더 호감을 느꼈을 거라고 생각했다. 하지만 진행자들의 이유는 달랐다. 진행자들은 그들이 더 친절하고, 터놓고 이야기하고, 흥미를 보이고, 적극적으로 소통하려 했기 때문이었다고 답했다. 정리하자면, 참가자들은 상대방이 '이상한 모습을 덜 보여서' 좋아했을 거라고 생각했지만, 실제로 그들은 '좋은 모습을 더 많이 보여서' 호감을 샀던 것이다. 무슨 말을 할지 연습하고 겉모습을 관리하는 데 에너지를 쓰지 않아도 되니 좋은 모습이, 내면의 다정한 모습이 자연스럽게 진행자들에게 드러났다.

그게 바로 진짜 자기다운 모습이다. 사실 우리는 안전행동으로 가면을 쓴 채 타인을 마주한다는 사실을 알고 있다. 진짜 자기 모습이 아니라 한 번 걸러지고 관리된 모습을 세상에 내보인다. 안전행동은 진정한 자기 모습을, 내면의 비판자가 단점이라고 말하는 모습을 감추기 위해 고안되었다. 하지만 자신이 어딘가 부족하고 싫어할 만한 인간이라는 생각에 우리를 가두기도 한다. 그리고 그 생각이 틀렸다는 사실을 증명할 기회까지 박탈한다. 아이러니하게도, 참가자들은 자신을 구하려는 노력을 그만둘 때 진정한 자신이 될 수 있었다. 그리고 더 나아가 순수한 소통을 할 수 있었다. 끝이 아니다. 당연히 그들은 그저 기다리라고 했던 참가자들보다 훨씬 더 즐거운 시간을 보냈다.

지아가 처음으로 실행했던 두 번의 시도를 살펴보면, 안전행동 뒤에 숨는 것과 이를 내려놓는 것의 차이가 잘 드러나 있다. 첫째 날, 그는 사무실 건물 로비의 모르는 경비원에게 100달러를 빌려줄 수 있는지 물었다. 지아가 휴대폰으로 촬영한 그 장면에서 경비원은 책상 의자에 앉아 구부정하게 컴퓨터 화면을 쳐다보고 있었다. 지아는 책상에 가까이 다가가기도 전에 이렇게 불쑥 내뱉었다. "죄송하지만, 100달러만 빌려주실 수 있을까요?" 경비원은 혼란스러운 표정으로 안 된다고 대답했다. 하지만 갑자기 얼굴에 웃음이 어렸다. 그리고 지아를 바라보며 "왜요?"라고 물었다. 하지만 몹시 당황한 지아는 그 말을 듣지 못했다. "안 되나요? 알겠습니다. 어쨌든 감사합니다." 그리고 그는 서둘러 자리를 떴다.

지아의 안전행동은 무엇이었는가? 지아는 경비원이 자신을 미치광이가 아니라고 생각하게 만들려고 어떤 노력을 했는가? 바로 속도였다. 지아는 속사포처럼 말을 내뱉고 재빨리 자리를 떴다. 그의 말대로, '작은 동물이 포식자를 피해 달아나듯' 말이다. 다른 사람들이라면 눈을 피하고 낮은 목소리로 중얼거리거나 멀찍이 서 있었을 것이다. 충분히 그럴 수 있다. 자신을 안전하게 보호해야 하니까.

하지만 지아는 나중에 그 장면을 편집하면서 놓쳤던 부분을 발견했다. 경비원은 조금도 적대적이지 않았다. 그저 당혹스러웠을 뿐이다. 다시 보니 경비원이 대화를 지속하기 위해 "왜요?"라고 묻기까지 했다. 지아는 솔직하게 말할 수도 있었다. "거절에 대한 두려움을 극복하려고 노력하는 중이라, 말도 안 되는 부탁들을 해보고 있어요." 혹은 운전면허증을 담보로 맡기고 꼭 돈을 갚으러 오겠다고 말할 수도 있었다. 하지만 지아는 안전행동으로 서둘러 자리를 피해버렸다. 지아는 다음에는 더 잘해보리라 다짐했다.

둘째 날, 지아는 점심으로 햄버거를 먹으러 갔다. 컵에 음료를 채우고 있는데 '무료 리필'이라고 적혀 있었다. 지아의 두 눈이 반짝였다. 지아는 베이컨 치즈버거를 먹어 치운 후 카운터로 갔다. 그가 촬영한 영상을 보면, 안경을 쓰고 팔에 한가득 타투를 한 젊은 남자가 앞치마를 두르고 그를 응대하러 왔다. "무엇을 도와드릴까요?"

지아는 그 남자의 눈을 똑바로 쳐다보고 활짝 웃으며 등을 곧추세웠다. "햄버거가 진짜 맛있네요. 버거 리필 가능한가요?"

"네? 뭐라고요?" 그가 물었다.

"버거 리필이요."

"버거 리필이라." 그가 무슨 뜻인지 이해하려는 듯 지아의 말을 반복했다. "무슨 말씀이죠?" 화를 내는 건 아니었다. 경비원처럼 그는 그저 그 상황을 이해하기 힘들어 당황했던 것뿐이었다.

"무료 리필 된다면서요. 버거도 무료 리필 가능한가요?"

그가 마침내 이해했다. "아, 버거는 리필이 안 됩니다."

"왜 음료는 되는데 버거는 안 되죠?" 지아가 물었다. 마치 자신의 요구가 완전히 타당하다는 듯 자신감은 그대로였다.

그가 웃으며 어깨를 들썩이고 대답했다. "그냥 원래 그래요."

지아는 미소를 짓고 고맙다고 말한 다음, 버거도 리필해준다면 단골이 될 것 같다고 말하며 여유롭게 자리를 떴다.

차이가 느껴지는가? 마찬가지로 안 된다는 대답을 들었지만(지아의 목표는 거절당하는 것이었으니 이번에도 승리였다), 그는 경비원과 대화했을 때처럼 당황하지 않았다. 그리고 묻는 '방식'이 커다란 차이를 만든다는 사실을 깨달았다. 여전히 불안했지만, 안전행동을 내려놓자 불안하지 않은 것처럼 보였다. 그는 똑바로 섰고, 바닥을 보거나 상대방의 시선을 피하지 않았고, 평소 성량과 속도대로 웃으며 말했다. 지아는 속도를 줄이고 시간을 넉넉히 썼다. 그러자 놀랍게도 자신감 넘치는 사람처럼 보였다. 지아는 안전행동 여부만 달랐던 단 두 차례의 경험을 통해 엄청난 비밀을 발견했다. 분위기를 내가 주도하면 된다는 것이었다. 불안하지 않은 것처럼 행동하고 안전행동을 내려놓는다. 기분이 더 좋아질 뿐만 아니라 상대방의 반응도 더 나아진다. 심지어 아무도 당신이 연기하는지 모른다. 여기서 끝이 아니다. 결국 당신은 연기하지 않게 될 것이다.

지아는 그 깨달음에 대해 이렇게 말했다. "제 요구 자체는 사회적 기준에서 벗어나는 것이었지만 제가 요구하는 방식은 그렇지 않았어요. 경적을 울리거나 춤을 춘 게 아니라 그냥 공손한 태도를 보였잖아요. 그리고 사람들은 대부분 친절하게 반응했고요."

자신에게 선물하는 확신

내가 안전행동의 비밀을 깨달은 건 대학교 3학년 때였다. 나는 1학년 기숙사에서 지내는 상급생 도우미였다. 규칙을 강제할 필요는 없었지만 1학년들이 대학 생활에 적응하는 데 여러 가지 도움을 주는 선배였다. 공중 보건과 관련해 학교에서는 안전한 섹스를 위해 모든 학생이 콘돔, 윤활유, 천연 라텍스 같은 것들을 필요한 만큼 가져다 쓸 수 있도록 채워놓은 봉투를 마련해주었다. 그리고 이 봉투는 내 방문에 부착되어 있었다. 나는 보통 성실하게 내용물을 채워놓았지만, 늦은 봄 기말시험으로 정신없는 사이 슬프게도 다 구겨지고 텅 빈 봉투만 내 방문 앞에 붙어있었다.

그 학년의 마지막 날, 기숙사 방을 빼야 해서 나는 방에서 책들을 상자에 넣고 있었다. 때마침 방문이 열리기에 나는 친구가 방해하러 왔길 기대했다. 그런데 안경을 쓰고 머리를 세워 올린 모르는 남학생 하나가 머리를 들이밀고 물었다. "혹시 콘돔 있어요?" 그 대범함이 얼마나 놀라웠는지 모른다. "미안해요. 다 떨어졌어요. 하지만 복도 끝으로 가서 우회전하면 다른 도우미 방이 있어요. 거기 가보세요."

"고마워요." 그는 말을 마치고 재빨리 사라졌다. 20년이 지난 지금도 나는 그의 대범함이 감탄스럽다. 그는 콘돔이 필요했다. 그것도 아주 급하게. 그 말인즉슨, 그는 콘돔을 손에 넣자마자 그와 관련된 어떤 일을 진행할 계획이었다는 뜻이다. 그는 그 계획을 낯선 사람에게 주저 없이 밝혔을 뿐만 아니라 당당히 도움까지 구했다. 이는 사회불안 특급 열차쯤 될 수도 있는 일이었다. 그는 '저 선배가 나를 이상하다고/징그럽다고/섹스에 환장했다고 생각할지도 몰라'라고 짐작하곤 그냥 가버렸을 수도 있다. 하지만 방문을 두드려 얼굴을 들이밀고 마치 아무 일도 아닌 것처럼 물었다.

그 순간, 분위기는 내가 주도하는 것임을 깨달았다. 내 방을 찾아온 남학생은 자신 있게 자신의 요구를 전달했고 나도 그에 따라 반응했다. 그렇다면 이제 이렇게 물을 수도 있겠다. 그 남학생이 그냥 아무렇지도 않은 척한 것이었다면? 노크하기 전에 마음속으로 '괜찮아, 별일 아니니까 태연하게 하자.'라고 중얼거리며 마음을 다스렸다면? 솔직히 그건 중요하지 않다. 주문을 외웠든 정말 자연스러웠든, 내 반응을 보면 알 수 있다. 어떤 일을 당연하다는 듯 접근하면 그렇게 된다. 그저 비욘세인 척하라. 그 남학생은 아마 근육질의 트로이 전사인 척했을지도 모른다. 사회불안에 대한 큰 교훈을 얼떨결에 내게 가르쳐준 그 남학생에게 나는 아직도 큰 빚을 지고 있다. 모두를 위해 그가 콘돔을 구했기를 빈다.

트로이 남학생에게 교훈을 얻어놓고도 나는 몇 년 동안 내 안전행동을 떨쳐버리지 못하고 있었다. 라디오 인터뷰나 팟캐스트 손님으로 낯선 사람들 앞에서 말해야 할 때마다 고질적인 불안이 데굴데굴 굴러 나왔다. 그래서 오랫동안 내 안전행동은 철저한 대본 준비였다. 심지어 조사 하나하나까지도 꼼꼼히 살폈다. 나는 미리 준비한 대본이라는 구명조끼에 매달리지 않을 때 인터뷰를 더 자연스럽게 할 수 있다는 사실을 알았다. 하지만 많은 사람이 보고 듣고 있을 때 여유를 갖고 대본을 내려놓는 건 절대 해낼 수 없는 일 같았고, 감히 그럴 생각도 하지 못했다.

하지만 그것이 바로 내가 꼭 해내야 하는 일이었다. 사회불안이라는 학교를 졸업하고 싶다면 나는 대본 없이 인터뷰를 해야 했다. 그래도 인터뷰를 중요시하고 그에 걸맞게 준비하겠지만, 내가 강조하고 싶은 말쯤은 기억할 수 있다고 자신을 믿어야 했다. 그래서 생방송 라이브 인터뷰 기회가 생겼을 때 나는 1분 정도(어쩌면 1시간 정도)

불안에 움츠리고 있다가 이렇게 중얼거렸다. "자신감을 가져야 한다고 생각하기 전에 일단 시작하자, 자신감은 따라올 거야!"

앞서 말한 항목에 이어 도전한 일들은 다음과 같았다. 전부 안전 행동 없이 한다는 조건이 전제되었다.

5. 나를 좋아하지 않는 것 같은 사람들(항상 무뚝뚝한 엄마, 퉁명한 선생님, 성격 나쁜 직장 동료)에게 웃으며 대화를 시작하기, 계속 반복하기.

6. 실수를 하더라도 편집할 수 있는 녹화 팟캐스트에 메모 없이, 기회가 될 때마다 출연하기.

7. 생방송 라디오 인터뷰(이런! 다시 할 수 없는 생방송!) 대본 없이 하기(다행히 카메라는 없다!).

시간이 지나면서 나는 그 모든 일을 해냈고, 괜찮게 잘 해냈다. 매번 불안했지만 결국 산을 넘었다. 내가 불안했다는 것이 중요하다. 불안은 사라지지 않는다. 불안해도, 그래도 어깨를 펴고 어쨌든 해내야 한다.

용기를 내어 사소한 일들에 도전해보았으니 조금 더 두려운 일들까지 도전해보자. 그리고 이번에는 자신을 보호해준다고 생각하는 안전행동을 그만둔다. 불안한 마음에 손을 떨다 컵까지 엎지를까 봐 병째로만 음료를 마시는 것이 구명조끼다. 얼굴이 붉어질까 걱정돼서 목까지 올라오는 옷을 입는 게 구명조끼다. 할 말이 없을까 봐 걱정스러워, 파트너와 함께 갈 수 있을 때만 파티에 가는 것이 구명조끼다. 그 구명조끼를 벗어버리자. 맥주를 잔에 따르고, 병은 치워라. 시원하게 파인 옷을 입고 얼굴색이 어떻든 신경 쓰지 말자. 혼자라도 파티에 참석하라. 세 가지를 전부 다 해라. 어떤 구명조끼든 우선 집에 벗어두고 결과를 지켜보라. 시도해보라. 언젠가 키 작고 현명한 한 사회불안 치료사가 이렇게 말했다. "하거나, 말거나. 중간은 없어요."

자, 그만하고 싶은 안전행동과 함께 새로운 도전 몇 가지를 추가해보자. 앞서 언급한 사회불안 연구의 아버지 리처드 헤임버그 박사는 사회불안을 극복하는 비결이 무엇이냐는 내 질문에 이렇게 답했다. "그냥 무조건 하는 겁니다."

5. 도전 과제(불안하지 않다면 하고 싶은 일):

   그만하고 싶은 안전행동:

6. 도전 과제(불안하지 않다면 하고 싶은 일):

   그만하고 싶은 안전행동:

7. 도전 과제(불안하지 않다면 하고 싶은 일):

   그만하고 싶은 안전행동:

닥터 수스 Dr. Seuss 라면 이렇게 말할 것이다. "이제 멋진 곳으로 가는 거야. 멀리 떠나는 거야!" 목록의 가장 어려운 단계에 거의 도달했다. 최종 단계까지 나가는 동안 스스로 격려의 말을 하고 싶을지도 모른다. 이를테면, 자기 긍정 같은 것 말이다. 하지만 자기 긍정은 가끔 욕실 거울 앞에서 지나치게 진지하고 유치한 대화를 나누게 만든다는 나쁜 이미지가 있다. 인터넷상에서도 자기 긍정은 쉽게 조롱받는다. "나는 날마다 모든 면에서 더 나아진다. 좋아하는 드라마가 연속 방송을 하고 있지 않는 한, 나는 결코 집을 떠나지 않을 것이다."라거나 "나는 주와 지역 법에 상관없이 내 존재의 모든 면을 존중하고 표현한다."와 같은 황당한 선언처럼 말이다. 우리가 자기 긍정을 조롱하는 이유는 자기 긍정이 초라하고 멍청한 짓 같기 때문이다. 심지어 거짓말 같기도 하다.

도전 목록을 완수하기 위해 필사적으로 '할 수 있어! 나는 멋져질 거야! 정말로!'와 같은 자기 긍정을 동원하다 보면 괜히 기분만 나빠진다. 왜? 자기 긍정이 믿기지 않기 때문이다. 대신 다른 방법을 시도해보자. 스스로 100퍼센트 확신하는 자기만의 가치를 긍정한다. 지금 해결해야 하는 문제와 아무 상관이 없더라도 말이다. 거짓말 같겠지만 도전 목록과 아무 상관이 없어도 진짜 괜찮다. '나는 날마다 뜨고 지는 태양처럼 충실한 친구야/나는 잘 들어주는 내 모습이 좋아/나는 정말 좋은 엄마야/나는 힘들게 노력해서 불가능하다고 생각했던 것까지 이루었어'와 같은 자기만의 진실을 긍정하라. 분기별 영업 실적 회의에 들어가기 전에 가족에 대한 사랑이나 독실한 종교적 믿음에 대해 긍정하는 것이 무슨 소용일까 싶겠지만, 분명히 효과가 있다.

용기를 냈던 행동을 긍정함으로써 힘을 얻을 수도 있다. 네덜란드의 한 연구팀이 2017년에 진행한 놀라운 실험에 따르면, 참가자들은 자신의 진실했던 순간을 떠올릴 때, 예를 들면 아무도 없을 때 친구 곁을 지켰거나 동료를 배신할 수도 있는 상황에서 그렇게 하지 않았던 기억을 떠올릴 때 화난 얼굴의 사진을 똑바로 바라볼 수 있었다. 그러니 자신의 진실을 긍정하라. 올바른 일을 했던 시절을 긍정하라. 최고였던 자신의 모습을 떠올리면 최고의 모습이 드러날 것이다.

껴입었던 걱정도 살짝 벗어보자

자, 이제 마지막 단계다. 무엇이 가장 두려운가? 일단 약간 두려운 것, 그리고 조금 더 두려운 것들을 해치우고, 안전행동을 내려놓는 행동을 마칠 때까지는 이 단계로 진입해서는 안 된다. 수심이 깊은 곳에 거의 다다랐지만 그렇기에 더더욱 조심해야 한다.

어쩌면 약간 두려운 것부터 조금 더 두려운 것까지 차례차례 시도해보는 과정에서 가장 두려운 일들도 예전만큼 두렵지 않아졌을지도 모른다. 여전히 생각만 해도 머리털이 솟겠지만 예전에는 전혀 없던 약간의 의지가 불붙었을지도 모른다. 왜? 도전 과정에서 사회불안의 기준점을 점진적으로 조정해왔기 때문이다. 리처드 헤임버그 박사가 그 과정에 대해 다음과 같이 깔끔하게 정리해주었다. "적절한 노출은 선순환의 시동을 건다."

자, 이제 마무리를 해보자. 독자들의 최종 단계는 무엇인가? 커튼 뒤로 숨고 싶게 만드는 구체적인 상황들을 떠올려본다. 도강칠 계획부터 세우고 있다면, 그것이 바로 가장 어려운 마지막 단계다. 내 경우는 다음과 같았다.

8. 심리학 권위자들에게 연락해 이 책을 위한 인터뷰하기(어쩌지?)
9. 간단한 메모만 지참하고 카메라 앞에서 생방송 인터뷰하기(정말 할 수 있을까?)
10. 내 사회불안 이야기가 잔뜩 담긴 책을 진짜로 세상에 내놓기(진짜 해버렸네.)

내게는 위의 것들이 그야말로 마지막 단계였다. 잘 알지도 못하는 학계의 거물들에게 그들이 평생 연구해온 주제에 대해 책을 썼다며 주제넘게 그들의 시간과 전문 지식을 요구하는 것은 생각만 해도 머리가 쭈뼛쭈뼛 서는 일이었다. 나는 더 이상 미룰 수 없을 때까지 곤혹스럽게 미루다가 결국 메일을 보냈다. 그 분야에 대해 아무것도 모르면서 겁도 없이 그들의 영역을 침범한다고 생각할까 봐 두려웠다. 하지만 결국 그보다 더한 도움을 받았다. 80퍼센트가 답장을 보내주었고 기꺼이 인터뷰에 응해주었다. 그들은 그보다 더 멋질 수 없을 만큼 자신들의 시간과 마음을 충분히 나눠주었다.

다음으로 생방송 온라인 인터뷰 요청이 들어왔을 때 나는 잠깐 기분이 좋았다가 곧바로 공포에 휩싸였다. 비디오카메라에 대한 내 오랜 두려움을 정복할 절호의 기회였지만, 그렇다고 수천 명의 온라인 관객 앞에서 하고 싶지는 않았다. 그래서 그때는 과도하게 준비하고

치열하게 연습할 수밖에 없었다. 전날 밤에는 잠도 잘 못 잤다. 마침 내 인터뷰를 하는 날, 사무실에 틀어박혀 일하려 했던 나는 아드레 날린으로 몽롱해진 채 몇 시간 동안 초조해했다. 약속 시간이 되어 로그인을 했고, 10분 뒤에 인터뷰는 끝났다. 진행자는 친절했고 내 농담에 웃기까지 했으며 언제든 다시 출연해달라고 부탁했다. 프로 그램이 끝나고 시청자들의 칭찬 메일까지 받았다. 나는 노트북의 녹 색 불을 노려보며 결국 살아남았다.

몇 달 뒤에 같은 프로그램에서 다시 나를 초대했다. 두 번째는 천 배 정도 쉬웠다. 카메라 공포증이라는 산은 아직 언덕이 되지 못했지 만, 침식은 급격했다. 작은 녹색 불은 내 영혼을 관통하는 레이저라 기보다 세상을 내다보는 둥근 창 같았다. 그 세상에서 괴짜 심리학 연구를 공유하고, 어쩌면 사람들에게 도움을 줄 수 있을 것 같았다.

그렇기에 더더욱 이 책에 남기고 싶은 말이 있다. 나는 수년 동안 글을 쓰고 싶었다. 책을 쓴다는 것은 내 일생의 목표였다. 사회불안 에 대해 쓰기로 결정하고 나니, 그건 결국 나 자신에 대해 써야 한다 는 뜻이 됐다. 그리고 그건 사회불안에 익숙한 우리 같은 사람들이 쉽게 할 수 있는 일이 결코 아니다. 물론 나는 5년 전, 10년 전, 특히 20년 전보다 훨씬 더 개방적인 사람이 되었지만, 종이 위에 나 자신 을 조금씩 써서 세상에 내보이는 건 지금까지 내게 익숙했던 안전 지대를 가장 크게 벗어나는 도전이었다.

앞서 말한 것들이 내가 물리쳐야 할 악의 화신들이었다. 나는 '노 래방에서 노래하기/즉석 코미디 하기' 등을 목록에 올릴 수도 있었다. 당연히 그런 상황이 되면 그저 죽은 척하고 싶지만, 그렇다고 그런 일들이 내 삶을 가로막는 건 아니었다. 하지만 잘 모르는 권위자들에게 연락하고, 수천 명의 시청자가 보고 있는 생방송에 출연하고, 내 이름이 박힌 책을 세상에 내놓으며 날카로운 비판과 형편없는 리뷰에 노출되기 싫어하는 감정은 그야말로 내 삶을 끈질기게 방해하는 존재였다. 만약 넘어서지 못하면, 내가 원하는 삶을 살아가는 데에 큰 장애물이 될 것들이었다. 나는 두려움과 맞서 싸워야 하는 도전과 (이성적으로 분명히 과장되고 왜곡된 것이었지만) 후회의 망령 사이에서 갈등했다.

자, 이제 당신의 차례다. 준비가 아직 덜 되었다 해도 괜찮다. 첫 번째나 두 번째 도전 목록으로 되돌아가 몇 가지를 더 해치워보자. 도움닫기는 자신감을 불러일으키고 가장 두려운 일에도 흔들리지 않게 만들어준다. 자, 당신이 가장 두려워하는 일은 무엇인가? 무엇이 당신의 발목을 붙잡고 있는가? 그에게 데이트 신청을 하는 것, 딸의 결혼식에서 춤을 추는 것, 직업을 바꾸는 것, 독립하는 것, 발표하는 것, 나서는 것, 무엇이든 좋다. 빈칸을 채워보고 먼저 행동에 나서봐야 한다. 그래야 자신감이 따라온다. 삶으로 다이빙하듯 뛰어들어야 앞으로 나아갈 수 있다.

8. 〔   〕
9. 〔   〕

10. 〔   〕

　자, 도전 목록을 하나씩 해치워나가는 건 어떤 기분일까? 힘들 때가 더 많겠지만 분명 가치 있는 일이다. 자신감이 저절로 따라오고, 있는지도 몰랐던 내면의 힘을 발견할 것이다. 물론 잘 풀리지 않을 때도 분명 있다. 자신에게 실망하기도 하고, 용기를 총동원해도 결국 아무것도 변하지 않을 것이다. 한계를 뛰어넘으려는 노력이 헛수고 같다고 느껴질 것이다. 내면의 비판자가 가만히 앉아 입을 다물라고, 머리를 숙이고 있으라고 질책할 것이다. '이건 네가 할 일이 아니야.'라고. '너는 원래 자신감이 없어.'라고.

　심지어 실제로 나쁜 일도 간혹 벌어질 것이다. 사람들이 멋대로 판단하고 떠들고 뒷말을 할 것이다. 미움도 받을 것이다. 도전이 계획대로 진행되지 않을 때는, 누가 부적절한 행동을 했는지 물어보면 된다. 카밀라는 낯선 사람에게 시간을 물었다가 무시당했다. 누가 부적절한 행동을 했는가? 카밀라인가, 그 낯선 사람인가? 줄리오는 회의 시간에 질문을 했다고 상사에게 꾸지람을 들었다. 이번에도 누구의 잘못인가? 줄리오인가, 그의 상사인가?

돌아보면 별것 아닌 순간들

앞서 설명한 대체와 포용을 기억하는가? 대체와 포용은 도움닫기 때에만 필요한 것이 아니다. 마무리에도 써먹을 수 있다. 그 경험이 얼마나 끔찍했는가? 지금 생각하면 온몸이 오그라들겠지만 며칠 후까지 기억하는 사람이 과연 얼마나 될까? (가까운 사람 중에는 없을 것이다.) 이런 일이 사람들한테 얼마나 자주 일어날까? (자주 일어날 것이다.) 얼마나 많은 사람이 이런 일을 겪었을까? (아마 인류 전체의 경험일 것이다.) 예를 들어보자. 단테는 수업 중에 질문을 했지만 교수가 그의 말을 이해하지 못했다. 더 설명하다가 말이 그만 꼬여버렸다. 교수는 당황한 표정으로 엉뚱한 대답을 했다. 부끄러웠지만 둘러보니 아무도 신경 쓰는 것 같지 않았다. 그리고 몇 주 뒤에 찾아간 교수는 무심하게도 단테가 누구인지 기억하지 못했다. 그러니 이는 분명 별일이 아니었다.

마지막으로, 이제는 익숙해졌을 질문을 해보자. 어떻게 대응할 것인가? 위니는 괜히 사람들과 말을 섞어야 할까 봐 늘 예배가 끝나자마자 교회를 떠났다. 하지만 어느 일요일, 두려움을 이겨내 보겠다고 마음먹고 교회에 남았다. 하지만 말 한마디 꺼내보기도 전에 교회에 살다시피 하는 한 괴짜 노인에게 붙잡혔다. 나쁜 사람은 아니지만 좀약 냄새를 풍기고 입가에 늘 치약이 말라붙어 있는 할머니였다. 위니는 20분을 버티다 겨우 빠져나와 차로 달려갔다. 차에서 마음을 진정시킨 다음 이제 어떻게 할지 생각했다. 어떻게 대응할 것인가? 위니는 엄마에게 전화해 괴짜 할머니 이야기를 했다. 두렵기보다 아주 웃긴 상황이었다고. 그리고 다음날 출근해서 할 재미있는 이야깃거리를 얻었다고 생각했다.

자, 꼭 엄마에게 미주알고주알 털어놓을 필요는 없다. 자신에게 맞는 건강한 방법이면 된다. 그리고 위니는 실패한 연습이 멋진 대화 소재가 될 수도 있다는 사실도 깨달았다. 사람들은 부끄러운 이야기를 좋아한다. 부끄러운 이야기는 우리를 인간답게 만들고 유머 감각에도 도움이 되며 또 답례로 상대의 부끄러운 이야기를 들을 수도 있다. 거기서 끝이 아니다. 부끄러운 이야기를 공유하며 친밀함이 샘솟기도 한다. 그 점에 대해서는 뒤에서 더 깊이 다룰 것이다.

그러니 자기만의 도전 목록을 만들어라. 그리고 대체와 포용의 질문들을 하나씩 던져보자. 자신을 위한 구조를 만들고 선택한 역할을 수행하면서, 꼭대기를 넘어설 때까지 용기를 내보자. 한 번에 하나씩 목록을 해치우되 구명조끼는 집에 벗어두고 와라. 꼭대기에 오르면 그 이후부터 내리막길이 나온다. 산을 내려와 삶으로 들어가자. 이 모든 것은 연습하면 할수록 더 쉬워진다.

마지막으로, 자신감에 대한 근거 없는 신화를 기억하자. 전혀 없던 자신감이 갑자기 생겨 세상을 정복할 수는 없다. 하나씩 도전해 가면서 자신 있게 행동하는 법을, 용기 내는 법을, 불안을 극복하는 법을 배워야 한다. 진정한 삶을 사는 법을 배워야 한다. 그리고 진정한 삶에는 거절도, 어색함도, 부끄러움도 당연히 포함된다. 물론 자신의 성취에 대한 깊은 만족감도 마찬가지다. 원했던 결과를 얻지 못했다 하더라도 말이다. 연습을 지속하면 진정한 삶 속에 존재하는 수많은 '그 순간'들, 커다란 기쁨의 순간들을 발견할 수 있을 것이다. 나쁜 일이 생겨도 계속 용기를 내 멈추지 않고 전진할 수 있다는 사실을 배울 것이며, 이는 우리에게 당연하고도 가능한 일이다.

하지만 내 말만 듣지 말고 지아의 말도 꼭 기억하라. 그는 이렇게 말했다. "'네'라는 대답을 듣는 게 얼마나 쉬운지 정말 놀랐어요. 거부당할까 봐 두려워하느라 얼마나 많은 기회를 놓쳤는지 알겠더라고요. 사람들이 거부하는 게 아니라 스스로 저를 거부하고 있었던 거예요." 지아가 잠시 뜸을 들였다. 나는 많은 환자를 만나면서, 그리고 내 경험을 통해서도 그 뜸이 무엇인지 알게 되었다. 바로 '그 순간'이다. 그리고 지아는 경이롭다는 듯 이렇게 말했다. "세상은 생각보다 훨씬 더 멋진 곳이었어요."

HOW TO BE YOURSELF

4

{ **잘못된 믿음
깨부수기** }

자기 몰입에서 벗어나라

내가 아닌 다른 곳에 초점 두기

만화 〈찰리 브라운〉의 선생님은 늘 이렇게 말한다. "와와, 와, 와와와
와, 와와." 디에고는 지금 눈앞의 레지던트 말이 그렇게 들렸다. 레
지던트는 놀란 표정의 환자 앞에서 디에고에게 고환 검사법을 알려
주고 있었다. 하지만 디에고는 침착하게 의사처럼 보이려고 애쓰느
라 그녀의 말을 거의 알아듣지 못했다. 갑자기 그녀가 '와와' 소리를
멈추더니 기대에 찬 눈빛으로 그를 바라보았다. 깜짝 놀란 디에고는
이제 자신이 무언가를 해야 한다는 사실을 깨달았다. 이러한 상황에
서라면, 아마 그것은 고환검사일 것이다.

　디에고는 의과대학 3학년이 된 이후로 마치 총부리 앞에 서 있는 느낌이었다. 1, 2학년 때는 잘하고 싶다는 마음으로 도서관 열람실에 숨어 있거나 해부학 실험실에서 오랜 시간을 보냈다. 하지만 새학기가 시작되고 교실에서 병원으로 강의실이 바뀌면서 디에고는 엄청난 문화 충격을 받았다. 병원은 책임감이 어마어마한, 그야말로 새로운 세상이었다. 병원은 해부학 실험실의 죽은 환자들, 교과서 사례 연구에 실린 상상 속의 환자들이 아니라 진짜 살아 있는 환자들을 돌봐야 하는 곳이었다.

하지만 가장 큰 변화는 철저한 감독이었다. 레지던트와 주치의들은 의대생이 숨 쉬는 것 빼고는 아무것도 못한다고 생각했기 때문에 늘 곁에서 지켜보았다. 디에고는 활력 징후를 측정하고 증상을 듣고 각종 검사를 시행하면서 늘 연기를 하는 느낌이었다. 내면의 비판자는 이렇게 속삭였다. '네가 실력이 없다는 걸 모두 다 알 거야. 넌 여기 안 어울려. 멍청해 보인다고.'

최악의 상황은 실제로 환자의 몸을 만져야 하는 검사라고 디에고는 말했다. "그중에서도 가장 끔찍한 건 자궁경부암 검사, 유방 검사, 고환 검사 같은 것들이에요." 지도교수가 보고 있다는 사실과 환자의 몸에 실제로 손을 대야 한다는 생각 사이에서 디에고는 늘 '불안'했다. 그래서 디에고는 그 불안한 모습을 감추기 위해 열심히 노력했다. 말할 때는 '의사다운 목소리'나 그럴듯한 어휘를 사용하고 있는지 늘 확인했고, 다른 사람이 말하고 있을 때는 다음에 무슨 말을 해야 할지 생각했으며, 부적절하고 바보 같은 말을 하지 않으려고 머리를 굴리며 연습했다.

하지만 그 겉모습을 관리하는 일, 즉 자신의 불안에 집중하고 말을 잘했는지 확인하는 모든 과정이 그의 레지던트 생활에 큰 방해가 되었다. 디에고는 환자들이나 레지던트, 주치의들이 하는 말을 자주 놓쳤다. 다시 한번 말씀해달라고 부탁해야 하는 경우가 많았다. 환자의 증상을 듣다가 집중력이 흐트러져 신체검사 중에 순환계 검사를 빼먹기도 했다. 임상 수업 중에는 주치의가 직접 질문하지 않으면 아무 대답도 하지 않았다. 질문을 받으면 머릿속이 텅 비어버렸고 조금 전까지 연습하던 말도 까맣게 잊어버렸다.

그렇게 몇 달을 보낸 후 받은 디에고의 중간 평가는 좋게 말하면, 개선의 여지가 몹시 많았다. 레지던트들은 그가 산만하며 일에 집중하지 못한다고 평가했고, 주치의들은 그가 항상 딴생각을 하는 것 같다고 했다. 디에고는 낙담했고 더 불안해졌다. 그저 잘하고 싶다는 생각, 훌륭한 의사가 되고 싶다는 생각밖에 없었는데 말이다. 무언가 반드시 바뀌어야 했다.

지금쯤이면 독자들도 알겠지만, 사회불안은 근본적으로 '왜곡'이다. '나는 부족하며, 그 사실을 모든 사람이 곧 알게 될 것'이라는 잘못된 믿음이다. 하지만 사회불안의 거짓말은 그게 끝이 아니다. 4부에서 우리는 사회불안에 관한 잘못된 생각을 집중적으로 파헤쳐볼 것이다.

디에고는 사회불안이 가진 단점의 전형적인 예를 보여준다. 그가 해당하는 첫 번째 강박은 바로 '언제나 나 자신과 불안을 주시해야 한다'는 생각이다. 디에고는 무슨 말을 할지 미리 연습했고, 목소리가 갈라지지 않게 신경을 썼으며, 똑똑해 보이면서 동시에 누구도 불쾌하게 하지 않도록 비판을 피할 수 있는 단어를 세심히 골랐다. 하지만 그 모든 관리는 무척 지치는 일이었고, 의사로서의 역량을 발휘하기 어렵게 만들었으며, 결국 그가 사회불안의 수렁에서 빠져 나오지 못하게 방해했다.

화석 연료나 정치 자본처럼 주의력도 한정된 자원이다. 우리가 사용할 수 있는 양에는 한계가 있다. 디에고의 경우, 그의 모든 주의력은 자기 자신과 자신의 불안 관리에 집중되어 있었다. 이런 현상을 '자기초점적 주의sefl-focused attention'라고 한다. 자기초점적 주의는 자신의 신체(이상해 보이지 않을까?), 감정(떨려 죽겠어.), 능력(왜 그런 말을 했지? 바보처럼 들렸을 거야.), 자기관리(그녀한테 웃는 얼굴을 보여줘야 해. 아니야, 그러면 무서워 보일지도 몰라. 하지만 웃지 않으면 더 무서울 것 같은데? 어쩌면 자기를 차 트렁크에 가둬버릴 사람으로 보일지도 몰라.)에 모든 에너지를 집중한다. 그래서 실제로 외부에서 벌어지고 있는 일에 대한 정보를 얻지 못한다. 그렇다면 그 부족한 정보는 어떻게 메꿀까? 안타깝게도 자신의 불안에 의지한다. 이는 중고차 판매상에게 어떤 차를 사야 할지 묻는 것만큼 황당한 일이다. 더 심각한 경우는 내면의 비판자에게 의지하는 것이다. 간단히 말하자면, 외부의 상황을 파악하기 위해 내면을 들여다보는 것이다.

고등학교 댄스 공연에서든, 연간 업무 평가에서든 우리는 다른 사람에게 어떻게 보일지 자신의 불편함을 토대로 판단한다. 이를 '기분감각^{felt sense}'이라고 한다. 스스로를 바보처럼 느끼기 때문에 말을 하면 틀림없이 멍청한 말을 지껄일 거라고 생각한다. 스스로를 패배자라고 느끼기 때문에 돌아서면 모든 사람이 등 뒤에서 수군거릴 거라고 확신한다. 마찬가지로, 그렇게 '느끼기' 때문에 자신의 불안으로부터 안도의 말을 듣고 싶어 한다. 가장 믿기 힘든 정보원인 내면의 비판자에게 말이다. 그러니 당연히 효과가 없을 수밖에 없다.

여기서 끝이 아니다. 이 자기 몰입은 불안한 순간뿐만 아니라 그 이후에도 오랫동안 반향을 불러일으킨다. 온타리오^{Ontario}의 윌프리드 로리에^{Wilfrid Laurier} 대학교 연구팀은 사회불안 경향이 있는 대학생들에게 5분 동안 실험 진행자들과 서로를 알아가는 대화를 나누게 했다. 이전에 참가자 절반에게는 대화를 하면서 자신의 감정과 생각, 행동, 신체의 감각에 집중해보라고 지시해 자기초점적 주의를 유도했다. 나머지 절반에게는 상대방의 말과 표정에 집중하라고 했다. 대화를 나눈 후 참가자들은 각자 24시간을 보냈다. 그리고 다음 날 자신에게 집중했던 그룹은 상대방에게 집중했던 그룹보다 자신에게 혹독한 비판을 더 자주 퍼부었다고 이야기했다. 첫 번째 강박, 즉 언제나 자신의 불안을 관찰하고 감시해야 한다는 잘못된 믿음이 24시간 동안 지속되는 부정적인 파급 효과의 시동을 건 것이다.

디에고 역시 그 믿음 때문에 사회불안의 폐쇄회로에 갇혀 있었다. 그는 모든 일이 잘 풀리기를 간절히 원했지만 그 기대 때문에 불안해졌고 자신의 모든 행동을 주시하게 되었다. 결국 일에 집중할 주의력을 전부 소진해 일을 제대로 못할 수밖에 없었다. 능력을 발휘하지 못할 거라는 내면의 비판자의 예측이 그대로 실현된 것이다.

주의를 외부로 돌려라

자신의 불안을 관찰하고 감시하는 행동이 역량 발휘를 방해한다면, 이를 해결하기 위해 어떻게 해야 할까? 어떻게 해야 쳇바퀴 같은 머릿속에서 빠져나올 수 있을까? 지금 소개할 도구가 바로 그 답이다. 바로 주의력을 안에서 밖으로 돌리는 것이다.

〈머리 어깨 무릎 발〉이라는 동요를 기억하는가? 가만히 그 노래를 불러보자. 율동까지 할 필요는 없다. 머리를 의식한다. 그리고 어깨에 의식을 집중한다. 잠시 머무르다가 무릎으로 내려가고 발까지 내려간다. 신체의 한 부위에서 다른 부위로 의식이 이동하는 것을 느껴보자. 옆 사람은 보지 못하지만 당신의 주의력은 안에서 활발히 움직이고 있다. 안으로 쏠려 있던 주의력을 밖으로 돌리는 것도 같은 맥락이다. 어디에 집중할지는 본인이 스스로 선택한다. 내면을 들여다보던 주의력을 주변에서 벌어지는 일로 옮길 수 있다. 대화하는 상대의 어휘에 집중할 수도 있다. 그렇게 하면 디에고의 레지던트도 더 이상 〈찰리 브라운〉의 선생님 같은 소리를 내지 않을 것이다. 상대의 얼굴에 집중할 수도, 지금 벌어지는 일에 집중할 수도 있다. 가장 중요하게는, 지금 해내야 하는 일에 집중할 수 있다. 이를 '과업초점적 주의task-focused attention'라고 한다.

이 부분에 대해서는 암스테르담대학교 수전 뵈겔^{Susan Bögel} 박사의 도움을 받아보자. 그가 자기 내면에서 주변 사람들로 주의력을 옮기는 멋진 방법을 알려주었다. 뵈겔 박사는 실제 근육을 만들 듯 과업에 초점을 맞추는 근육도 한 번에 한 가지씩 키워나가야 한다고 격려한다. 초점을 맞춘다고 프로레슬링 선수들처럼 상대를 노려볼 필요는 없다. 주의력의 대부분을 지금 해야 할 일에 집중하라는 뜻이다. 51퍼센트만 되어도 괜찮다.

뵈겔 박사는 먼저 조용하고 힘들지 않은 일들에 집중하면서 주의력을 외부로 이동시키는 연습을 추천한다. 가령 숲속을 걷거나 식기세척기의 그릇을 꺼내는 일, 고양이를 쓰다듬는 일처럼 말이다. 쉽다고 생각할 수 있지만 '마음챙김'에서 언급했던 것처럼 우리의 주의력은 시키는 대로 되지 않을 때가 많다. 무엇을 하라고 해도 그 일에 신경 쓰기보다는 방황하길 좋아한다. 큰 문제는 아니며 뇌의 특성 자체가 원래 그런 것이므로 부드럽게 다시 이끌면 된다.

조용한 일에 무리 없이 집중할 수 있게 되면 그때 판돈을 올린다. 텔레비전이나 라디오 프로그램, 팟캐스트에 몇 분 정도 집중해보고, 들은 내용을 요약하는 연습을 해보자. 다음으로 진짜 살아 있는 사람들과의 대화에 집중해본다. 지금 우리가 해야 할 일은 내면의 비판자의 끊임없는 비판을 듣는 것이 아니라 눈앞의 상대가 하는 말을 잘 듣고 말하는 데 집중하는 것이다. 말할 때는 전달하는 방법이 아니라 내용에 집중한다. 몇 번 연습하고 나면 대화 도중에 불안이라는 폐쇄회로에 갇혀도 금방 깨닫고 다시 상대방과의 대화에 집중할 수 있다.

여기서 한 가지 주의할 점이 있다. 그냥 아무 대상에나 집중하지 말고 눈앞에서 벌어지는 일에 집중하도록 노력해야 한다. 지금 해야 하는 일이 아닌 다른 일에 집중하면("호흡에 집중하면 기분이 나아질지도 몰라." "트위터 확인하는 거 잊지 마.") 주의가 산만해진다. 이는 우리가 원하는 바가 아니다. 지금 해야 할 일에 집중한다.

주의력을 외부로 돌리는 것의 힘을 제대로 이해하고 싶다면, 데이비드 클라크 박사가 제안한 실험을 해보면 된다. 그는 가게 점원이나 직장 동료 등 누구하고든 두 번의 대화를 시도해보라고 제안한다. 첫 번째는 자신의 행동과 신체, 불안에 집중한다. 무슨 말을 하는지 관찰하고 좋은 인상을 남길 수 있도록 관리한다. 자신, 오로지 자신에게만 집중한다. 그리고 두 번째 대화에서는 주의력을 외부로 돌려본다. 상대방의 얼굴을 보고 상대방이 하는 말을 주의 깊게 듣는다. 상대방, 오로지 상대방에게 집중한다.

어떤 대화가 더 생산적이었는가? 어떤 대화가 더 유쾌했는가? 어느 때 최고의 반응을 끌어냈는가? 신나는 〈머리 어깨 무릎 발〉 노래처럼 두 번째였을 거라고 장담한다. 클라크 박사도 이렇게 말했다. "이 실험을 통해 사회불안을 관리하기 위해 하는 행동이 전혀 도움이 되지 않는다는 사실을 알 수 있을 것이다. 사실 그 행동 자체가 문제의 일부다. 용기를 내서 행동을 바꾸는 도전을 해보면, 새로운 것을 배울 수 있다."

디에고는 그대로 했다. 그는 자신의 말을 고르고 관찰하는 데 집중하지 않는 연습을 했다. 그리고 그 남는 에너지로 자신의 업무에 집중했다. 생체 징후를 측정하고 환자의 질문을 들으며 당연히 자궁경부암 검사도, 고환 검사도 했다. 연습을 해나가면서 디에고는 뚜렷한 변화를 느꼈다. 지금까지 자신의 주의력 대부분이 안으로 향해 있었다는 사실과, 그런 행동이 도움이 될 거라고 생각했지만 일에 있어서는 전혀 그렇지 않았다는 사실을 깨달았다. 이제 그는 자신밖에 보지 못하는 소용돌이에 빨려 들어가지 않는다. 주의력을 바깥으로 돌림으로써 멍청해 보이기는커녕 사려 깊고 책임감 있는 의사가 될 만한 여유를 갖게 되었다.

자꾸 위협에 시선이 간다면

사회불안을 느낄 때 우리는 종종 외부로 주의를 돌리지만, 무언가 잘못되었을 가능성에 집중하는 경향이 있다. 대화 도중 상대가 시선을 피하면 그가 간절히 빠져나갈 방법을 찾고 있다고 생각한다. 직장동료가 자리를 옮겨 앉으면, 그녀가 나를 이상한 사람으로 여긴다고 단정한다. 우리는 판단을 두려워하지만 이상하게도 그럴수록 꽈배기처럼 몸을 꼬며 그런 신호를 찾아내려고 애쓴다. 이를 '위협주목attention to threat'이라고 한다.

　일단 위협을 느끼고 나면 어디서든 위협을 감지하기 시작한다. 당연하다. 토끼는 늘 여우가 어디 있는지 살핀다. 하지만 그 행동엔 치러야 할 대가가 크다. 비슷한 예를 들어보자. 주변을 둘러보며 파란색을 찾아보라. 파란 하늘, 청바지, 창밖의 파란 새, 혹은 책장의 파란 책. 다 찾았는가? 좋다. 이제 빨간색이 무엇이었는지 떠올려보라. 그렇다. 주의력이 한곳으로 쏠려 있으면 다른 것을 놓치게 된다. 분명 주변에 빨간색 물건도 많았을 테지만 빨간색에 주의를 기울이지 않았기 때문에 보지 못했다. 위협도 마찬가지다. 등을 돌리는 행동이나 찡그린 표정만 선택적으로 확대해서 바라보면 고개를 끄덕이는 행동이나 웃는 얼굴은 놓치기 마련이다.

특히 타인의 얼굴에서 우리는 위협 신호를 감지한다. 화난 표정이나 싫증 난 표정의 사진은 참가자들의 위협 감지기를 활발하게 작동시키기 위해 수많은 사회불안 실험에서 사용되었다. 불안해하는 뇌는 웃는 얼굴도 위협 신호로 해석한다. 화난 얼굴은 당연히 피하고 싶겠지만 웃는 얼굴을 피하는 건 누구에게도 유용하지 않을 것이다. 그래서 네덜란드 네이메헌의 라드바우드대학교 마이크 링크Mike Rinck 박사가 이끄는 연구팀은 사회불안 경향이 있는 사람이 웃는 얼굴에 편안함을 느끼도록 훈련시킬 기가 막힌 방법을 고안했다. 링크 박사와 동료들은 실험 참가자들에게 조이스틱을 쥐여주고 컴퓨터 화면으로 다양한 표정을 보여주었다. 조이스틱을 잡아당기면 얼굴이 알아볼 수 없을 때까지 확대되다가 사라졌고, 조이스틱을 밀면 얼굴이 작아지다가 사라졌다. 얼굴을 확대하는 것은 접근을 나타내고, 밀어내는 것은 위협 회피를 나타낸다. 참가자들 절반은 가까이 다가와도 괜찮은 웃는 얼굴을 잡아당기라는 지시를 받았고, 나머지 절반은 사진이 줄어들다가 사라져 화면이 까맣게 될 때까지 밀어내라는 지시를 받았다. 연구팀은 웃는 얼굴을 당긴 그룹의 뇌가 웃는 얼굴을 그냥 웃는 얼굴로, 즉 접근해도 괜찮은 안전하고 다정한 얼굴로 받아들이도록 재구성되길 원했다.

그리고 그 훈련이 실생활에도 적용되는지 확인하기 위해 참가자들에게 카메라 앞에서 1분 동안 발언을 하게 했고 촬영한 비디오로 매력 정도, 다정함, 능력 등을 평가할 거라고 했다. 비디오 촬영 후 평가를 눈앞에 두고도 웃는 얼굴을 당겼던 그룹은 웃는 얼굴을 밀어냈던 그룹에 비해 덜 불안해했다(더 행복했음은 물론이다). 한마디로 효과가 있었다.

물론 우리는 보고 싶지 않은 장면을 밀어내고, 보고 싶은 장면을 끌어당기는 조이스틱을 들고 다니며 세상을 떠돌지는 않는다. 그렇다면 그 실험의 결과를 어떻게 실생활에 적용할 수 있을까?

스스로와 게임을 해보는 방법이 한 가지 있다. 밖으로 나가서 얼마나 많은 사람이 안경을 쓰고 있는지 센다. 그리고 이어폰을 끼고 있는 사람은 몇 명인지도 세어보자. 얼굴에 털이 있는 사람 수를 세어도 좋다. 숫자 세기는 의식적이지만, 이는 무의식적으로 사람들의 얼굴에 집중하는 법을 알려준다. 결국 안경 쓴 사람, 이어폰을 낀 사람, 수염을 기른 사람의 수는 중요하지 않다. 사람들의 얼굴을 바라보았다는 그 사실이 중요하다. 처음에는 굉장히 어색한데, 사실 사람들을 똑바로 바라보는 건 그들이 나를 보지 않는다 해도 이상해 보일 수 있다. 그래도 계속하라. 복잡한 전철에서, 사람 많은 쇼핑몰에서, 학교 끝나고 아이와 함께 갔던 놀이터에서 나도 해보았다. 의식적으로 사람들의 얼굴을 볼 때 나는 현실에 더 발 딛고 있는 느낌이었고 더 편안했다. 외부에 집중하면 무슨 일이 벌어지고 있는지 정확한 정보를 얻을 수 있다. 나는 지겨운 표정의 통근자들, 피곤한 표정으로 쇼핑하는 사람들, 에너지 넘치는 아이들에 둘러싸여 있다. 내 환자였던 안소니는 지하철 승강장에서 1시간 동안 나와 함께 사람들의 얼굴을 바라본 후 이렇게 외쳤다. "잠깐만요. 다들 그냥 사람들이잖아요!"

디에고는 이제 병원에서 환자, 레지던트, 주치의들의 얼굴을 지긋이 바라본다. 멸시의 징후를 찾기 위해서가 아니라 그들이 하는 말에 집중하기 위해서다. 내면의 불안과 겉모습 관리 전략에 집중하지 않고 그들과 지금 해야 할 일에 집중한다. 잘못된 '자기 관리'를 깨부순 결과 그는 더 훌륭한 의사가 되었다. 덜 불안한 사람이 된 것은 당연하다.

그뿐만이 아니다. 병원에서 첫해를 마칠 즈음, 디에고는 주의력을 안에서 밖으로 돌린 것처럼 자신에 대한 평가도 뒤집었다. 레지던트들은 그가 주의력과 집중력이 좋다고 평가했다. 주치의들은 일에 대한 관심도 높고 일 처리도 잘한다고 기록했다. 그는 증상을 듣고 신체검사를 하고, 당연히 고환 검사 전문가도 되었지만, 그것들이 좋은 의사의 핵심은 아니라는 사실을 잘 알고 있다. 좋은 의사가 되는 방법의 핵심은 바로 불안이 아니라 눈앞의 일에 집중하는 것이었다.

느끼는 대로 보일 거라는 착각

불안의 실체 확인하기

"저는 프레젠테이션이 정말 싫어요." 메이가 라테를 한 모금 홀짝이
며 말했다. "죽었다 깨어나도 프레젠테이션만큼은 안 하고 싶어요."
이른 봄, 메이와 나의 첫 진료 시간이었다. 메이는 8월에 500명의
사람들 앞에서 프레젠테이션을 해야 한다고 했다. 인터넷 생중계까
지 더하면 2천 명 이상이 지켜볼 거라고 했다. 아직 다섯 달이나 남
았지만 메이는 벌써 겁에 질려 있었다. "몇 달 동안 이런 기분으로
지낼 수는 없어요. 이러다 정말 죽을지도 몰라요." 죽음이라니, 별로
좋지 않은 선택이다. 그래서 우리는 사회불안의 두 번째 오해를 정
복해보기로 했다. 바로 '내 감정이 고스란히 드러날 것'이라는 강박

이다.

메이는 누구나 아는 신발 회사의 임원이었다. 시원하게 자른 짧은 머리에 유행하는 안경을 쓴 메이는 대부분의 50대 초반 가정주부들보다 훨씬 멋져 보였다. 그녀는 다정했고 품위 있었다. 늘 벤티 사이즈의 스타벅스 컵을 들고 씩씩하게 걷는 모습은 일에 대한 그녀의 열정을 보여주었다. 그녀는 자기 일을 사랑했고 늘 한마음인 팀원들도 좋아했지만, 그들 앞에서 말해야 할 때마다 동료 야세르에게 대신해달라고 부탁하거나 자료를 메일로 보내고 전화 회의로 대체해 아무도 자신을 보지 못하게 했다. 다른 선택권이 없을 때는 병가를 내버리기도 했다.

왜 메이처럼 똑똑하고 능력 있는 여성이 파워포인트 슬라이드 앞에서는 흐물흐물한 젤리가 되어버릴까? 메이가 답했다 "횡설수설하는 바보가 되어버리는 것 같아요. 제정신이 아닐까 봐, 그래서 사람들이 저를 불안장애 환자라고 생각할까 봐 걱정돼요."

물론 메이만 그런 건 아니다. 우리는 불안할 때 자신의 감정이 다 드러난다고 생각한다. 멍청해 보이지 않을까, 무능력해 보이지 않을까, 개성 없어 보이진 않을까? 무엇을 걱정하든 그 걱정이 얼굴에 고스란히 드러날 거라고 생각한다. 메이는 '내 두려움이 고스란히 드러날 것'이라고 걱정하고 있었다.

두 번째 강박 역시 우리 안에 엄청나게 널리 퍼져 있다. 도대체 왜? 왜 우리는 감정이 그대로 드러날 거라고 생각할까? 용의자는 바로 우리 몸이다. 이해를 돕기 위해 여기서 불안의 생리학에 대해 간단히 살펴보고 넘어가보자.

모든 감정은 신체적인 반응을 일으킨다. 슬픔은 무겁고 느리며, 분노는 아드레날린을 폭발시키고 이빨을 드러내게 만든다. 혐오를 느끼면 역겨움으로 몸서리가 쳐진다. 그렇다면 불안은? 수천 년의 진화 과정을 통해 다듬어진 결과, 신체의 모든 부위가 폐에 산소를 공급하고 근육에 혈액을 보내기 위해 힘을 합친다. 설전을 벌일 준비를 하거나 급히 몸을 돌려 달아날 준비를 시키는 것이다. 그 결과가 바로 불안으로 인한 생리 현상이다. 혈관이 확장되어 얼굴이 빨개지고, 체온이 높아져 땀이 나며, 근육이 산소와 수분을 필요로 하기 때문에 숨이 가빠지고 입이 마른다. 혈액이 갑자기 근육으로 몰려 손발은 차가워진다. 손과 입술이 떨리는가? 온몸을 도는 아드레날린이 전속력으로 달리는 엔진처럼 우리를 떨게 만든다. 근육은 용수철처럼 꼬여 피곤해진다. 마지막으로 소화기관은 무게를 줄이기 위해 몸 안의 불필요한 내용물을 내보내려 한다. 더 가벼워져 빨리 달아나거나 민첩하게 싸울 수 있도록 말이다.

전부 썩 유쾌한 증상은 아니다. 장기적인 불안은 어깨와 등, 배의 근육을 뭉쳐 우리를 피로하게 만든다. 게다가 아드레날린이 폭발하면 생각하는 것도 쉽지 않다. 집중하기도 어렵고, 다음에 할 말을 생각하기도, 지금 무슨 말을 하고 있는지 기억하기도 어렵다. 구직 면접이나 데이트, 메이처럼 꽉 찬 강당에서 프레젠테이션을 해야 할 때 우리가 바라는 모습은 결코 아니다.

하지만 우리를 곤경에 빠뜨리는 것은 신체적 징후뿐만이 아니다.

신체적 증상에 우리가 보이는 관심의 정도 역시 문제가 된다. 다른 사람보다 지나치게 감각이 무딘 사람을 누구나 한 명쯤은 알고 있을 것이다. 배가 고픈지 안 고픈지 잘 모르거나 어쩌다 멍이 들었는지 잘 모르는 그런 사람 말이다. 반대로 내적 작용에 대한 감각이 뛰어난 사람도 한 명쯤은 알 것이다. 이 책을 읽고 있는 당신일 수도 있다. 자기 신체에 대한 그와 같은 인식(혹은 그에 대한 인식 부족)을 '내부감각수용인식interoceptive awareness'*이라고 한다. 내부감각수용인식은 불안해하는 경향이 큰 사람에게 더 민감하게 나타난다. 실제로 신체의 감각에 민감한 사람들은 얼굴이 붉어지고, 땀이 나고, 손이 떨리고, 말을 더듬기 시작하는 자기 모습을 확인하고 그때부터 그 '불안 증상'에 대해 불안해하기 시작한다. 우리 몸이 '느끼는 대로 보일 것'이라는 오해를 만들어내면, 우리 뇌는 그 불꽃에 부채질을 한다.

이 현상은 '투명성 착각illusion of transparency' 때문에 발생한다. 우리는 내면의 상태가 겉으로 고스란히 드러날 거라고 생각한다. 평소 불안하지 않을 때 우리는 보통 타인과 경험을 공유한다고 생각한다. 많은 사람이 같은 것을 보고 같은 것을 듣는다고 여기는 것이다. 하지만 불안이 고조된 상황에서 자기 몸과 머릿속에서 일어나는 일들

---

* 자신의 '내부감각수용인식' 정도를 판별하기 위한 쉬운 방법은 자신의 심장 박동을 느껴보는 것이다. 지금 해보자. 등에 아무것도 닿지 않도록 똑바로 앉는다. 두 손을 다리에 올리고 평소처럼 호흡한다. 심장 박동이 느껴지는가? 안 느껴진다고 절망하지는 말라. 느껴지든 안 느껴지든 전부 정상이다. 하지만 연구에 따르면 사회불안이 있는 사람들이 자신의 심박수 변화를 더 잘 알아차렸다. 자신의 신체를 파악하는 훈련이 잘 되어 있다는 뜻이다.

을 타인이 알 수는 없다. 그 사실을 우리는 종종 잊는다. 심장이 뛰고, 공황 상태에 빠지고, 불안한 생각이 터져 나올 때 모든 사람이 마치 해파리처럼 우리 안을 들여다볼 수 있다고 생각한다. 하지만 옆에서 일깨워주면 자신이 해파리가 아니라는 사실을 깨닫게 된다. 한 연구에 따르면, '투명성 착각'이라는 개념이 있다고 알려만 줘도 참가자들은 척추를 똑바로 세우고 더 나은 발언을 했다. 그리고 그 환기는 그저 참가자들의 기분만 좋게 만든 것이 아니라 실제 발언 능력도 높여주었다.

생각 속 나와 진짜 나

자, 그렇다면 깜짝 퀴즈를 풀어보자. 집에 있는 냉장고는 손잡이가 오른쪽에 있는가, 왼쪽에 있는가? 어렸을 때 살던 집의 색깔은? 아인슈타인은 콧수염이 있었을까? 답을 찾았는가? 참 잘했어요! 이 질문들에 답하기 위해 아마 머릿속에 그림을 그려보았을 것이다. 집의 냉장고를, 자랐던 집을, 콧수염이 난 아인슈타인의 얼굴을 머릿속에 '떠올렸을' 것이다. 이러한 이미지들을 만들고 마음속에 간직한 것이다. 우리 뇌도 불안해지면 같은 행동을 한다. '느끼는 대로 보일 것이다.'라는 잘못된 생각이 쉽게 깨지지 않는 이유다.

사회불안에 갇혀 있을 때 우리는 그 마음속 눈으로 자신을 본다. 그리고 그 모습은 침실 거울로 보는 자기 모습과는 다르다. 우리는 사회불안이라는 유령의 집 거울로 자신을 보며, 다른 사람들도 그 일그러진 모습을 볼 거라고 착각한다. 예를 들어보자. 나는 고등학교 때 소규모 학예회를 며칠 앞두고 사회를 봐달라는 부탁을 받았다. 좋은 사람이 되고 싶어 승낙했지만, 준비할 시간이 턱없이 부족했다. 결국 무대에서 얼어붙어 말을 더듬었고 체셔 고양이처럼 억지로 웃으며, 지루해하고 실망한 관객들을 달래려고 노력해야 했다. 적어도 나는 그렇게 느꼈다. 물론 잘 생각해보면 분명 그 정도는 아니었을 것이다. 하지만 20년이 지난 지금 그 기억을 떠올릴 때 관객석에서 바라본 무대 위의 내 모습이 떠오른다. 실제로는 본 적이 없는 광경이지만, 마치 실제로 일어났던 일인 것처럼 당황하고 겁에 질린 내 모습이 떠오르는 것이다. 그러나 이는 전부 내 머릿속 상상일 뿐이다.

그렇다면 내 기억은 어떤 정보를 토대로 한 것일까? 앞서 말한 '기분감각'을 기억하는가? 내 기억의 토대는 무대 위에서의 내 '기분'이었다. 나는 두렵고 어색하다고 '느꼈기' 때문에 내가 두렵고 어색해 '보일' 거라고 가정했다. 그때로 되돌아갈 수는 없으니 진실을 밝힐 수는 없겠지만, 나는 내 마음속 눈으로 상상한 모습을 보고 있었다. 그 생각이 실제로 보지도 않은 장면을 지금까지도 내 기억 속에 자리 잡게 만든 것이다.

마음속 눈으로, 실제로 본 적도 없는 자신의 불안했던 순간을 기억하려는 경향은 흔히 볼 수 있다. 하지만 느끼는 대로 보일 거라는 생각은 우리가 무찔러야 할 핵심이기도 하다. 그렇다면 과연 어떻게 해야 할까? 주머니 속 휴대폰만 있으면 된다.

마음속 상상의 장면을 무찌르기 위한 가장 확실한 방법은 바로 진짜 그 장면 속의 자신을 찍어서 확인하는 것이다. 믿을 만한 사람에게 자신이 대화하는 모습이나 발표하는 모습, 혹은 사회불안을 일으키는 어떤 일을 하는 모습을 찍어달라고 부탁한다. "내 모습을 어떻게 봐요! 내가 남긴 음성 메시지를 듣는 것보다 더 싫다고요!"라고 외칠 수 있다. 나도 이해한다. 당연히 싫겠지만 이 행동 뒤에는 엄청난 보상이 기다리고 있다. 마침내 다른 사람이 보는 자기 모습을 직접 확인하는 것이다.

일단 비디오를 촬영했다면, 보기 전에 비디오의 내 모습이 어떨지 생각해본다. 눈을 감고 최대한 자세하고 생생하게 자기 모습을 상상해본다. 앞뒤가 안 맞는 말을 지껄이진 않을까? 아니면 휴대폰이 진동하듯 덜덜 떨진 않을까? 메이는 이렇게 말했을 것이다. "멍청해 보이겠죠. 말도 더듬고 횡설수설하고, 적절한 단어를 못 찾아 툭하면 '음' 할 거고, 〈덤 앤 더머〉에 나오는 표정을 하고 있겠죠."

그런 다음 용기를 내 '재생' 버튼을 눌러라. 처음 몇 초 동안은 본능적인 반응을 하게 될 것이다. "내가 이렇게 보인다고?" 보편적인 현상이다. 하지만 최대한 객관적으로 낯선 사람인 듯 관찰하라. 두려움이 정말로 겉으로 드러났는가? 비디오 안의 그 사람이 정말 멍청해 보이는가? 비디오 안의 그 사람이 정말 횡설수설하고 있는가? 말을 하다가 얼마나 자주 쉬는가? 최대한 중립적인 입장에서 자기 모습을 있는 그대로 보고 들어라. 불안이 약간 드러날 수도 있겠지만 생각했던 것만큼은 절대 아닐 것이다. 마음속 느낌과 겉으로 드러나는 모습은 일치하지 않는다.

그리고 다시 한번 보면서 상대방이나 관중 등 듣는 사람들을 관찰해보자. 갑작스럽게 불안이 치솟았던 순간, 즉 실수했거나 말이 끊겼거나 머리가 텅 비어버렸던 순간을 찾아보고 '다른 사람들이 알아챈 것 같은지' 살펴보라. 엄청난 실수를 목격한 반응인가? 영상 속 당신과 다른 사람들의 모습을 비교해보자. 누군가가 갑자기 들어와서 영상을 본다면, 이들 중 한 사람을 이상하다고 여길까? 아마아닐 것이다. 대화였다면 양측을 비교해보라. 상대방은 말을 더듬거나 횡설수설하지 않은가(당연히 조금은 그럴 것이다. 인간 세계에 오신 걸 환영한다)? 이것이 바로 느끼는 대로 보이지 않는다는 증거다.

나는 가끔 환자들을 촬영한 비디오를 함께 보면서 환자가 최악이라고 생각했던 순간, 즉 불안이 넘쳤던 자기 몰입의 순간을 정지 화면으로 잡아본다. 그리고 상태가 꽤 괜찮았다고 느꼈던 순간, 즉 내면이 아니라 외부에 집중하며 더 차분했던 상태의 정지 화면도 잡아본다. 그리고 두 화면을 나란히 놓고 본다. 이는 킹스 칼리지 런던과 옥스퍼드대학교 연구팀에게 얻은 방법이다. 경험자의 이야기를 들어보면, 그는 최악이라고 생각한 순간은 무척 불안했고 자신에게 집중한 상태였으며 얼굴은 이상했을 거라고 확신했다. 차분한 순간의 사진은 상대에게 집중했고 훨씬 덜 불안했으며 자기 모습이 어떨지 전혀 생각하지 않았다고 했다. 하지만 눈에 띄게 드러나는 차이는 거의 없었다. 유일한 차이가 있었다면 바로 그의 느낌이었다. 그의 얼굴은 이상해 보이지 않았을 뿐만 아니라 감정도 거의 드러나지 않았다.

물론 자기 비디오를 보고 자신이 정말 이상하다는 사실을 깨닫기도 한다. 킹스 칼리지와 옥스퍼드대학교 연구팀의 실험에 참가한 두 환자가 있었는데, 한 남성 환자는 동료들이 자기 손이 떨리는 걸 볼지도 모른다는 생각에 맥주를 한 모금 마실 때마다 등을 돌렸다. 그는 그 행동으로 불안을 감쪽같이 속일 수 있다고 생각했다. 자기 모습을 비디오로 보기 전까지는 말이다. 비디오를 보니 맥주를 마실 때마다 등을 돌리는 행동은 몹시 어색했다. 의도치 않게, 함께 있던 사람들에게 전혀 관심이 없다는 기색을 내비쳤을지도 모른다.

또 한 여성은 사람들과 이야기할 때 바보처럼 보일까 불안해서 준비한 이야기를 쉬지 않고 늘어놓으며 머릿속으로 지금 자신이 어떤 모습일지 생각했다. 그 행동 덕분에 마음은 약간 편했지만 비디오 안의 그녀는 상대방의 말에 맞게 반응하는 모습은 아니었다. 오히려 혼자 강연을 하고 있는 느낌이었다. 역시 그녀의 의도와는 정반대였다. 그녀는 준비 없이 상대방의 말을 듣고 머릿속에 떠오르는 말을 하는 모습을 찍어 관찰했다. 그 비디오에서 자신이 훨씬 다정해 보인다는 사실을 발견하고 몹시 기뻐했다. 빙고!

비디오에서 자신이 싫어하는 모습이 보일 수도 있다. 예를 들면 너무 빨리 말한다거나, 눈을 마주치지 않는다거나, 손을 가만두지 못하는 모습이 눈에 띄어도 당황하지 말라. 전부 자신을 구하기 위해, 불안을 없애기 위해 하는 안전행동일 뿐이다. 구명조끼를 벗고 물 밖으로 나오라는 말을 기억하는가? 안전행동을 인식했다면, 이제 내려놓을 수 있다.

메이는 다음에 팀원들 앞에서 프레젠테이션을 할 때 야세르에게 자신의 프레젠테이션을 녹화해달라고 부탁했다. 그가 메일을 보내주었고 메이는 사무실 문을 잠그고 공포영화 보듯 두 눈을 가린 채자기 비디오를 봤다. 처음에는 움찔했다. 자기 모습을 보는 건 쉬운일이 아니었다. '머리가 왜 이 모양이지?' '왜 이렇게 말을 더듬어?' 하지만 어떻게 봐야 하는지 금세 떠올리고 마음을 가라앉혔다. 메이는 자신이 불안해서 어쩔 줄 모를 거라고, 말 더듬는 바보처럼 보일거라고 예상했다. 안절부절못하고 부자연스럽게 움직이며 횡설수설할 거라고 생각했다. 메이는 숨을 크게 들이마시고 객관적으로 보려고 노력했다. '내가 안절부절못하나? 모든 움직임이 부자연스러운가? 말도 안 되는 말을 지껄이고 있나?' 하지만 '음, 좀 듣기 거북하군'이라는 생각만 제외하면, 놀라웠다. 비디오 안에는 일에 대한 자신의 열정을 나누고 있는 한 여성이 있을 뿐이었다. 그 프레젠테이션을 하던 동안의 느낌이 고스란히 기억났지만, 불안하고 말을 더듬고 멍청해 보일 거라는 자신의 느낌이 겉으로 전혀 드러나지 않았다는 사실에 몹시 놀랐다. 약간 긴장한 것 같았을 뿐이었다. 몇 번말을 멈췄고 한 번은 말이 꼬였지만, 엄청난 실수를 했다고 기억하는 장면은 겉으로는 그저 잠깐 스쳐 지나가는 순간에 불과했다. 그 비디오를 보니 예전에 보았던 한 자연 다큐멘터리가 생각났다. 깊은 바닷속에서 화산이 폭발해도 바다 표면에는 물방울조차 일지 않는 장면이었다.

메이의 대규모 프레젠테이션은 결국 어떻게 되었을까? 5백 명의 관중과 수천 명의 온라인 관객 앞에서 그녀는, 시작하기 전에 당연히 불안을 느꼈지만 견딜 만한 정도였다. 메이는 병가를 내지도 않았고 야세르에게 미루지도 않았다. 메이는 프레젠테이션 전에 비디오에서 보았던 자기 모습을 떠올렸다. 일에 대한 열정이 넘치는 능력 있는 여성의 모습을 떠올렸고 무대에서 바로 그 모습을 보여줬다. 프레젠테이션이 끝난 뒤 메이는 승리의 스타벅스 잔을 들고 나한테 전화해 많은 사람에게 박수와 축하를 받았다고 전했다.

여기서 반드시 기억해야 할 것은 보일 것 같다고 '생각'하는 모습과 '실제' 모습 사이에는 엄청난 차이가 존재한다는 점이다. 마음속 상상과 유령의 집 거울은 왜곡되어 있다. 그러니 내가 어떻게 보일지 불안한 마음에 묻지 말고 두 눈으로 직접 확인하라.

내 몸이 마음을 배신할 때

제이크는 전속력으로 달리고 있었다. 숨을 몰아쉬며 러닝머신 위에서 힘차게 뛰었다. 건강해지기 위해, 체중을 줄이기 위해, 혹은 경기에 참여하기 위해 뛰는 건 아니었다. 제이크는 점심시간 동안 얼굴을 최대한 붉게 만들어 전자 제품 판매처에서 일하는 동료 직원들의 반응을 확인해보기 위해 뛰고 있었다. 도대체 무슨 말이냐고?

조금만 기다리면 금방 이해할 수 있다. 자, 불안의 증상이 겉으로 드러나는 때도 분명히 있다. 정말로 얼굴이 붉어지고 땀이 나고 손이 떨리기도 한다. 우리는 모든 사람이 우리를 쳐다볼 뿐만 아니라 호되게 비판할 거라고 생각한다. 우리가 해결해야 할 다음 강박이 바로 그것이다. '사람들이 나를 판단할 것이다.'라는 생각이다.

제이크는 운동을 하거나, 맥주를 한 잔 이상 마시거나, 부끄러운 상황에 부닥치거나 불안해지면 얼굴이 빨갛게 달아오르는 사람이었다. 거울이나 사진으로도 확인할 수 있었고 가끔 사람들도 한마디씩 했다. 여름에는 날이 더워서 그렇다고 둘러댈 수 있었지만 추운 날씨에도 그런 변명을 할 수는 없었다. "가끔 얼굴이 빨개지면 그 사실이 부끄러워서 더 빨개져요. 게다가 사람들이 다 알아챌 거라는 생각에 더 달아오르죠." 제이크가 말했다. "완전 악몽이에요."

제이크는 열이 올라오기 시작하는 걸 느끼면 생각에 빠져들었다. '얼굴이 빨개지면 뭔가 숨기고 있는 사람 같을 거야. 사람들이 이상하다고 생각하겠지. 병이 있는 사람이거나 변태라고 생각할 거야.' 그는 사람들이 빨개진 자기 얼굴을 보고 '제이크는 정말 문제가 있어.'라고 생각할 거라 확신했다.

하지만 정말 그랬던 적이 있을까? 제이크는 이렇게 말했다. "있었죠. 정말 끔찍했어요. 한 번은 여학생 두 명이 왔는데 그중 하나가 '아저씨 왜 그래요?' 이러는 겁니다. 그때 얼굴이 완전히 뜨거워졌어요." 그 후로 몇 주 동안 제이크는 대부분의 고객, 특히 소녀들이 거의 찾지 않는 대형 가전 코너에 숨어 있었다.

악순환은 이렇게 시작된다. 먼저, 신체가 반응한다(신체가 있는 누구라도 해당되므로 아주 쉬운 단계다). 그다음 단계가 중요한데, 신체의 반응을 부끄러운 것으로 규정하는 것이다. '사람들이 내 떨리는 손을 보고 나한테 문제가 있다고 생각하겠지?' '공공장소에서 어지럽다고 기절하면 큰일이야.' '사람들이 내 떨리는 눈을 보면 절대 안 돼.' 제이크는 이렇게 생각했다. '얼굴이 빨개지면 모든 사람이 나한테 문제가 있다고 생각할 거야.' 그리고 마지막 단계는 신체가 배신하는 상황을 상상하면서 이를 숨기려고 애쓰는 것이다. 제이크가 자신의 당황함을 들킬까 봐 진공청소기나 오븐 옆에 숨었던 것처럼 말이다. 앞서 설명한 일련의 과정이 바로 우리를 괴롭히는 환상의 레시피다.

어떤 이들은 이와 같은 신체의 증상을 숨기기 위해 온갖 노력을 한다. 조셀린이라는 환자가 있었는데, 그녀의 악순환은 땀에서 시작되었다. 쉽게 열이 나는 거구의 여성이었던 조셀린은 이마의 땀방울과 겨드랑이의 땀자국 때문에 사람들이 자신을 대놓고 혐오할 거라고, '도대체 왜 저럴까?'라고 생각할 거라고 확신했다. 그녀는 공공장소에서 늘 자신을 의식했고 처방전으로만 구매할 수 있는 초강력 땀 억제제를 겨드랑이뿐만 아니라 이마에도, 매시간 꼼꼼히 발랐다. 결국 어떤 일에도 1시간 이상 집중할 수 없었다. 직장 유니폼의 겨드랑이 부분에 스펀지를 꿰매 입어본 적도 있었는데, 땀으로 뭉치고 이리저리 움직여 상황은 더 악화되기만 했다. 과도한 땀 관리는 조셀린의 주의력과 시간을 앗아갔고 마침내 그녀의 삶 전체를 앗아갔다.

제이크와 조셀린처럼, 신체에 관해 스트레스를 받기 시작하면 몸은 그에 따라 반응한다. 결국 원하는 것과 정반대의 결과를 초래한다. 제이크의 경우, 처음에는 스트레스를 받아 얼굴이 빨개졌지만, 나중에는 얼굴이 빨개져서 스트레스를 받게 되었다. 얼굴이 빨개질지도 모른다는 두려움과 사람들이 이를 알아채고 탐탁지 않아 할 수도 있다는 걱정이 얼굴을 빨개지게 만든 것이다.

사람들은 생각보다 당신에게 관심이 없다

사람들이 자신을 판단할 것이라는 이 착각은 '조명효과^{spotlight effect}'로 엄청난 탄력을 받는다. 조명효과는 타인이 자신의 행동이나 겉모습을 인식하는 정도를 과대평가하는 현상이다. 이 현상은 특히 노출되거나 연약하다고 느낄 때 더욱 심해진다. 연구에 따르면 머리가 엉망인 날이나 튀는 셔츠를 입은 날, 배구 경기에서 졌거나 구식 닌텐도 게임을 못했을 때(정말 멋진 연구라 하지 않을 수 없다), 우리는 자신에게 집중되는 관심의 양을 과대평가한다. 자신이 이상하고 멍청하다고 느낄 때 다른 사람들의 시선이 자신에게 쏠린다는 느낌은 하늘 높이 치솟지만, 사회적 조명이 우리 생각만큼 밝은 경우는 사실 거의 없다.

이러한 개념은 새로운 것이 아니다. 1936년, 데일 카네기는 자신의 저서 『데일 카네기 인간관계론』에서 당신과 대화하는 사람은 "당신이나 당신의 문제보다 자신의 욕구와 문제에 백 배 더 관심이 있다."라고 했다. 우리는 각자 자기 세계의 중심이지만, 다른 사람들도 정확히 같은 자리에 있다는 사실은 잊는다. 우리 뇌가 모호함을 처리하는 방식은 타인이 나를 판단할 것이라는 믿음에 방점을 찍는다. 우리는 자신을 보호하기 위해 모호함을 최악의 시나리오로 대체해 무방비로 당하지 않도록 준비한다. 다음의 예를 살펴보자.

- 상사가 사무실로 부른다.
- 내가 한 말에 사람들이 웃는다.
- 친구가 문자메시지에 답하지 않는다.
- 오랜 친구가 요즘 내가 옛날과 달라 보인다고 말한다.

상사에게 혼날 것 같다는 생각이 바로 들었는가? 아니면 당신을 칭찬하거나 새 프로젝트를 맡기려는 것일까? 내가 한 말이 엉뚱해서 사람들이 웃은 걸까? 아니면 재미있어서였을까? 친구는 내게 화가 나서 답장을 안 하는 걸까? 아니면 그냥 바빴던 걸까? 오랜 친구가 한 말은 빈정거림이었을까? 아니면 정말 옛날보다 좋아 보인다는 뜻일까?

제이크 역시 사람들의 시선을 느끼고 이런 생각을 했다. 그는 최악의 상황을 가정했다. 사람들이 붉어진 얼굴을 보고 심각한 문제가 있다고 생각할 거라고 말이다. 그렇다면 해결 방법은 무엇일까? 제이크는 찰스에게 고민을 털어놓았고, 찰스는 제이크에게 엉뚱한 조언을 해주었다. "여자들한테는 그냥 이렇게 말해. '얼굴이 빨개진 게 아니에요. 당신이 태양만큼 뜨거워 얼굴이 탄 거랍니다.'" 제이크는 찰스를 흘겨봤다. 똑똑한 제이크가 그런 말을 할 리는 절대 없을 것이다.

자, 여기서 다시 러닝머신을 달리는 제이크로 돌아가보자. 우리의 목표는 시답잖은 농담으로 상황을 무마하는 것이 아니라, 얼굴이 빨개지는 것 자체를 대수롭지 않은 일로 만드는 것이다. 여기서 얼굴이 빨개지는 것을 '멈추는' 것이 목표가 아니라는 점에 주목해야 한다. 제이크는 얼굴이 빨개지는 상황을 두려워하기보다 덤빌 테면 덤벼보라는 자세를 취했다. 잘못된 믿음을 깨부수고, 대부분의 사람이 이를 알아채지도 않을 뿐더러 알아챘다고 해도 곧장 판단으로 연결되는 것은 아니라는 사실을 깨달아야 했다.

제이크는 러닝머신을 달리면서 얼굴을 붉어지게 만드는 데 능숙해졌다. 운동의 효과는 성가신 불안의 효과와 비슷하다. 심장이 뛰고, 땀이 나고, 숨이 가빠지고, 당연히 얼굴이 빨개진다.* 팔굽혀펴기

---

* 나는 운동이 정신 건강에 미치는 긍정적인 효과에 관한 연구를 보고 매우 놀랐다. 수많은 연구를 통해 운동이 우울증, 외상후스트레스장애, 주의력행동결핍장애ADHD, 공황장애 등 거의 모든 정신 질환에 도움이 된다는 사실이 밝혀졌다. 그뿐만 아니라 금연, 수면의 질 개선, 에너지 증가, 인지기능 향상, 성욕 증가에도 도움이 된다. 운동을 꾸준히 한다면 엄청난 돈을 버는 것이나 마찬가지다. 운동은 사회불안에도 효과가 있다. 얼굴이 빨개지는 등의 성가신 신체 감각뿐만 아니라 불안한 에너지를 없애는 데에도 도움이 된다. 어떤 일을 앞두고 있든, 이전에 운동을 충분히 하면 긴장이 풀린다.

나 웨이트 트레이닝을 제대로 하면 몸이 떨릴 수도 있다. 계단을 오르내리거나 버피테스트를 하면 심장이 쿵쿵 뛴다. 스트레스볼로 하는 운동만으로도 손이 약간 떨릴 수 있다. 그게 바로 우리가 익숙해져야 하는 반응들이다.

　다른 창의적인 방법을 떠올릴 수도 있다. 빨대로 숨을 쉬면 머리가 어지러워지고, 두 무릎 사이에 1분 동안 머리를 파묻고 있다가 갑자기 고개를 들면 꼭 기절할 것 같으며, 엄마 사무실에서 멋대로 구는 다섯 살 어린이처럼 회전의자에서 빙글빙글 돌면 세상 전체가 빙빙 돈다. 모두 불안한 기분에 적응하고 싶을 때 할 수 있는 방법들이다. 두경부 MRI를 찍는 그 좁은 검사 공간을 무서워하는 환자가 있었다. 그래서 그는 침대 밑에 머리를 넣고 바닥에 누워 있는 연습을 했다. 그게 지겨워지면 단계를 높여 침대 밑에서 머리를 바닥에 테이프로 붙이고 누워 있는 연습을 했다. 한 가지 문제가 있었다면, 미리 전해 듣지 못한 아내가 그 광경을 보고 구급차를 부른 것 정도였다.

　자, 다시 돌아와보자. 우리의 목표는 신체가 신나서 보이는 반응에 적응하는 것이다. 땀이 나든, 손이 떨리든, 목소리가 갈라지든, 얼굴이 빨개지든, 그 어떤 반응에도 말이다. 예기불안의 해결책으로 제시했던 '노출'을 기억하는가? 이것도 마찬가지다. '노출'은 두려움을 피해가는 것이 아니라 통과하는 것이다. 그리고 두려움이 그렇게 나쁘지 않을 뿐만 아니라 연습하면 지겨워질 수도 있음을 깨닫는 것이다.

달리기를 몇 번 하고 난 후, 제이크는 다음 단계로 넘어갈 준비가 되었다. 달리기를 마친 그는 탈의실로 가서 따뜻한 물로 샤워를 했다. 그리고 바로 옷을 챙겨 입고 체육관을 나와 주차장 건너편의 일터로 돌아갔다. 효과가 있었다. 제이크는 몹시 더웠고 얼굴은 붉게 달아올라 있었다. 그 상태가 그렇게 반가웠던 적은 처음이었다.

사람들의 판단에 대한 두려움이 결전의 순간을 앞두고 있었다. 자동문이 열렸고 그는 안으로 들어가 홈시어터 코너를 지났다. 비디오 게임기 코너에서는 손님 없는 날에 늘 그렇듯 동료 직원들이 모여 수다를 떨고 있었다. 제이크는 지나가면서 사람들의 눈을 가주치며 인사했다. 몇 명이 인사를 했고 그중 한 명은 최근 레드삭스의 경기 부진에 대해 언급했지만, 제이크의 얼굴에 대해서는 한마디도 하지 않았다. 제이크는 살짝 부아가 치밀기도 했다. 얼굴을 빨거지게 만들려고 그토록 애썼는데, 내일 분명히 다리가 뻐근할 게 뻔한데, 아무도 신경 쓰지 않다니 말이다.

레즐리라는 환자는 대화하다가 말을 멈추는 자기 버릇을 들킬까 두려워했다. 그래서 그녀는 어색한 침묵에 "한번 덤벼봐." 하는 마음으로 내 동료와 대화를 나누는 실험을 해보기로 했다. 레즐리는 대화 도중 일부러 말을 끊고 5초 정도 침묵했다가 다시 말을 이었다. 실험을 끝낸 후 동료에게 레즐리의 침묵에 대해 물었다.

"약간 이상하긴 했지만 그저 생각의 흐름이 끊겼다고 생각했어요." 그러고는 수줍게 털어놓았다. "솔직히 말하자면 잠깐 말이 끊겼을 때 레즐리에 대해 생각하기보다 오늘 제가 해야 할 일들에 대해 생각했어요."

이것이 전형적인 반응이다. 최근 대화를 나눴던 상대 중에 도중에 말을 멈추거나, '음'이라고 자주 말하거나, 이상한 표현을 했거나, 겉모습이 특이했던 사람을 떠올려보자. 갑자기 악한 마음이 들어 그들을 비난했는가? 아마 아니었을 것이다. 이상함을 알아챘어도 그냥 넘어갔을 가능성이 훨씬 크다. 제이크 역시 누군가가 어리둥절한 표정으로 "괜찮아요?"라고 묻더라도 "네, 아무 일 없어요."라고 간단히 대답하고 넘어갈 수 있었을 것이다. 별일 아니다. 판단은 없다. 그저 호기심일 뿐.

그렇다면 제이크에게 말을 걸었던 여학생은? 곰곰이 생각해보니 '아저씨 왜 그래요?'라는 그 질문이 빨개진 얼굴을 보고 묻는 것인지조차 확실하지 않았다. 무의식적으로 얼굴을 가리려 했거나, 무언가 문제가 있는 것처럼 행동해서였을지도 모른다. 그 모든 행동이 수상해 보여서 그런 질문을 했는지도 모른다. 애초에 빨개진 얼굴과는 아무런 상관이 없었을지도 모른다.

하지만 만약 상관이 있었다면? 불평 많고 판단하기 좋아하는 사람들은 널렸다. 다들 주변에 한두 명은 있을 것이다. 그들이 무례한 말을 했다면 누가 부적절한 행동을 하고 있는 것인가? 당신인가 그들인가? 최악의 시나리오대로 일이 펼쳐졌다 해도, 우리에겐 무적의 질문들이 있다. 실제로 상황이 얼마나 나빠질까? 그럴 가능성은 얼마일까? 어떻게 대응할 것인가?

자, 이제 잘못된 믿음 깨부수기를 요약해보자. 훤히 들여다보일 것 같고, 환한 조명 아래 서 있는 것 같은 느낌과 달리, 다른 사람들은 우리에 대해 별로 신경 쓰지 않는다. 느끼는 대로 보이지 않으며, 사람들이 눈치챈다 해도 반드시 이러쿵저러쿵 판단하는 것은 아니다. 알아채는 것은 보통 알아채는 것으로 끝난다. 사람들은 우리의 자의식이 과도할 때만, 겨드랑이 밑에 스펀지를 대고 있거나 와인 냉장고 뒤에 숨으려고 할 때만 눈치채는 것이 보통이다. 간혹 무례한 말을 들을 수 있지만 그건 내 문제가 아니라 그들의 문제다. 비판받았다고 해서 비판하는 사람의 판단이 꼭 옳다는 뜻은 아니다.

　물론 제이크는 여전히 얼굴이 자주 빨개진다. 타고난 생리적 특성은 변하지 않았다. 하지만 그 특성에 대한 그의 관심은 변했다. 러닝머신 실험 이후 제이크는 자신감을 얻어 매장에서 가장 손님이 많은 휴대폰 코너의 앞자리를 지켰다. 그 후로 몇 달 동안 판매량을 두 배로 늘렸고, 다음 전사 회의에서 '라이징 스타' 판매상을 받았다. 제이크는 상장을 받으며 얼굴이 빨개졌지만, 이번에는 자부심을 느꼈다.

13

완벽은 불가능한 목표다

삶을 건강하게 만드는 기준 세우기

로지는 여섯 명의 콘퍼런스 참가자들과 함께 서 있었다. 대화가 두 서없이 진행되는 동안 로지는 점점 조용해졌다. 셔츠에 매단 이름표를 무심코 만지작거리다가 좋은 할 말이 떠올랐는데 머릿속에서 정리를 하고 보니 이미 주제가 바뀌어 있었다. 로지의 결심은 점점 약해졌다. 처음 사람들 무리에 끼어들 땐 용감했지만 지금은 마치 투명 인간이 된 것 같았다.

콘퍼런스가 진행되는 동안 로지는 그렇게 용기를 내본 적이 별로 없었다. 프레젠테이션 전후의 잡담을 견딜 수 없어 시작 직전에 참가해 끝나자마자 자리를 떴다. 점심시간에는 혼자 프레젠테이션을 점검했다. 벌써 며칠 전에 마무리했지만 그래도 만지작거리고 있으면 괜히 모여 수다를 떠는 것보다 더 생산적인 일을 하는 느낌이었다. 동료 대학원생들과 친목을 다지는 시간에는 대화에 끼어볼까 했다가 곧바로 겁을 먹고 화장실에 가는 척, 급한 전화가 온 척, 갑자기 해야 할 일이 생각난 듯 슬그머니 자리를 피했다. 게다가 서로 껴안고 쉽게 대화의 물꼬를 트는 다른 사람들은 전부 이미 친한 사이인 것 같았다.

로지는 자기 연구를 발표하고 난 후, 다음 단계인 박사 후 과정이나 전임 강사 자리를 위한 인맥을 쌓기 위해 콘퍼런스에 참가했다. 학계에는 늘 자리가 부족했다. 그렇기에 로지도 미래의 동료가 될 수 있는 사람들에게 어떤 모습을 보여야 하는지 잘 알고 있었다. 재치 있고 매력적이고 재미있으면서도 세심하고 능력 있고 똑똑해야 하지만, 고압적이거나 권위적이어서는 안 되었다. 다 해내기엔 당연히 무리였다. 로지는 사람들 틈에서 이름표를 만지작거리며 조용히 서서 자신의 행동이 결코 그에 부합하지 못하다는 사실을 절감하고 있었다. "평범한 사람이 되는 법을 정말 모르겠다는 생각이 들었어요." 로지가 콘퍼런스를 떠올리며 말했다. "그만큼 어색했어요. 저한테 문제가 있다는 생각밖에 안 들었어요."

콘퍼런스가 끝나고 얼마 지나지 않아 나를 찾아온 로지는 사회성을 키울 수 있는 극기 훈련 프로그램에라도 넣어달라고 부탁했다. "평범한 사람이 되는 법을 모르겠어요." 그녀가 심드렁하게 말했다. 하지만 그녀가 생각하는 것처럼 사회불안은 사회성 부족 때문이 아니다(이에 대해서는 뒤에서 더 자세히 다룰 것이다). 그래서 나는 뭔가 다른 이유가 있을 거라고 생각했다. 로지는 콘퍼런스에서 다들 편하게 어울려 대화하는 모습에 의기소침해졌다고 했다. "마치 저만 그 동네 사투리를 모르는 느낌이었어요." 그리고 사회불안 증상까지 갈 뻔했던 일에 대해서도 말했다. 로지는 이를 방지하기 위해 어떤 일이 생기기 몇 시간 전부터 계획을 짠다고 했다. "그런데 계획대로 되지 않으면 저한테 정말 화가 나요. 그리고 다시는 그런 일이 생기지 않도록 왜 그랬는지 분석하고 무엇이 잘못되었는지 찾아내요. 벌써 스물다섯 살인데 대화하는 법 정도는 알아야 하는 거 아닐까요? 그러니까 어떤 실수도 변명의 여지가 없어요. 대화는 부드럽게 흘러가야하고, 누구도 기분 나쁘면 안 되고, 똑똑하고 자신감 넘치고 또 세심해야 하죠. 아, 재치도 있어야 하고요. '네 모습을 솔직히 드러내 봐.' 같은 말씀은 마세요. 정말 질색이니까요. 제 본래 모습대로라면 전 이상하고 어색하고 가식적인 사람밖에 안 될 테니까요."

자, 완벽주의의 중심지에 오신 걸 환영한다. 숨이 막힐 만큼 답답한 게 당연하다. 사회불안의 네 번째 강박은 바로 '늘 완벽한 모습을 보여야 한다.'는 것이다. 우리는 비현실적으로 높은 기준을 세우고, 그 기준에 철두철미하게 집착하고, 무엇보다 자신의 가치가 그 결과에 달려 있다고 믿는 지경에 이르렀다. 사실 '완벽한' 상태가 기준이 되는 문화에서는 당연히 불안할 수밖에 없다. '완벽주의'는 사실 잘못된 명칭이다. 모든 면에서 삶이 완벽하기를 기대하는 사람은 거의 없다. 그러니 완벽주의는 자신이 결코 충분하지 않다는 생각을 계속

가지고 있는 것과 마찬가지다.

　로지가 콘퍼런스나 그 이후의 다른 상황(연구실 미팅, 방문 교수에게 실험실 보여주기, 같은 반 친구들과의 고통스러운 술집 순례)에 관해 이야기했듯이, 그녀는 자신이 고수하던 규칙을 지키지 못했다.

- 늘 똑똑해 보여야 한다.
- 언제든 재미있는 말을 할 수 있어야 한다.
- 대화 도중 절대 침묵해서는 안 된다.
- 자신 있는 태도가 은연중에 드러나야 한다.
- 상대방의 관심을 붙들어놓을 수 있어야 한다.
- 늘 재미있는 사람이어야 한다.
- 무엇이든 잘해야 한다.
- 좋은 인상을 남겨야 한다.
- 모든 사람을 사귀어야 한다.
- 사람들이 나를 좋아해야 한다.
- 재미있거나 멋지지 않으면 사람들이 곁에 있고 싶어 하지 않는다.

　아직도 압박감이 느껴지지 않는가? 완벽주의는 성공에 대한 기준은 비현실적으로 높고, 실패에 대한 기준은 광범위하게 넓다. 로지의 규칙을 듣기만 했는데도 나는 부족하다는 느낌에 절망스러웠고 실제로 부족한 사람인 것 같았다. 위의 기준을 만족시키는 사람을 찾는 건 하늘의 별 따기다.

가혹한 사람들의 외로움

여기서 보스턴대학교의 선구적인 사회불안 연구자 스테판 호프만[Stefan Hofmann] 박사가 진행한, 하늘처럼 높은 기준과 사회불안 사이의 관계를 명확히 보여준 실험에 대해 살펴보자. 연구팀은 사회불안 경향이 있는 사람들과 그렇지 않은 사람들에게 각각 짧은 발언을 시켰는데(사회불안 연구자들은 '5분 동안 대화하기'만큼 '짧은 발언시키기'도 좋아한다), 발언에 앞서 모든 참가자가 자연스럽고 자신감 넘치고 또박또박 말하는 예시 발언 영상을 시청했다. 하지만 그 영상에 대한 해설은 그룹에 따라 달랐다. 한 그룹에는 "대부분의 사람이 지금 보게 될 영상에서보다 발언을 훨씬 잘했다."라고 말해 기준을 높였고, 또다른 그룹에는 "사실은 대부분의 사람이 지금 보게 될 영상에서보다 더 잘하지 못했다."라고 말해 기준을 낮췄다.

그런 다음 모든 참가자가 자신의 발언을 스스로 평가하게 했다. 불안해하지 않는 참가자들은 미리 본 영상과 상관없이 자신이 썩 잘했다고 생각했다. 하지만 사회불안 경향이 있는 참가자들은 영상에 따라 결과가 크게 달라졌다. 완벽에 가까웠던 발언보다 더 잘해야 한다고 생각했던 높은 기준을 가진 그룹은 자신의 발언이 형편없었다고 생각했다. 하지만 영상에 등장한 사람만 유난히 잘했고 대부분의 사람은 그보다 못했다는 낮은 기준을 가진 그룹의 자기 평가는 불안해하지 않는 참가자들의 평가와 비슷했다. 다시 정리해보자. 사회불안이 있는 사람들은 기준이 낮을 때 자신이 잘했다고 생각했고, 기준이 높을 때 '실제 자신의 행동과 상관없이' 자신이 실패했다고 생각했다.

완벽주의의 한쪽 끝은 하늘처럼 높은 기준이고 다른 쪽 끝은 자신이 벌레보다 못하다는 단단한 믿음이다. 로지는 터무니없이 높은 기준만큼 자신의 사회성이 형편없다고 확신하고 있었다.

- 나는 사회성이 전혀 없어.
- 어떻게 해야 안 어색한지 모르겠어.
- 아무렇지도 않게 행동하는 법을 모르겠어.
- 내 의도대로 행동할 수가 없어.
- 나한테는 문제가 있어.
- 나는 실패자야.

이것이 바로 완벽주의의 교과서 같은 생각이다. 자신에 대한 기대와 그 기대에 도달할 수 있는 능력에 대한 믿음 사이의 괴리가 크다. 그리고 그 차이가 클수록 더 어쩔 줄 몰라 한다. 사회생활에 대한 로지의 규칙과 자기 능력에 대한 평가가 바로 심리학자들이 말하는 '이분법적 사고dichotomous thinking', 즉 흑백논리다. 무엇이든 완벽하지 않으면 실패로 치부한다. 게다가 그 상황을 개인적으로 받아들인다. 재치 있는 말솜씨로 자연스럽게 대화에 스며들지 못하면 우리는 완전히 실패자다.

하지만 그렇게 생각하는 사람은 결국 자신뿐이다. 친구나 지인에게 피드백을 요청하는 것이 썩 자연스럽지는 않지만, 워싱턴대학교 연구팀이 실제로 그런 실험을 진행했다. 사회불안이 있는 참가자들과 그렇지 않은 참가자들이 각자 친구를 데려와 서로 얼마나 좋아하는지 우정의 깊이 등을 솔직하게 평가했다. 사회불안이 있는 참가자들은 대부분 '자신'을 부정적으로 평가했지만, 친구들의 평가는 긍정적이었다. 사회불안이 없는 이들의 친구들이 평가한 것과 마찬가지로 말이다.

왜 그런 것일까? 첫째, 자신에게는 거의 불가능한 수준의 엄격한 기준을 갖고 있지만 타인에게는 이해심도 많고 너그럽기 때문이다. 그 이중 잣대도 나쁘지만, 더 나아가 문제는 타인에게서는 최고의 모습을 보려고 하면서 바로 그 타인은 내 최악의 모습을 보고 있다고 가정하는 것이다. 타인이 나를 비난하고 거부할 거라는 생각은 자신에게만 지나치게 인색한 태도다.

하지만 완벽주의 사고방식 중에서도 가장 해로운 것은 바로 사회성 발휘 여부로 자신의 가치가 결정된다는 생각이다. 완벽하지 않으면 무엇이든 가치가 없다고 여기며, 그 관점에서 '가치 없음'은 '완전한 무능력'에 가까운 상태로 규정된다. 로지 같은 완벽주의자는 불가능에 가까운 자신의 사회적 기대에 부응하지 못할 때 그 실패를 개인적인 문제로 받아들여 다음과 같은 결론을 내린다. "또 망쳤어. 나는 정말 구제 불능이야."

반대로, 타인에게 화살을 돌리는 완벽주의자들도 있다. 내 환자

비비안이 바로 그런 경우였다. 비비안은 나를 찾아와 이렇게 투덜거렸다. "사람들이 왜 그렇게 속이 꼬였는지 모르겠어요. 다들 제멋대로 굴면서 또 속은 좁아요. 세상에 멍청이들밖에 없는 것 같다니까요. 어떻게 그렇게 제멋대로 살아도 된다고 생각할 수 있죠?"

불특정 다수에 대한 그 비난이 나를 불편하게 했다. 이것이 그녀와의 첫 만남이었다. 비비안은 스물다섯 살이었고, 사회불안이 있었으며, 몹시 화가 나 있었다.

"사람들과 어떻게 어울려야 하는지 모르겠어요. 뭐, 제 또래는 전부 품평이나 하고 유치하고 겉만 번지르르하긴 하지만요. 저는 사람들이 좀 더 똑똑하고 섬세하고 성숙하길 바랐는데, 맨날 남들 뒷담화나 하고 잘난 척하고, 또 얼마나 뻔뻔하고 거만한지 몰라요."

여기서 '사람들'은 바로 그녀의 직장동료들이었다. 비비안은 비영리 단체의 자금 조달 부서 신입사원이었다. 의미 있고 보람도 있는 일이기에 좋아했지만, 동료들은 좀처럼 좋아지지 않았다. 그냥 받아들이고 싶지만 비난과 비판을 멈출 수 없는 상황이 끔찍했다. 온라인에서는 더 심했다. 인스타그램을 보며 파티나 하이킹, 여럿이 찍은 사진들에 따끔한 댓글을 남기고 싶어 견딜 수가 없었다. 자기만 외롭다는 생각에 여럿이 함께 찍은 사진은 특히 싫어했다. 온라인에서도, 현실에서도 비비안은 자신이 사람들을 멀어지게 만든다는 사실을 알고 있었다. 그러면서도 그 이상한 행동에 죄책감을 느꼈고, 한편으로는 다른 사람들이 전부 옹졸하고 잘난 척을 하며 멍청하다고 탓했다. 마치 죄책감과 비난의 탁구 경기를 보는 것 같았다.

비비안이 이야기할 때면, 가끔 그런 비난의 목소리가 소리를 지르는 수준까지 높아지기도 했다. 이는 모든 사람을 탓하는 그녀의 버릇과 결합되어 나까지 움찔하며 뒤로 물러나게 했다. "어떻게 다들 그렇게 제멋대로 살아도 된다고 생각하지? 마치 사회에 뭔가 이바지하고 있다는 듯 말이야. 뻔뻔하게 숨만 잘 쉬면서. 큰 기여를 했거나 정말 가치 있는 사람이 아니라면 살 자격도 없어." 몇 번의 상담을 거치고 나서야 비비안이 나한테 개인적인 감정이 있어서 그런 건 아니라는 사실을 깨달았다. 비비안은 세상을 향해 분노하고 있었다.

비비안과의 첫 만남 후 나는 머리가 약간 어지러웠다. 그녀를 배웅하고 돌아오는데 접수 담당자가 내게 손짓하더니 이렇게 속삭였다. "다음에는 복도 맨 끝 방을 예약해주실 수 있나요? 대기실까지 목소리가 다 들려서요."

로지처럼 비비안 역시 기준이 너무 높고 엄격했다. 결국 그 기준을 충족시키지 못해 자기 자신조차 살아 있을 가치가 없다고 여겼다. 비비안은 '늘 완벽해야 한다.'는 강박에 사로잡혀 있었다. 결국 불안과 불편함이 그녀의 자존감을 갉아먹었고, 가치가 없다는 느낌이 들 수밖에 없었다. 하지만 다른 사람들은 그녀의 말처럼 '내가 뭐 어때서.'라는 태도로 살아가는 것 같았고, 그런 태도가 비비안에게는 오만함과 잘난 척으로 보였다. 그 사실 때문에 자신은 물론 다른 사람들에게도 화가 났다. 하지만 다른 사람들은 그저 평범할 뿐이었다. 비비안은 자신의 능력과 기대치의 격차가 컸는데, 이는 능력이 부족해서가 아니라 기대치가 과도하게 높았기 때문이었다. 어떻게

4부   잘못된 믿음 깨부수기

다른 사람들은 그렇게 자신감이 넘친단 말인가? 자기처럼 열심히 노력하지도 않는데!

전형적인 사회불안이 다가가지 않고 물러서는 것, 아무도 마주치지 않으려고 먼 길을 돌아가는 것, 수업 시간에 손을 들지 않는 것이라면, 그것이 전부는 아니다. 판단, 분노, 비판에 대한 과민반응은 우리가 흔히 떠올리는 사회불안의 전형적인 모습은 아니지만, 이 역시 늑대의 탈을 쓴 양과 같다. 창피나 비난으로 궁지에 몰릴 것 같은 상황에서 송곳니를 드러내는 것이다. 비비안이 그랬다. 사회불안이 있는 다섯 명 중 한 명이 분노와 짜증으로 불안을 드러낸다면, 비비안이 바로 그런 경우였다. 구석에 숨기보다 달려들어 맞서 싸우는 사람이었다. 징후는 다를 수 있지만 원하는 것은 같다. 분노 또한 거절과 불안에 대한 회피이자 수용에 대한 욕구다. 인간은 본능적으로 소속감을 느끼고자 한다. 분노는 달성되지 못한 목표의 결과이기도 하다. 결국 불안이 수용을 가로막으면 우리는 화를 내버린다.

설명하자면, 우리의 소심한 대학원생 로지는 파티에 초대받아도 그냥 집에 있을 것이다. 심지어 누가 전화해 같이 가자고 할까 봐 전화도 받지 않았을 것이다. 반대로 비비안은 파티에 가겠지만 대화를 통제하고 주도하려 할 것이고 마음에 들지 않는 주제는 바꿔버리며 늘 먼저 자리를 뜨는 사람이 되려고 할 것이다. 그녀는 다른 사람들에 대해 안 좋은 말을 하고, 다른 사람들이 어쩌다 잘못된 정보를 전달하면 벌떡 일어나 고쳐주려 할 것이다. "아니야, 사람들은 뇌를 10퍼센트보다는 훨씬 더 쓴다고. 그건 잘못된 정보야.""현충일이 아니라 노동절 아니야?" 그녀는 공격적이라서 쉽게 좋아하기 힘든 사람이지만, 거부당하기 전에 먼저 거부함으로써 불안을 덜 느끼고 싶었을 뿐이다. 로지가 그냥 집에 있으면서 얻게 될 결과와 같다.

잘 살펴보면 왜 이 두 감정이 연결되어 있는지 충분히 이해된다. 거절과 분노의 관계는 강력하다. 인간이 모호한 사회적 신호를 거절로 인식하도록 진화되었다면, 예를 들어 웃음을 호의가 아니라 놀림으로, 대화 속 침묵을 휴식이 아니라 지루함으로 인식한다면, 우리 뇌는 분명 그 증거를 찾아낼 것이다. 악의 없는 표현도 거절처럼 느껴진다. 그렇다면 인간의 파충류 뇌는 위협에 어떻게 반응할까? 싸우거나 도망가려고 할 것이다. 화장실에 숨는 것은 불안으로부터의 도망이다. 하지만 수용이 좌절되었다고 인식하면 화를 낼 것이다. 그럴 경우 전력을 다해 싸운다.

하지만 그렇게 자주 분노를 '경험'함에도 불구하고 사회불안이 있는 사람들은 그렇지 않은 사람들보다 분노를 훨씬 덜 '표현'한다. 무슨 뜻일까? 분노를 억누른다는 뜻이다. 하지만 결국 분노는 새어 나올 수밖에 없다. 적대감, 짜증, 수동공격으로 나타나거나 혹은 안으로 스며들어 위장 장애, 허리나 목의 통증으로 나타날 수 있으며 이를 악물어 턱이 뻐근해질 수도 있다.

그렇다면 그 뜨거운 분노를 어떻게 해야 할까? 비비안이라면 이렇게 말할 것이다. "멍청한 사람들이 다 없어져야 해요." 하지만 우리가 바꿀 수 있는 것은 자기 자신뿐이니, 거기서부터 시작하는 편이 훨씬 낫다.

엄격한 기준이 만드는 따돌림

먼저 잘못된 생각부터 깨부숴보자. 우리는 다양한 믿음을 갖고 있다. 모두 오랜 세월에 걸쳐 선택한 유용한 지식과 가치들이다. 부모나 친구들에게 배운 것도 있고 사회 전반에서 자기도 모르게 흡수한 것들도 있다. '연습하면 나아진다.' '대부분의 사람은 선하다.' '취했을 때는 타투를 하지 말라.' 등 썩 유용한 믿음도 있지만 사회불안의 불쏘시개 같은 쓸모없는 믿음도 있다.

- 모든 사람이 나를 좋아해야 한다.
- 실수를 하면 사람들이 싫어한다.
- 행복은 나 자신보다 다른 사람들에게 달려 있다.
- 사람들에게 칭찬받지 않으면 나는 행복할 수 없다.
- 사람들이 내 진짜 모습을 알면 내 곁에 있으려고 하지 않을 것이다.
- 감정은 반드시 통제해야 한다.
- 감정을 표현하는 것은 약하다는 뜻이다.

비비안은 이 모든 믿음을 갖고 있었다. 하지만 자신의 가시 돋친 행동이 무엇을 감추고 있는지도 알고 있었다. 비비안은 이렇게 말했다. "사람들은 쉽게 어울리지 못하는 저를 무시해요. 그들이 더 가까워질 기회를 주지 않으니 저도 화가 나서 그들을 무시하고요. 제가 바라는 바는 아니죠."

사회불안이 지난 몇 년 동안 로지와 비비안 같은 젊은 사람들에게 특히 더 나타나기 시작한 이유는 무엇일까? 10여 명의 전문가들에게 물어보면 10여 가지의 대답을 들을 수 있다. 그중에는 뭐든 털어놓는 문화로 낙인이 줄어들어 사람들이 더 편히 불안을 털어놓게 되었다는 답도 있을 것이다. 또 헬리콥터 부모가 성인기의 사회 작용을 다루지 못하도록 아이들을 키웠다는 대답도 있을 것이다. 하지만 가장 큰 이유는 아마 소셜미디어일 것이다. 비비안 역시 인스타그램에서 직장동료들이 자기 없이 타코를 먹고 맥주를 마시는 사진을 보고 불안과 분노를 느꼈다.

소셜미디어가 조장하는 사회불안은 특정 플랫폼과는 큰 관련이 없다. 실제로 마이스페이스나 왕년의 채팅방들도 최근의 앱들과 비슷한 수준의 불안을 조장했다. 하지만 어떤 플랫폼이든 소셜미디어는 '보여주기'가 목적이다. 그리고 보여주기는 완벽주의적인 자기표현 욕구를 조장한다. 모든 인간은 태초 이래 대중에게 보이는 이미지를 성실히 만들어왔다. 하지만 스마트폰 카메라와 필터로 무장한 우리는 역사상 그 어느 때보다도 자신의 이미지를 관리할 수 있다.

게다가 소셜미디어가 개인의 삶에 접근하는 깊이와 범위는 전례 없이 확장되었다. 그저 그렇고 지저분한 생활을 가감 없이 보여주기로 선택한 사람도 있지만, 수많은 시선과 이미지를 관리할 수 있는 능력을 조합해 최고의 순간을 내보이고 싶어 하는 욕구는 그 어느 때보다 강력해졌다. 그리고 타인의 인정은 숫자로 드러난다. '좋아요'의 개수가 뜨고 친구들과 팔로워의 수도 바로 확인할 수 있다. "인스타그램 피드에 어울리지 않는 단 한 장이 사진이 팔로워들을 영영 떠나가게 만든다."라는 조언이 난무한다. 사회불안을 정확히 자극하는 완벽주의 욕망에 저항하기는 힘들다. 로지의 규칙을 기억하는가? '모든 사람이 나를 좋아해야 한다.'는 '모든 사람이 내 글에 좋아요를 눌러야 한다.' 혹은 '나를 팔로우해야 한다.' '리트윗해야 한다.'로 탈바꿈했다.

완벽주의는 소셜미디어의 또 다른 현상에도 기생하고 있는데, 이는 너무 만연해 2013년 옥스퍼드 영어 사전에 등재되기도 했다. 바로 놓치는 것에 대한 두려움, '포모 FOMO, fear of missing out'다. 포모는 '나를 제외한 모든 사람이 좋은 기회를 누리고 있을지도 모른다는 불안'이다. 얼핏 보면 완벽주의와 관계없어 보일지도 모른다. 하지만 포모의 결과로 우리는 자신이 부족하고, 거부당했으며, 심지어 문제가 있다고 느낀다. 이러한 흑백논리 같은 결론이 바로 완벽주의의 핵심이다. 비비안은 밤늦게 인스타그램에서 자기는 참여하지 못한 새로 생긴 술집 순례나 직접 담근 술을 맛보는 파티 사진을 보며 이를 자신의 사회성이 부족하다는 증거로 여겼다.

포모의 개념은 수년에 걸쳐 진화하면서 다양한 형태로 변형되었다. 자신에게 어떤 형태로 드러나는지 확인하고 싶다면 이렇게 물어보자. '나만 빠져 있다면 곧 내가 어떻다는 뜻일까?'

첫째, 잘못된 선택을 했다고 생각한다. 이는 완벽주의와 바로 연결된다. 잘못된 선택은 마지막으로 갔던 레스토랑처럼 사소한 것일 수도 있고 직업으로 삼은 일처럼 중요한 것일 수도 있지만, 무엇을 선택했든 자기 판단에 대한 믿음을 훼손한다. '올바른 선택이 아니었어.' '충분히 만족스럽지 않아.'와 같은 형태의 포모는 답이 없고 불안만 자극하는 '만약 그랬다면?', '어쩌면?'과 같은 생각을 부채질한다. 2013년의 한 연구에 따르면, 포모를 진지하게 받아들이는 사람들은 삶 전반에 대한 만족도가 훨씬 낮았다.

두 번째는 다른 사람들이 나보다 더 즐거운 시간을 보내고 있을 것이라는 생각이다. 이는 열등감과 억울함이 뒤섞인 부러움이자 '포모'라는 단어가 실제로 뜻하는 바와 가장 가까운 형태다. 어쩌다 보니, 혹은 다른 사람들이 의도적으로, 아니면 나만 몰라서, 접근할 수 없어서, 갈 만한 용기를 내지 못해서 등의 이유로 혼자만 제외되었다는 느낌이다. 이유가 무엇이든 이런 형태의 포모는 '나는 부족해.'라는 생각과 직접적으로 연결되어 있다.

'나만 빠졌다면 곧 내가 어떻다는 뜻일까?'라는 질문에 '나는 형편없는 사람이다.'라는 답을 내린다. 비비안의 경우에는 '그들은 형편없는 사람들이다.'일 것이다. 그렇다. 이 생각은 완벽주의를 선동하고 불안정감으로 나타난다.

그렇다면 불안, 부러움, 불안정감 말고 또 포모 때문에 치러야 할 대가는 무엇일까? 포모는 우리를 내면을 향해 움츠러들게 만든다. 이 역시 사회불안의 핵심이다. 내면으로 파고들 때, 병원에서의 디에고처럼, 우리는 주변에서 일어나는 일들을 쉽게 놓친다. 그것이 바로 포모의 가장 큰 대가다. '실제로' 놓치게 되는 것 말이다. 잘 들어보라. 집에서 더할 나위 없이 편한 저녁 시간을 보내고 있다고 해보자. 그때 휴대폰이 울리고 다들 파티에 가 있다는 사실을 발견한다. 그때부터 마음은 그 순간의 즐거움을 잊고 비교를 시작한다. '내가 잘못 선택했나?' '나보다 더 즐거운 시간을 보내고 있을까?' '나는 형편없는 놈이야.' 그 결과는? 결국 가장 중요한 순간에 집중하지 못하고 그 순간을 놓치게 된다. 바로 지금 누리고 있는 시간 말이다. 우리 뇌는 멀티태스킹에 약해서 지금 이 순간과 소셜 미디어 업데이트 사이에서 방황하다 보면 건너뛰기와 중단을 반복하게 되고, 결국 그 순간을 놓치게 된다.

비비안도, 우리도 그 욕구에 저항할 수 있는 두 가지 방법이 있다. 첫째, 사람들은 소셜미디어에 가장 좋은 모습, 즉 삶의 하이라이트만 내보인다는 사실을 기억하라. 휴가나 승진, 아이들의 귀여운 순간, 잘 나온 사진 등 모든 일이 잘 풀려가고 있을 때만 포스팅을 한다. 자동차 쓰레기를 치우는 것, 세일 중인 생리대를 집어 드는 모습, 머리가 엉망인 사진은 아무도 올리지 않는다. 누구나 겪는 일들이다. 다만 드러내지 않을 뿐이다. 한 번 걸러진 이미지와 걸러지지 않은 자신의 현실을 비교하지 말라.

둘째, 놓치는 것의 즐거움, 조모 JOMO, joy of missing out 다. 조모는 지금 이 순간을 즐기기 위한 의식적인 선택이다. 조모는 가끔 씻지도 않고 잠옷을 입고 누텔라를 퍼먹는 순간처럼 탈출구로 여겨지기도 한다. 하지만 지금 이 순간에 의식적으로 집중하는 일에 더 가깝다. 발달한 기술로 끊임없이 이어진 관계망 때문에 우리는 사적인 공간을 갈망하고 중시하게 되었다. 그래서 집에서 책을 읽거나, 술집 순례 대신 연인과 다정한 시간을 보내거나, 차 한잔을 마시고 일찍 잠자리에 들기로 한 의식적인 결정은 끊임없는 사회적 연결을 요구하는 완벽주의에 완벽한 해독제가 된다.

여기서 회피가 조모의 탈을 쓰기 쉽다고 강조할 필요가 있다. 사회불안 경향이 있는 우리는 어쨌든 완벽주의자들이고 그래서 극단적 사고에 빠져들기 쉽다. 모든 파티에 참석하든가, 아니면 커튼을 치고 집에만 머무르는 것이다. 하지만 모든 것을 다 하거나 아예 안 하거나 하는 식의 사고방식은 완벽주의의 해결책이 아니다.

삶을 방해하지 않는 건강한 기준

그렇다면 진짜 해결책은 무엇일까? 현재 스탠퍼드대학교 명예 교수인 데이비드 번즈David Burns 박사는 1980년에 최초로 연구를 바탕으로 한 우울증에 관한 자기계발서를 출간했다. 지금은 초대형 베스트셀러이자 고전이 된 『필링 굿』이다. 번즈 박사는 그 책의 '기꺼이 평범해지기'라는 장에서 로지에게도 익숙한 소재, 즉 과학 논문을 사용해 완벽주의를 파헤쳤다. 그는 수련 시절 첫 번째 논문을 다듬는 데 2년을 투자했다고 했다. 훌륭한 논문이었고 오늘날까지도 그 논문을 자랑스러워했지만, 동료들은 같은 기간에 훨씬 많은 논문을 잇달아 발표했다. 그는 자신의 첫 번째 논문이 98점을 받을 만한 뛰어난 논문이었지만, 어쩌면 같은 기간에 80점짜리 논문 10편을 발표할 수도 있었을 거라고 생각했다. 도합 800점의 가치가 있도록 말이

4부　잘못된 믿음 깨부수기

다. 그것이 2년을 들인 98점보다 훨씬 나았을 거라고 생각했다.

　과학 정신이 투철했던 우리의 대학원생 로지는 기꺼이 보통이 되어보기로 했다. 태권도 검은 띠인 그녀는 별 볼 일 없는 훈련만 했고, 동료들에게 프레젠테이션 리허설을 몇 번이나 하는지 설문조사를 해서 자신도 과도하게 연습하거나 준비하지 않고 그만큼만 해보기로 했다(보통 처음부터 끝까지 한두 번 연습하고 아주 어려운 부분만 한 번 더 하는 정도). 그뿐만 아니라 자신의 기준에 50퍼센트 정도밖에 못 미치는 대화를 시도해보기로 했다. 그러자 바로 마음이 편해졌다. 절반 정도만 재미있고, 자신 있고, 똑똑하면 되었으니까. "워비곤 호수효과 Lake Woebegone Effect (자신이 평균보다 낫다고 믿는 오류. 미국의 풍자작가 개리슨 케일러의 라디오 드라마 〈프레이리 홈 컴패니언 A Prairie Home Companion〉에 등장하는, 마을의 모든 주민이 평균 이상인 워비곤 호수라는 가상의 마을에서 유래한 용어-옮긴이)와 정반대였어요." 그녀가 말했다. "그저 보통이기만 하면 되었으니까요."

　그 결과 어떻게 되었을까? 부담을 덜 느낀 로지는 더 자연스럽게 행동했고, 결국 긴장하고 불편함을 느끼던 때보다 상대방의 반응도 좋아졌다. 로지는 좋은 기분으로 대화를 마쳤고 덕분에 자신감도 높아졌다. 대화를 주도해야 하고, 늘 재치 있고 자연스러워야 한다고 생각했을 때는 한 번도 목표에 도달한 적이 없었다. 그런데 보통의 수준을 목표로 삼으니, 즉 대화 도중 말이 끊길 수도 있고, 대화를 전적으로 주도해야 할 필요도 없고, 재미있는 말을 할 수도 있지만 못해도 괜찮다고 생각하니 목표를 완수할 수 있었고, 기꺼이 다시 시도해볼 마음까지 생겼다. 마침내 선순환이 시작되었다. 연습할 기회가 많아져 더 생산적으로 되었을 뿐만 아니라 훨씬 즐거웠다.

비비안의 경우, 화를 내지 않고 자신이나 다른 사람들에게 말할 수 있기까지 훨씬 많은 연습이 필요했다. 완벽주의자인 그녀는 처음에는 자기 자신에게 엄격하게 대하는 것이 더 효과적이라고 생각하며 "엄격한 사랑"이라고 항의했다. 하지만 지나치게 비판적인 태도가 자신을 꼼짝 못 하게 만든다는 사실을 점차 깨달았다. 기꺼이 보통이 되려고 하는 것뿐만 아니라 자신에게 더 친절해지는 것도 도움이 되었다. 앤이라는 동료가 다정하게 굴었을 때 비비안은 처음에 그녀가 할 일이 없거나 친구가 없어서일 거라고 생각했다. 하지만 문득 그 생각을 멈추고, 앤이 정말로 자신과 함께 있는 시간을 즐기고 있는지도 모른다고 생각해보았다. 며칠 후 새로운 직원과 유쾌한 대화를 나누면서 그가 사람들을 만나고 싶어 안달이 났다고 생각했지만, 곧 자신도 그렇게 경계심 없이 친절하고 다정한 사람이 될 수 있다고 생각해보았다. 그리고 처음으로 그 생각을 믿게 되었다.

높은 기준은 가끔 성공으로 가는 길이 되어주기도 한다. 성공한 많은 사람은 완벽주의 덕분에 그 자리에 오를 수 있었다고 말한다. 하지만 우리는 완벽주의에 대해 배운 지식을 너무 '완벽하게' 삶에 적용하려는 경향을 보인다. 샌프란시스코의 한 레스토랑 요리사였던 조쉬는 완벽주의에 대한 내 이야기를 듣고 돌아갔다가 다음 주에 몹시 화가 난 채 진료실에 나타났다. "당신을 만나기로 한 건 내가 지금까지 내린 결정 중 최악이었소." 그는 놀랍게도 이렇게 말했다. "내 높은 기준을 의심하게 되었소. 실수를 밥 먹듯이 하는 요리사 하나를 해고하려다가 너무 완벽을 강요하나 싶어 마음을 바꿨소. 그런데 다음 날 저녁, 그 멍청이가 내가 이틀을 끓인 송아지 육수를 버려버렸다. 또 마케팅을 하는 친구와 레스토랑의 방향과 브랜딩에 대해 회의하는데, 내가 너무 깐깐하게 군다는 생각 때문에 그가 제시한 모든 아이디어를 승낙했단 말이오."

기억하라. 완벽주의는 그 높은 기준이 '삶을 방해'할 때만 문제가 된다. 높은 기준이 효과를 발휘하고 있다면, 예컨대 조쉬처럼 자기 레스토랑에 대한 기대치가 높고 그래서 잘되고 있다면, 그건 괜찮다. 이는 '긍정적 성취'라고 하는 해롭지 않은 완벽주의다. 완벽한 기준에 도달하지 못해 실패자라고 느끼는 경우와 달리, 긍정적 성취는 높지만 도달 가능한 기준에서 출발한다. 더불어 그 기준에 도달했을 때 만족감과 행복을 느낀다.

결국 로지는 자신이 개발한 프로그램이 후원하는 활동들에 참가했고, 심지어 몇 개의 모임을 앞장서서 만들기도 했다. 하지만 영화 감상이나 저녁식사 자리만 고수했다. 술집 순례도 다트나 당구를 하게 될지 모르니 사양했다. 볼링도 싫었고 노래방은 죽기보다 싫었다. 로지는 대학원 사회생활의 주변부에 조금씩 진입해갔지만 바보 같은 모습을 보일까 두려워 중심부까지 들어갈 생각은 감히 하지 못했다. 로지는 이렇게 말했다. "바보가 되긴 싫어요. 사람들을 만나는 건 마치 레이저가 뻗어 있는 미로 같아요. 한 번이라도 실수하면 여기저기서 경보가 쩌렁쩌렁 울릴 것만 같거든요."

이런 믿음의 역사는 생각보다 길다. 1960년대 중반, 심리학자 엘리엇 애런슨 Elliot Aronson 이 한 실험은 내가 가장 좋아하는 실험이다. 실험에서 참가자들은 이렇게 안내받았다. "첫인상이 어떻게 형성되는지에 대한 실험입니다. 지금부터 대학생 퀴즈 프로그램 참가자들의 목소리를 들려드리겠습니다." 참가자들은 무작위로 네 개의 녹음 테이프 중 하나를 듣게 되었다. 테이프에는 퀴즈 프로그램 참가자들이 50문제에 답하고 자신에 대해 간략히 이야기하는 내용이 담겨 있었다. 각 테이프는 서로 약간 달랐는데, 첫 번째 테이프의 참가자는 차분히 대부분의 문제를 맞혔다. 그는 고등학교 시절 우등생이었고, 연감 편집장이었으며, 육상부였다는 사실을 겸손하게 이야기했다. 두 번째 테이프의 참가자는 허둥대면서 답을 3분의 1도 맞히지 못했다. 그의 고등학교 생활은 평범했고, 특별활동도 거의 없었다. 흥미로운 것은 세 번째, 네 번째 테이프였다. 처음 두 테이프와 정확히 똑같았지만, 마지막 부분이 달랐다. 갑자기 달가닥거리는 소리와 의자 끄는 소리가 나더니 이런 외침이 들렸다. "세상에! 새 옷에 커피를 다 쏟아버렸네!"

실험 참가자들은 테이프를 들은 후 목소리의 주인공들에 관한 질문을 받았다. 참가자들이 가장 호감을 느꼈던 사람은 누구였을까? 전부 같은 사람이었다. 바로 퀴즈를 거의 다 맞히고, 마지막에 커피를 쏟은 사람이었다.

우리는 보통 실수를 좋지 않은 것으로 여긴다. 그래서 실수를 피하려고 갖은 노력을 한다. 하지만 전반적으로 차분하고 유능하다면, 사실 그 반대가 더 효과적이다(지금 이 순간 스스로 차분하고 능력 있는 사람일까 걱정하고 있다면, 그건 곧 아무 문제가 없다는 뜻이다). 실수는 유능한 참가자의 매력도를 높이는 데 마법 같은 효과를 발휘했다. 왜일까? 애런슨 연구팀은 커피를 엎지른 행동이 그를 더 인간적이고 다가가기 쉬운 상대로 만들었다고 결론지었다. 여전히 멋지지만 더 이상 두려운 존재가 아닌 것이다. 초인이 아니라 평범한 인간으로 볼 수 있게 해주었고, 그 결과 더 매력적인 대상으로 만들어주었다. 우리는 불완전한 사람들을 더 좋아한다. 자기 비하가 그토록 매력적으로 느껴지고, 레드 카펫에서 넘어지는 유명 인사들이 사랑스러워 보이는 것도 전부 그 때문이다.

창피함을 느끼고 싶은 사람은 없지만, 진화 과정에서 벗어날 수 있는 사람도 없다. 창피함은 진화 과정에서 비언어적 사과와 유화의 몸짓으로 여겨져 왔다. 심지어 신뢰를 형성하기도 한다. 당혹스러워하기 쉬운 사람일수록 더 친절하고, 믿을 만하며, 관대하다. 기억하라. 사회불안은 늘 장점들과 한 쌍으로 엮여 있다.

시간이 지나면서 비비안은 온라인에서도, 현실에서도 자신을 너그럽게 대하는 법을 천천히 배워갔다. 그리고 기준을 낮추면서 다른 사람들에게도 더 관대해졌다. 직장동료 안나가 너무 시끄러운 데다가 주차장도 턱없이 부족한 레스토랑으로 직원들을 초대했을 때, 비비안은 불평하지 않고 그냥 넘겼다. 대화를 쥐어짜듯 주도하려 하지 않고 자연스러운 흐름을 따라가며 귀 기울이려고 노력했다. 그러자 놀랍게도 대화가 훨씬 더 즐거웠다. 예전에는 줄타기하듯 아슬아슬하게 사회생활의 경계선을 걷는 느낌이었다면, 마음이 누그러지면서 그 경계선이 더 튼튼하고 넉넉해진 느낌이었다.

그렇다면 로지는? 로지는 모든 용기를 그러모아 당구대가 있는 술집에 갔다. 순서를 몇 차례 건너뛰는 걸 아무도 눈치채지 못하길 바라며 마지못해 당구를 쳤다. 그런데 놀랍게도 다른 사람들 역시 형편없었고, 잘하는 사람들은 로지가 잘하든 못하든 신경 쓰지 않았다. 더 이상 거짓 믿음을 붙잡고 있을 필요도, 완벽해 보일 필요도 없었다. 당구에서뿐만이 아니다. 용기를 얻은 로지는 몇 번의 주말을 더 보낸 후 볼링도 치러 갔다. 공이 홈통으로 연달아 빠지고 결국 두 자릿수의 낮은 점수로 경기를 마쳤지만 정말 즐거운 시간이었다. 그녀의 볼링 점수를 눈여겨본 사람이 몇 명이나 될까? 아무도 없었다. 그렇다면 처음으로 (불완전한) 자신으로 있는 것만으로도 행복하다고 느낀 사람은 몇 명일까? 딱 한 명, 바로 로지였다.

자신에게 문제가 있다는 오해

숨어있는 사회성 발현하기

높은 회색 콘크리트 벽으로 마감된 최신식 권투 연습장 벽에 화려한 벽화들이 그려져 있다. 한쪽 벽에는 체육관의 커다란 로고가, 다른 벽에는 그 지역 권투 챔피언들의 닮은꼴이 그려져 있었다. 선반에는 운동용 고무공, 줄넘기, 권투 장갑이 색깔별로 가지런히 정리되어 있었고, 두 개의 링 주위에는 천장에 걸린 샌드백이 누군가 쳐주기를 기다리고 있었다. 시설은 최고였다. 하지만 문제가 하나 있었다. 바로 아무도 없다는 것, 체육관 관장 데릭만 빼면 말이다.

데릭은 체육관을 열고 나서 나를 찾아와 강도 높은 사회성 훈련 프로그램에 넣어달라고 부탁했다. 데릭의 직업으로 볼 때 "강도 높은 훈련"이라는 말은 빈말이 아니었을 것이다.

왕년의 권투 챔피언이었던 데릭의 아버지는 지난 20년 동안 동네 남쪽에서 체육관을 운영했다. 갓 서른을 넘긴 데릭은 그 체육관을 이렇게 묘사했다. "세계 최고의 권투선수들 옆에서 학생들, 육체 노동을 하는 사람들, 회사 중역들, 아이들을 데리고 온 엄마들, 동네 날라리들이 같이 훈련했어요. 한마디로 권투계의 유엔이었죠." 데릭의 아버지는 이를 확장하기 위해 새 체육관을 만들어 데릭에게 맡겼다.

하지만 데릭은 체육관이 텅 빈 이유가 자기 때문이라고 생각했다. "아버지는 모르는 사람이 없었어요. 누구하고든 금방 친해지셨죠. 소문에 따르면 처음 체육관을 열었을 때 동네 폭력배 대장이 돈을 뜯으러 왔는데, 아버지가 어찌나 잘 구슬렸는지 체육관에서 훈련을 시작했다지 뭡니까." 데릭이 웃으며 말했다. "아버지의 사교성은 정말 최고였어요. 빌 클린턴도 아버지 옆에서는 말 한마디 못했을 겁니다."

데릭의 웃음이 갑자기 사라졌다. "저는 사회성을 타고나지 못했어요. 오해는 마세요. 체육관에 있는 건 좋아요. 에너지가 넘치잖아요. 하지만 가끔 모든 일이 다 잘못될 것 같다는 생각이 들어요. 그럴 때가 문제예요." 데릭이 설명했다. "강의를 하라고 하면 잘합니다. 권투 기본기를 가르칠 수도 있고, 훈련법도 아무 문제없이 가르칠 수 있어요. 관심 있는 사람들을 데리고 다니며 체육관 여기저기를 보여주는 것도 문제없고요. 다 잘해요. 하지만 미리 짜놓은 구조와 스케줄이 없으면 그때부터 형편없어져요." 그가 우람한 타투가 그려진,

내 다리만큼 두꺼운 팔뚝을 책상 위에 올려놓고 손가락으로 책상을 두드리며 말했다.

"저는 사람들이 우리 체육관에서 운동하는 기쁨을 느꼈으면 좋겠어요. '와, 여기 정말 멋진 곳이야.'라고 말하면서 돌아갔으면 좋겠어요. 그래서 수업이 끝나면 사람들과 이야기를 하면서 아버지가 늘 보여주셨던 매력적인 모습이 되어보려고 노력해요. 하지만 늘 실패하죠. 너무 들이대거나 머리가 텅 비거나 둘 중 하나예요. 저한테 문제가 있나 봐요. 사회성이 전혀 없어요." 그가 단호하게 말했다. "최고의 멘토가 옆에 있는데 그걸 따라 할 수가 없어요. 아버지만큼만 했다면 지금쯤 새 체육관에도 사람들이 바글바글할 텐데 말이에요."

데릭은 친구들과 함께 있으면 더 심해진다고 덧붙였다. 친구들은 가끔 술을 마시다 만난 여성한테 다가가 말을 걸어보라고 그를 부추겼다. "그래서 제 소개를 하려고 다가가요. 하지만 늘 하려고 했던 말을 진짜 해도 되는지 다시 생각해보다가 그냥 포기해요." 그래도 용기를 내서 다가가보지만 이번에는 머리가 새하얘진다. 이러지도 저러지도 못하면서 주변만 맴돌다가, 이러다 이상한 사람처럼 보이지 않을까 하는 걱정에 더 자신이 없어진다. "여자들은 제가 말을 걸러 오는 게 아니라 사과를 하러 온 줄 알 거예요." 데릭이 한숨을 쉬며 말했다. "소개팅 앱 같은 걸 좋아하진 않지만, 그래도 술집보다는 나은 것 같아요. 적어도 서로 매칭이 되었다는 건 알려주잖아요."

하지만 그의 가장 큰 걱정거리는 바로 가족의 유산인 체육관이었다. 데릭은 체육관의 명성에 금이 가고 있다고 말했다. "의사 선생님

이제 사회성을 키워주셔야 해요. 강도 높은 훈련을 받아서라도 회원을 모집해야죠. 아버지처럼 사회성을 타고나지 못했으니까요."

이 점이 중요하다. 데릭은 체육관이 텅 빈 이유를 자신의 부족한 사회성 때문이라고 여겼다. 실제로 자의식이 넘칠 때 우리는 텅 빈 주말, 텅 빈 일정, 텅 빈 침대가 부족한 사회성 때문이라고 생각한다. 우리가 모르는 어떤 규칙이 있거나 우리가 알지 못하는 어떤 비결이 있을 거라고 생각한다.

여기서 바로 '나는 사회성이 부족하다'는 다섯 번째 착각이 등장한다. 사회불안에 빠져들 때 우리는 이런 말을 한다. "어떻게 대화해야 하는지 모르겠어." "나는 잡담을 잘 못해." "할 말이 없어." "꼭 멍청한 짓을 하게 된다니까." 혹은 로지처럼 어떻게 평범한 사람이 되는지 모르겠다는 식으로 말하기도 한다. 사회적 능력도 일정 부분 작용하지만 중요하지 않다. 물론 웃으며 인사하고, 적절한 힘으로 악수하고, 또 G8 정상회담에서 여성 지도자에게는 원치 않는 신체 접촉을 하지 않아야 한다는 등 서양 문화가 만들어온 기본적인 규칙들은 존재하지만 말이다. 그리고 사회성은 이를 연마할 수 있는 상황들을 회피해왔기 때문에 길러지지 않았을 수도 있다. 경험이 부족할 수 있지만 그렇다고 가망이 없는 것은 아니다. 데릭처럼 '사회성을 타고나지 않았다.'는 생각이 당신을 가로막는 게 아니다. 우리를 가로막는 게 있다면 그것은 바로 불안이다. 불안이 당신이 가진 능력을 발휘하지 못하게 방해하고 있는 것뿐이다.

편한 사람들과 함께 있을 때 어떻게 행동하는지 생각해보라. 그럴

때에도 사회성이 부족한가? 아마 아닐 것이다. 데릭처럼 사회성이
사라진 것처럼 보이는 원인은 대개 내면의 비판자 때문이다. 무서워
보일까, 이상하고 어색해 보일까, 혹은 바보처럼 보일까 봐 과도하
게 걱정하고 있으면, 내면의 비판자는 당신을 온갖 잘못된 정보로
몰아넣으며 질책할 것이다. 게다가 데릭처럼(혹은 로지나 비비안처럼)
무슨 일이든 완벽하게 해야 한다고 자신을 몰아붙이면 당연히 숨이
막힌다. 그렇게 위축되기 때문에 사회성이 없는 것처럼 '느껴지는'
것이다. 어떻게 행동해야 할지, 무슨 말을 해야 할지 전혀 모르겠고,
상황을 망치거나 멍청한 짓을 해버릴 것 같은 느낌이 든다. 하지만
사회성이 없다는 그 느낌은 불안의 결과일 뿐이다. 사회성이 없어서
불안한 것이 아니라 불안해서 사회성을 발휘하지 못하는 것이다.*

당신의 사회성은 지금 억울하다

할 말이 없다거나 눈에 띄는 것 같아 불편함을 느끼는 것은 분명 문
제다. 하지만 이는 사회성 부족의 문제가 아니라 자신감의 문제다.
흥미롭게도 사회불안을 겪는 대부분의 사람은 사회성이 몹시 뛰어

• 사회불안은 사회부적응과는 다르다. 사회불안은 내면의 비판자가 만들어낸 왜곡인 반면, 사회
부적응은 (교정이 가능하지만) 실제로 사회성이 부족한 것이다. 믿을 만한 가족이나 친구와 함께 있
을 때 두렵지 않고 움츠러들지 않는다면, 사회성은 전적으로 충분하다. 하지만 사회부적응은 사
회적 능력과 사회적 기대가 실제로 일치하지 않는 것이다. 왜곡이 아니라는 뜻이다. 더 알아보고
싶다면 타이 타시로[Ty Tashiro] 박사의 명저 『어색함[Awkward]』을 참고하라.

나지만, 위축되면 그 기술을 자신감을 얻지 못하는 방식으로 사용한다. 굳이 말하지 않아도 되게끔 상대방이 계속 말을 하도록 유도한다. 자기 이야기를 할 필요 없게 대화를 교묘히 끌고 간다. 질문을 많이 한다. 전문가들은 이를 '드러나지 않는 사교성'이라고 한다. 고개를 자주 끄덕이고 동의하고, 말을 끊지 않으려 한다. '아, 정말?', '그렇구나!' 등 언어학자들이 간접적인 반응이라고 부르는 방식을 사용해 우리가 경청하고 있고, 관심을 가지고 있음을 보여준다. 알다시피, 이 모든 행동에는 뛰어난 사회성이 필요하다. 우리는 집단의 분위기를 파악하고, 친절하게 대하고, 세심하게 주의를 기울이고, 갈등을 피하고, 상대가 자연스럽게 주도권을 잡도록 만드는 데 능숙하다. 선뜻 동의하며, 주의를 기울이면서 평화를 유지하고, 상대방이 느끼지도 못하게 그를 앞장서게 만드는 전문가들이다.

실수나 실례를 하고 무심코 불쾌한 말을 했다는 생각이 들면, 상황을 설명하고 사과하는 더 뛰어난 사회성을 발휘한다. 그런 능력이 없다면 그야말로 문제가 발생하고 결국 혼자가 될 것이다. 2012년 버클리대학교에서 실시한 연구에 따르면 당황스러움을 느끼는 것은 불편한 일이지만, 이는 친사회적 행동을 장려함으로써 중요한 사회적 기능을 수행한다는 사실이 밝혀졌다. 요약하자면, 우리는 사회성이 부족하지 않다. 사실 정반대다. 단지 능력을 발휘하지 못하고 있는 것뿐이다. 그렇다면 왜 스스로 사회성이 없다고 느끼는 것일까?

'늘 당황스러운 행동을 하게 되기 때문이다.'라고 답할지도 모르겠다. 혹은 '늘 어색한 침묵을 초래하니까.' '사람들이 이상한 표정으로 나를 보는데, 내 말을 못 들었는지 아니면 내가 바보 같다고 생각해서 그러는지 잘 모르겠으니까.'라고 답할지도 모르겠다. 좋다. 지금부터 이유를 설명해보겠다. 사회불안은 판단에 대한 두려움, 들킬지도 모른다는 두려움이 있을 때에만 발생한다. 당신은 배우자나 가족, 친한 친구들 앞에서는 솔직하고, 편안하고, 재미있는 사람일 것이다. 하지만 낯선 사람이나 잘 모르는 사람들과 함께 있을 때는 괜히 움츠러들기 때문에 사회성이 없다고 생각하게 된다.

걱정하지 말라. 당신만 그런 게 아니다. 여기서 해리스를 만나보자.

해리스 오말리는 자칭 괴짜였지만 드라마 〈빅뱅이론^{The Big Bang Theory}〉에서 바로 걸어나온 것만큼은 아니었다. 그는 개방적이고, 자신감 넘치며, 결혼 생활도 행복했다. 하지만 대학 시절에는 그렇지 않았다. 그때는 영화 〈가타카^{Gattaca}〉와 〈다크 시티^{Dark City}〉의 기호학에 대해 언제든 해박한 지식을 늘어놓을 수 있었고, 한 고객의 웃긴 리뷰로 단숨에 모든 사람의 입에 오르내리며 수많은 패러디를 생산한, 화제의 중심인 티셔츠를 자랑스럽게 입고 다니기도 했다. 하지만 한편으로는 심각하게 위축되어 있었다.

"여자를 잘 모르는 녀석"이 해리스에 대한 평판이었다. 그는 친구가 되거나 "난 네가 친오빠 같아."라는 말을 들을 때마다 규칙을 모르는 게임에서 지는 것 같은 기분이 들었다. 어느 날 밤, 좌절한 해리스는 자신한테 틀림없이 무언가 문제가 있다고 결론 내렸다. 데릭처럼 그 역시 사회성이 문제라고 생각했다. 그래서 노트툴을 켜고

'여자친구 사귀는 법'을 검색했다.

그날 밤 구글 검색을 통해 해리스는 픽업 아티스트 업계에 깊이 빠져들었고, 이는 다년간에 걸친 불운한 여정으로 이어졌다. 해리스는 자신의 연애가 잘 풀리지 않는 이유가 사교성 때문이라고 생각했고, 일련의 연애 규칙이 이를 개선해줄 거라고 생각했다.* 하지만 반대로 이는 여성들을 기껏해야 해결해야 할 문제로 여기거나, 최악의 경우 목표물로 인식하는 잘못된 사고방식에 젖어들게 만들었다. 해리스는 이렇게 말했다. "유혹하는 장면에서는 기본적으로 대상을 통제하고 조종하는 법을 알려주었어요. 그리고 예상치 못한 행동을 하면, 그 여자한테 문제가 있다고 생각하게 만들었죠. 사회성을 키우려고 했는데 오히려 강압적인 영업 전략에 가까웠어요. 정말 독이었죠."

그로부터 15년 후, 현재 해리스는 재미있으면서도 실용적이고 통찰이 가득한 '너드러브 박사에게 연락하세요 Paging Dr. NerdLove' 블로그를 운영하며 상까지 받았다. 픽업 아티스트 업계에서 벗어난 지 오래된 그는 이제 너드, 괴짜, 오타쿠, 게임 중독자들에게 '독이 되는 부분은 쏙 뺀, 효과적이고 건강한' 연애와 사랑에 관한 조언을 제공한다.

너드러브 박사 해리스가 말했다. "괴짜들은 최악의 초능력을 갖고

• 앞서 '구조' 개념을 설명할 때 등장한 '역할 맡기'와 비슷하다고 생각할 수도 있지만 이는 가림막이다. 여성들을 유혹하는 규칙이나 방법은 상대를 속이려는 페르소나를 만든다. 진정한 자신이 되는 것과 정반대의 길이다.

있죠. 바로 어떤 일에서든 최악의 결과를 예측하는 능력이에요. 누군가에게 다가가 '안녕'이라고 말하는 것만으로도 어떻게 감옥에 가게 되는지 설명할 수 있을 정도예요." 하지만 괴짜들만 그런 것은 아니다. 사회불안을 경험해본 사람이라면 누구나 사회성이 신기루처럼 손아귀에서 빠져나가는 듯한 느낌을 알 것이다.

실제로 정말 사회성이 사라져버리기도 한다. 걱정이 자기충족적 예언이 되는 것이다. 하지만 당신만 그런 것은 아니다. 얼마나 많은 사람들이 그러는지, 이를 지칭하는 용어도 있다. 바로 '사회불안으로 인한 행동장애'다. 정확히 말하면, 이는 불안하기 때문에 오히려 이상하게 행동하기 시작하는 현상이다. 머릿속이 새하얘지고, 음료수를 엎지르고, 넘어지기도 한다. 로맨틱코미디 속 여자 주인공처럼 사랑스러우면 좋으련만 볼썽사나운 방식으로 말이다. 잔인하고 역설적이게도, 이런 행동이 결국 타인의 시선을 끌고 어색한 순간을 만들어낸다.

당신의 자신감은 숨어있다

뭔가 문제가 있다는 우리의 신호가 주변 사람들의 위협 감지기를 작동시킨다. 도망가는 사슴의 흰 꼬리든, 문어가 뿌리고 달아난 먹물이든, 데릭이나 해리스가 '괜찮아. 나라도 나랑 이야기하고 싶지 않을 거야.'라는 분위기를 풍기며 여자들에게 다가가든, 우리가 위협 신호를 내보내면 다른 사람들은 자신의 안전을 확보하기 위해 우리를 주시할 수밖에 없다. 하지만 사람들이 우리의 어색한 모습을 보는 것이야말로 우리가 가장 원치 않는 일이자 두려워하는 일이다.

위축되는 느낌이 들 때 이미 우리의 머릿속은 복잡하다. 더 이상 자연스럽게 사회성을 발휘할 수 없기 때문에 의식적으로 생각해내야 한다. 여기에 크게 별표를 쳐라. 우리는 이미 모든 방법을 알고 있지만, 겁을 먹고 위축되면 마법처럼 이를 전부 잊는다. 다음번에 먹물을 내뿜을 것 같은 순간이 오면 다음을 참고하라.

눈맞춤

대화할 때 3분의 1에서 3분의 2 사이로 상대방과 눈 맞추기를 목표로 삼는다. 눈을 맞추는 시간이 3분의 1 미만이면 불안, 회피, 항복의 신호고, 3분의 2 이상이면 너무 강렬하게 보는 것이다. 눈싸움하듯 쳐다볼 필요는 없다. 눈을 마주치며 공감하고 눈길을 돌렸다가 다시 또 마주쳐라.

성량

너무 가라앉은 목소리는 시선과도 관련이 있다. 불안해지면 바닥을 보며 이야기하는 경우가 많은데, 이럴 경우 목소리가 엉뚱한 방향으로 가게 되고 성대를 압박해 정확한 발음도 불가능해진다. 상대의 눈을 마주 보며 말하면 훨씬 더 잘 전달된다.

신체

집중하는 대상과 같은 방향을 향하게 하라. 발, 몸, 눈길이 말하는 상대방이나 무리의 중앙을 향하는 것이 좋다.

개인에게 다가가기 혹은 집단에 합류하기

너드러브 박사 해리스는 3초의 규칙을 추천한다. 말을 걸고 싶은 사람이 있으면 3초 안에 다가가 인사를 한다. 이는 특히 남성들에게 중요한데, 남성들은 말없이 주변을 서성이다가는 금방 무서운 대상으로 돌변하기 때문이다. 무리에 끼어들 때도 3초 안에 무슨 말이든 하는 것이 효과적이다. 완벽한 농담이나 실속 있는 말을 할 필요는 없다. 기억하라. 우리의 목표는 완벽함이 아니다. "어머, 어떻게 지내?" 혹은 "무슨 이야기 나누는지 들려서 말인데." 정도면 충분하고도 남는다. 그렇게 자연스럽게 합류하고 나면 그저 듣는다. 편해질 때까지 더 말을 할 필요는 없다. 하지만 다음 두 가지를 하면 훨씬 빨리 편해질 것이다. 첫째, 안전행동을 내려놓는다. 불안을 없애기 위해 하는 행동은 무엇인가? 무리의 가장자리에만 머무는가? 그렇다면 더 가까이 다가가라. 핸드폰만 보는가? 내려놓고 말하는 사람을 바라보자. 지아가 햄버거 가게에서 깨달은 사실을 기억하라. 행동으로 분위기를 주도해야 한다. 둘째, 내면으로 향하는 관심을 외부로 돌려라. 디에고를 기억하는가? 내면의 비판자나 두근대는 심장에 신경 쓰지 말고 사람들이 무슨 말을 하는지에 집중하라. 사교적일 필요는 없다. 호기심만 있으면 된다. 얼마 동안 대화를 듣다 보면 무슨 말이든 하고 싶은 이상한 마음이 생길지도 모른다.

대화에 끼어들기

나는 대화에 끼는 것이 몹시 힘들었다. 잘 듣다가 좋은 아이디어가 떠올랐지만 좀처럼 끼어들 틈을 찾을 수 없었다. 그러다가 대화 주제가 바뀌거나 다른 사람이 내 생각을 먼저 말해버리면 괜히 그들한테 화가 나고 좌절감을 느꼈다. 오랜 시간이 걸렸지만, 가볍게 숨을 들이마시고 태도를 조금 가다듬는 법을 배웠다. 자세를 곧추세우고 입을 살짝 벌리는 행동은 사람들에게 내가 곧 무슨 말을 할 거라는 신호가 되었다. 처음 효과를 봤을 때 모든 사람이 고개를 돌려 나를 바라보는 바람에 너무 놀라 하려던 말을 깡그리 잊어버렸다.

위축되고 사회성이 증발해버린 것 같다고 느낄 때 의식적으로 이 규칙들을 생각해 적용할 수 있다. 하지만 해리스도 깨달았듯이, 목표는 규칙에 얽매이는 것이 아니라 규칙을 넘어서는 것이 되어야 한다.

"그러다 실수하면 어떡해요?"라고 되물을 수 있다. 당연히 실수할 것이다. 나도 그랬다. 여전히 그렇다. 그리고 '모든 사람이 그렇다.'

누구나 썰렁한 농담을 하고 무심코 부적절하게 들릴 수도 있는 칭찬을 한다. 하이 파이브를 하려고 손을 들지만 아무도 눈치채지 못한다. 의도와 전혀 다른 결과를 맞는다. 하지만 모두가 겪는 일이다. 실수로 누군가를 기분 나쁘게 했다면 사과하면 된다.•

완벽할 필요가 없다는 사실 또한 기억하자. 로지와 비비안처럼 기꺼이 평범해져라. 정확한 시점에 끼어들거나 재치 있고 예리한 말을 할 수 있을 때까지 기다린다면 아무 말 없이 서 있을 수밖에 없다. 우리는 부정적인 반응을 얻거나 어색한 침묵을 만들어낼까 봐 두려워 그저 가만히 있는 편을 택한다. 그러니까 하늘처럼 높은 기준을 낮춰야 한다. 완벽한 타이밍에 농담을 던지려고 기다리기보다는 그냥 안부 인사하는 것을 목표로 삼아보자. 재치 있는 독백이 생각날 때까지 기다리지 말고 두 가지 질문을 던져라. 상대방이 무슨 말을 하든, 51퍼센트의 순수한 호기심을 갖고 경청하자.

• 이 부분에 대해 해리스가 중요한 말을 했다. 가끔 '실제로' 무서운 남성들이 여성의 경계를 침범하는 구실로 '사회성이 부족하다'는 딱지를 사용한다. "미안해요, 제가 원래 사회성이 좀 없어서"라고 사과하면서, 상대 여성이 과민반응을 하고 있으며 자신의 침범을 허용해야 한다는 뜻을 내비친다. 그녀가 그 행동에 두려움을 느끼더라도 말이다(혹시 내가 그런 사람인가 걱정하고 있다면 분명 당신은 아닐 것이다. 그런 걱정을 한다는 것 자체가 그런 사람이 아니라는 뜻이다). 어색해하거나 불안해하는 사람들은 실수로 경계를 침범하더라도 대부분 자신의 실수를 깨닫고 사과한다. 한편 실제로 무서운 사람은 의도적으로 선을 넘는다. 그들은 '사회성이 부족하다'는 핑계로 편하게 행동할 권리를 본능적으로 안전을 확보하고자 하는 상대 여성의 권리보다 훨씬 중요하다고 생각한다. 해리스의 멋진 칼럼 전문을 읽고 싶다면 https://www.doctornerdlove.com/socially-awkward-isnt-an-excuse/을 참조하라

향수 냄새가 지독한 젊은 남성과 같은 공간에 있어본 적이 있는가? 이렇게 묻는 이유가 있다. 불안이 사회성의 문제가 아니라 자신감의 문제라는 마지막 근거는 바로 플라시보^{Placebo} 효과다. 리버풀 대학교 연구팀에 따르면, 이성애자 남성들이 향이 강한 제품을 사용했을 때 향이 없는 제품을 사용했을 때보다 더 자신 있게 행동했다. 이 기발한 실험에서 연구팀은 강한 향으로 인한 자신감이 행동에도 영향을 끼친다는 사실을 입증했다.

실험에 참가한 젊은 남성들은 먼저 사진을 찍은 다음, 매력적인 여성에게 자신을 소개하는 15초짜리 짧은 영상을 촬영했다. 이성애자 여성들은 그 남성들이 향이 강한 제품을 사용했는지 향이 없는 제품을 사용했는지 모른 채 사진과 영상만 보고 매력도를 평가했다. 사진에서 여성들은 향의 강도에 따른 매력도의 차이를 발견하지 못했다. 하지만 영상에서는 향이 강한 제품을 사용한 남성이 더 매력적이라고 평가했다. 향을 맡을 수 없었음에도 불구하고 말이다. 이는 곧 남성들의 행동 차이가 매력의 차이를 가져왔다는 뜻이다. 이를 엑스 효과^{AXE Effect}라고 한다. 나는 그 향을 맡으면 눈이 따가울 정도지만, '좋은 첫인상을 보장한다.'라고 약속하는 그 제품이 10대 소년들에게 플라시보 효과를 내기 때문에 수십억 달러 규모의 브랜드로 시장을 장악하고 있다. 향이 마법처럼 없던 매력을 만들어주지는 않는다. 실험에 참가한 젊은 남성들은 어쨌든 사회성은 충분했다. 플라시보 효과가 그 사회성을 제대로 발휘할 수 있는 자신감을 심어준 것뿐이다.

정리해보자. 상황이 어색해지면 우리는 성급하게 사회성을 탓한다. 가끔 정말 사회성이 사라져버린 것 같다고 느낄 때도 있지만 이는 우리가 움츠러들었기 때문이다. 충분히 바꿀 수 있는 상황이다. 1976년의 한 실험에서 연구자들은 사회불안 경향이 있는 대학생 40명에게 연봉 인상을 요구하거나 이웃에게 음악 소리를 좀 줄여 달라고 부탁하는 등의 당당한 행동을 하는 역할극을 하게 했다. 참가자 중 절반은 평소처럼 반응하라는 지시를 받았고, 나머지 절반은 가장 자신감 넘치는 사람들이 할 것 같은 행동을 해보라는 지시를 받았다('역할 맡기'가 떠오르지 않는가?). 참가자들은 연구팀의 요구에 따라 조명의 밝기를 조절하듯 자신의 당당함 정도를 자유자재로 조절할 수 있었다.

다시 말해서 '나는 사회성이 없어.'라는 믿음과 상관없이, 사회불안을 겪는 우리에게 필요한 것은 사회성이 아니다. 다만 위축되지 않으면 된다. 그리고 우리는 모두 움츠러들지 않기 위해 어떻게 해야 하는지 이미 알고 있다. 실험 참가자들이 그랬던 것처럼 역할극을 하라. 자신에게 임무를, 기꺼이 평범해지는 임무를 주어라. 실제로 그렇게 될 때까지 그런 척하라. 그리고 마지막으로, 안전행동을 멈추고 향수도 치워버리자.

데릭은 과거를 돌이켜보며 깨달았다. 새 체육관에 손님이 없었던 이유는 모든 사업이 하룻밤 사이에 성공하는 건 아니라는 생각이면 충분했다. 얼마 후 그는 또 깨달았다. 사업의 성공은 자신이 생각했던 것처럼 관장의 성격에 달린 것이 아니라는 사실을 말이다. 아버지 역시 오직 사회성만으로 성공한 것은 아니었다. 위치와 홍보, 노력과 시간, 행운이 복합적으로 작용한 결과였다. 문제는 데릭의 사회성이 결코 아니었다. 무언가가 그의 발목을 잡고 있다면, 그건 불안이었다. 불안은 그가 사회성을 발휘할 수 없게 만들었다.

텅 빈 개장식을 한 지 1년 정도 지난 어느 토요일 아침, 데릭은 이제는 더 이상 새로울 게 없는 체육관을 둘러보았다. 사람들이 바글바글했다. 운동복을 입은 남자들이 샌드백을 치고 있었고, 금발의 여성 두 명이 분홍색 권투 장갑을 끼고 근처에서 동작을 연습하고 있었다. 열 명 남짓한 회원들이 중앙 링에 모여 기초반 수업이 시작하길 기다리고 있었다. 한쪽에서는 데릭의 어린이 권투교실이 진행 중이었다. 너무 유명해 대기자까지 생긴 어린이 권투교실은 데릭의 자랑이자 기쁨이었다. "부끄러움이 많은 아이들은 자신감을 배웁니다. 제멋대로인 아이들은 차분해지는 법을 배우고요. 대기자 명단까지 있다니까요." 바로 그때 신입 회원들이 접수처로 다가왔고 데릭은 다가가 그들을 맞이했다. 데릭은 아버지처럼 되려고 노력하지 않았다. 다른 사람이 지닌 사회성을 가지려 하지도 않았다. 그냥 자기 자신이면 되었다. 데릭도 깨달았듯이, 그는 이미 그런 능력을 갖고 있었다.

병 속에서 희망 찾기

술에 의지하지 않는 연습

많은 사람이 위축되거나 어색해지지 않기 위해 이를 극복할 방법을 찾는다. 그중 한 가지 방법이 바로 술이다. 이는 수십억 규모의 시장을 이룬다. '생존 음료', '마법의 물' 등 사회불안 경향이 있는 사람들에게 알코올은 여러 가지 이름으로 불리며, 놀랍게도 그만큼 다양한 역할을 한다. 어깨가 펴지거나, 춤출 수 있게 되거나, 어색함을 덜 느끼게 되는 것뿐만이 아니다. 사회불안과 음주의 복잡한 관계에 대한 연구는 아직 초기 단계이지만, 나는 적어도 네 가지 유형의 사회불안 애주가들을 만났다.

첫째, '미리 마시는 사람'이다. 니아는 늘 활짝 웃는 사무직원이었다. '사무실 관리자 니아'는 많은 일을 처리할 수 있지만, 파티나 모금 행사처럼 '평범한 니아'가 되는 곳에서는 마음을 가라앉히기 위해 늘 술 한두 잔을 미리 마셔야 했다. "너무 진부한 방법이죠." 니아가 자신이 못마땅한 듯 말했다. "하지만 정말 긴장이 많이 풀려요." 니아는 술병까지는 아니지만 빈 물병에 보드카를 담아 핸드백에 자주 넣어갔다. 행사장에 도착하면 주차를 하고 보드카를 한 모금 들이킨 다음 몇 분을 기다렸다가 안으로 들어갔다. "필요할 때 정확히 효과를 발휘해요." 니아가 말했다. "도착할 때와 자리를 잡을 때요."

　바다를 사랑하는 보트 판매원 마태오도 있다. 마태오는 '나중에 마시는 사람'이었다. 그는 무역박람회나 사교 모임 같은 걸 죽도록 싫어했지만 직업이 직업이니만큼 피할 수가 없었다. 마태오는 그런 행사를 늘 어색해했고 행사 중에는 '평범한 사람처럼 행동하려고' 최선을 다했다. 하지만 행사가 끝나면 사후처리과정을 빼먹을 수 없었다. 마태오는 머릿속으로 행사장에서의 말과 행동을 계속 곱씹었다. 재미없었던 농담이나 했어야 했던 말이나 행동에 사로잡혔다. "머릿속에서 그 생각이 떠나지 않아요." 마태오가 무심하게 말했다. 그는 행사장에서는 술을 거의 마시지 않았지만, 집에 오면 연이어 맥주병을 땄다. 머릿속의 온갖 후회를 흘려보내기 위해서였다. "기본적으로 저는 자책할 때 술을 마셔요." 마태오가 말했다.

　식료품 창고를 관리하는 데이비드는 '사교를 위해 과음하는 사람'이었다. 데이비드는 술을 많이 마시는 편은 아니었고 친구들이 부추길 때 간혹 한 번씩 마셨는데 그럴 때마다 주량을 훨씬 넘어섰다.

"친구들은 저보고 별종이라고 해요. 평소에는 별 볼 일 없지만 또 파티는 못 빼먹는 파티 광이거든요." 데이비드가 말했다. "파티에서는 사교성이 폭발해요. 당연히 재미있죠. 다음날 머리 아픈 것만 빼면요. 잭콕이 없었으면 사회생활을 전혀 못했을 거예요. 안타깝지만 그래서 술이 없는 자리는 안 가요. 술을 마시지 않으면 사회성이 꽝이거든요."

하지만 사회불안이 있는 모든 사람이 타인의 시선을 감내하기 위해 술을 활용하는 것은 아니다. 타인의 시선이 너무 두려운 나머지 자신을 믿지 못해 전혀 술을 마시지 않는 경우도 있다. 석사 학위를 준비하고 있던 칼라의 예를 들어보자. 칼라는 '술을 멀리하는 사람'이었다. 칼라는 어떤 술도 마시지 않았다. "실수할까 봐 두려워서요. 부끄러워 생각하기도 싫은 일을 하면 어떡해요. 파티나 결혼식에서 술잔을 들고 돌아다니긴 하지만 사실은 술이 아니에요. 정말로 안전하다고 느낄 때나 많이 대담해질 때 홀짝이긴 하지만 한 잔으로 몇 시간을 버텨요. 원래는 전혀 안 마셨어요. 스물두 살 때까지 거의 술 한 방울 안 마시고 대학을 졸업했어요." 그렇다면 지금은? "지금도 가벼운 술만 마셔요. 화이트 와인에 탄산수를 섞은 것 정도? 정신을 잃고 후회할 말이나 행동을 하기는 싫으니까요."

그렇다면 결론은 무엇일까? 사회불안과 알코올이 페이스북의 관계 상태를 업데이트한다면 분명 '복잡한 관계'라고 할 것이다. 실제로 한 연구에 따르면, 사회불안이 높은 사람들은 그렇지 않은 사람들보다 술을 덜 마시지만, 훨씬 위험한 방식으로 술을 마신다. 그리고 연구자들이 '알코올 관련 부정적 결과'라고 부르는 경우를 더 많이 겪는다. 출근하지 못하거나 사고를 당하거나 원치 않는 성관계를 하게 되는 경우 등이다. 직관에 반하는 말 같지만, 잘 살펴보면 이해할 수 있다. 사회불안을 느끼는 사람들은 파티나 모임 같은 사회적 상황을 피하는 경우가 많다. 하지만 어쩔 수 없이 가야 할 경우, 데이비드처럼 '마음을 다스리기' 위해 평소보다 술을 더 많이 마신다. 그렇게 되면 술에 대한 저항력도 약한 데다 스스로 페이스를 조절하는 연습도 부족하기 때문에 문제가 생긴다.

알코올도 사실 회피의 한 종류

지난 한 해 동안 미국인 열 명 중 일곱 명이 술을 마셨다(다시 말하면, 열 명 중 세 명은 술을 마시지 않았다는 뜻이다. 술을 마시지 않는 사람들에게도 수백만 명의 동지가 있다). 위대한 철학자 호머 심슨의 말대로 알코올은 사회불안 문제의 해결책이기도 하지만, 동시에 원인일 수도 있다. 두 가지가 동시에 가능하다고? 우선 알코올은 적어도 단기적으로는 '효과가 있다.' 연구에 따르면 한 잔을 마실 때마다 사회불안이 4퍼센트 감소한다. 마음이 마법처럼 편해지는 쉬운 방법이다. 와인 두 잔으로 바보 같은 느낌이 8퍼센트나 감소한다면? 당장 시도해보고 싶을 것이다.

하지만 장기적 관점에서는 전혀 다르다. 첫째, 음주는 사회불안을 일시적으로는 완화해주지만, 시간이 흐르면서 사람들은 사회불안에 대한 '반응'으로 술을 마시기 시작한다. 실제로, 또 다른 연구에 따르면 사회불안과 음주 문제를 동시에 겪고 있는 사람들은 사회불안이 거의 늘 먼저 나타난 문제였다.

둘째, 사회불안을 느끼는 사람들은 부정적인 감정을 없애기 위해 혼자 술을 마실 가능성이 더 높다. 마태오가 맥주를 마시며 자학하는 경우처럼 말이다.

마지막으로, 주차장에서 미리 술을 마시고 들어가던 니아처럼 알코올과 자신감을 연관 지어 생각하게 된다. 우리는 보드카의 약속을 믿는다. '나만 있으면 어디서 무슨 말을 하든 문제없는 사람이 될 거야!' 어떤 방식이든, 사회불안장애는 알코올 관련 장애로 발전할 가능성이 4배 이상 높다.

그렇다면 우리는 왜 계속 술에서 희망을 찾으려 할까? 앞서 말한 기대치와 능력의 차이를 기억해야 한다. 사회적 기대는 하늘처럼 높지만("늘 재미있는 말을 할 수 있어야 해." "이 남자와 금방 친해져야 해.") 자신은 너무나 부족하고, 어색하고, 서툴러서 그 기준에 도달할 수 없다고 생각하기 때문이다. 그럴 때 술은 인위적으로 그 격차를 줄여준다. 여기에 사회불안에 대한 마지막 근거 없는 믿음이 있다. '마음이 편해지려면 술이 필요하다'는 것이다. 물론 술은 우리의 기를 펴주지만, 사회성을 발휘한 공로는 모두 알코올에 돌아간다. 그 결과, 사회성은 이미 충분하지만, 단지 너무 위축되어 있어서 이를 발휘하지 못했을 뿐임을 깨닫지 못한다. 술은 덤보의 마법 깃털과 같다. 그것을 빼앗기면 날 수 없다고 생각하는 것이다.

그러므로 하늘처럼 높은 기준을 낮추고 자신을 보호하려는 내면의 비판자의 노력에 감사하되, 그에 도전하고 자신에게 친절을 베풀어라. 머릿속 생각에 몰두하지 말고 주의력을 외부로 돌려 대화에 집중해보자. 용기를 내 산을 넘는 것이다. 다시 말하면, 술기운을 빌리지 않고도 낼 수 있는 용기를 키워라. 술잔은 '필요해서'가 아니라 스스로 '원할' 때만 들어라. 무엇보다 가장 맛있는 술이 될 것이다.

HOW TO BE YOURSELF

5

누구에게 어떻게 다가갈 것인가

친구는 '발견'이 아니라 '과정'이다

관계를 쌓고 지키는 법

매디는 아파트 문을 열고 들어간다. 또 한 번의 긴 밤이 그녀를 기다리고 있었다. 절망적이었다. 시에라네바다 ^{Sierra Nevada} 산맥에 있는 작은 도시에서 산 호세 ^{San José} 로 이사 온 것이 1년 전이었다. 고향에는 일자리가 별로 없었던 탓에 메디는 산 호세의 한 운송회사 관리직 제안을 받고 그 기회를 놓치지 않으려 아는 사람이 한 명도 없는 이 도시로 이사를 왔다. 이사는 전반적으로 잘한 결정이었다. 매디에게 생긴 문제는 단 한 가지, 아직 친구가 한 명도 없다는 것이었다.

"벌써 1년이에요." 매디가 말했다. "고향 친구들은 전부 1년만 버텨보라고, 친구를 사귀려면 시간이 필요하다고 하지만, 이 정도로 오래 걸리지는 않을 것 같아요. 퇴근하면 곧장 집으로 가버리는 나쁜 습관이 있긴 하지만요. 그냥 인터넷을 하거나 텔레비전만 봐요. 나가서 이것저것 시도해보기가 겁나니까요. 여기까지 이사 왔다고 다들 용감하다고 하지만 정말 잘한 결정이었나 싶기도 해요." 매디가 눈물을 삼키며 말했다. "왜 전 친구를 못 사귈까요? 부끄럽지만 친구 사귀는 법을 검색해본 적도 있어요. 전부 독서 모임에 가입하고 동호회에 나가라는 말만 해요. 아니면 자원봉사. 진짜 왜 다들 자원봉사를 하라고 하죠? 바보가 아니니 저도 알죠. 그걸 한다고 뭐가 되겠어요. 독서 모임? 무작정 가서 무슨 말을 해야 하나 1시간 동안 고민하는 거? 어려워요. 도대체 무슨 말을 해야 해요? '안녕하세요. 매디라고 해요.' 그러고 나면 할 말이 하나도 없어요."

반대로 노라는 아는 사람이 많았다. 노라는 두 아이의 학교, 스카우트, 축구팀 엄마들 이름을 전부 알고 있었다. 반갑게 인사하고 소소한 이야기도 나누지만, 그들이 친절함 이상으로 다정하다는 느낌은 받지 못했고 그 상황을 어떻게 돌파해야 할지 알 수가 없었다.

"아무도 절 몰라요." 노라가 말했다. "늘 마지막에 소개받는 사람 같아요. '어머, 둘이 아직 몰라요?' 이 말을 얼마나 많이 듣는지 몰라요. 아는 사람은 많고 친한 친구도 몇 있지만 관계를 조금 넓히고 싶어요. 페이스북 친구는 많지만 그건 가짜잖아요. 진짜 믿을 만한 사람은 남편뿐이에요. 왜 그랬는지 모르겠지만 늘 아웃사이더였어요. 다들 별것 아닌 이야기를 쉽게 나누는데 정말 알다가도 모르겠어요. 어떻게 하면 그럴 수 있죠?"

사회불안이 없다 해도 성인이 되어 친구를 사귀는 것은 쉽지 않은 일이다. 미국의 저명한 〈심리학회보 Psychological Bulletin〉에 실린, 실험 참가자 17만 7천 명에 대한 메타 분석에 따르면, 사회 집단은 초기 성인기까지 확장되고 그때부터 줄어들기 시작한다. 2006년의 한 대규모 조사에 따르면 절반 이상의 미국인들이(53%) 가족 이외의 친구가 한 명도 없었다. 미국 성인 4명 중 1명은 믿을 만한 사람이 전혀 없었다. 그로부터 10년 후인 지금 그 비율은 분명 더 높아졌을 것이다.

사회불안에 다른 도전들까지 섞이면, 예를 들어 매디처럼 다른 도시로 이사를 했거나 졸업으로 친구들이 뿔뿔이 흩어진 경우, 마약을 끊거나 배우자와 헤어지는 등의 큰 사건을 겪은 경우, 너무 오랫동안 악착같이 일만 해 아무도 옆에 남아 있지 않다는 사실을 어느 순간 깨닫는 경우에는 처음부터 다시 시작해야 한다. 그때는 아마 게임의 규칙조차 모른다는 생각이 들 것이다.

그리고 매디나 노라처럼 외로워하는 많은 사람이 다른 사람들이 자신에 대해 이야기하고 있을 거라고 생각한다. 하지만 아무도 그렇지 않다. 친구가 없다고 인정하기 힘든 분위기, 외롭다고 차마 인정할 수 없는 분위기가 존재한다. 게다가 어떻게 친구를 사귀는지 조언을 구하면 매디처럼 결국 사람들을 만날 수 있는 곳의 목록만 손에 쥐게 된다. 하지만 우리에게 필요한 것은 그것이 아니다. 사람들을 만나는 것은 친구를 사귀는 것과 달라도 한참 다르다. 전자는 '사건'일 뿐이고 후자는 '과정'이다. 친구 사귀는 법을 검색했을 때 매디가 찾던 답은 '동물 보호소에서 자원봉사하기'가 아니었다. 매디가 찾던 것은 '악수를 하고 이름을 주고받은 다음에 어떻게 해야 하나요?'라는 질문에 대한 답이었다.

매디와 노라는 사회불안의 가장 흔한 문제 두 가지를 각각 갖고 있었다. 첫 번째는 아무도 모른다는 느낌, 두 번째는 아는 사람은 많지만 누구하고도 친하지 않다는 느낌이다. 어떤 경우든 우리는 '내가 가진 문제가 뭘까?'라고 생각한다. 사실 아무 문제도 없지만, 사회불안은 마법의 콩깍지로 우리의 시야를 가로막아버린다.

결국 그 콩깍지는 타인을 재단하게 만든다. 무의식적으로 너무 깐깐한 필터를 들이대다가 많은 사람을 걸러낸다. 예를 들면 '오, 결혼한 여자면/미혼이면 좀 힘들지.'와 같은 인구통계학적 필터일 수도 있다. '오, 저 여자는 너무 바빠서 소용없을 거야.' 혹은 '이미 친구가 넘쳐날 테니 안 될 거야.'와 같은 선입견일 수도 있다. 아니면 그저 모호함을 받아들이지 못하기도 한다. '조금이라도 쌀쌀맞으면 그냥 포기해. 어차피 소용없을 거야.'

가끔은 허황된 기대를 하도록 부추긴다. 완벽주의에 대한 내용을 기억하는가? 사회불안 경향이 있는 사람들은 즉시 친구가 되길 기대한다. 마음이 조금 통한다고 느끼면 금방 '영원히 함께할 최고의 친구'가 되길 기대한다. 모임에 참여했다가 새로운 친구(혹은 친구들)와 팔짱을 끼고 나오고 싶어 한다. 하지만 현실에서 그런 일은 좀처럼 벌어지지 않는다.

사회불안은 당신에게 즉시 친구를 찾으라고 부추긴다. 말은 쉽지만 사실 그 의미는 어마어마하다. 사회불안은 친구를 '찾으라고', 금방 누군가를 자기 편으로 만들라고 하지만 진정한 친구는 '만들어지는' 존재다. 우정은 숨어 있는 것을 발견하는 것이 아니라 만들어가는 과정에 더 가깝다. 하지만 이는 사실 좋은 소식이다. 숨어 있는 다이아몬드를 찾기보다 원석을 다듬어 친구라는 다이아몬드를 만들면 된다. 친구가 될 수 있는 원석은 어디에나 있다. 거의 모든 사람이 다이아몬드의 후보다. 이상하지만 친구를 사귀기 위해 처음부터 '바로 그' 사람이 필요한 것은 아니다. 그보다는 시간이 흐르면서 주변의 누군가가 '바로 그' 사람이 된다.

그렇다면 원석을 다듬는 방법은 과연 무엇일까? 수렵 채집하듯 친구를 찾는 것이 아니라 농사짓듯 경작해야 한다면, 도대체 어떻게 하는 것일까?

시작점은 바로 친절이다. 누군가 당신에게 친절하게 대한다면 일단 가능성이 있다. 이것이 유일한 기준이다. 아직 친구는 아니지만 서로 친절하다면 앞으로 친구가 될 수 있다. 많은 후보가 이 단계에 머물겠지만, 다음 세 가지 방법을 시도한다면 그들도 진정한 친구로 받아들일 것이다.

자꾸 눈앞에 나타나기

첫째, 계속 나타나라. 당연한 말 같지만 바로 얼마 전인 1940년대 후반까지만 해도 사람들은 프로이트의 방식으로 서로 친구가 된다고 생각했다. 아동기 무의식의 신비한 뒤섞임이 서로 끌리게 만든다는 것이다. 하지만 매사추세츠 공과대학의 선구적인 사회심리학자 레온 페스팅거^{Leon Festinger} 교수를 필두로 한 세 명의 교수진이 이 이론을 근본적으로 뒤집었다.

1946년, 제2차 세계대전 참전 용사들 중에는 MIT 학생들도 있다. 전쟁을 겪고 돌아오니 거의 하룻밤 만에 재학생 5천 명 중 3천 명이 참전 용사가 되었다. 잠시 공부를 접고 참전했다 돌아온 학생들은 다른 학생들과 삶의 단계에서 적잖게 차이가 났다. 많은 학생이 결혼을 했고 아이도 있었다. 그래서 MIT는 캠퍼스의 서쪽 끝에 웨스트게이트 웨스트^{Westgate West} 임시 공동 주택을 급히 마련해 학생들과 그들의 가족을 수용했다. 문이 외부 복도로 나 있는 2층 건물에 각각 10가구씩 총 180가구가 남아도는 군수물자로 지은 임시 건물에 입주했다. 건물은 페인트도 칠해지지 않았고 외부 복도는 포장도 되지 않았다. 하지만 그들은 MIT 학생들이었다. 그들은 창의력을 발휘해 아파트를 좋게 만들었다. 기계 공학을 전공하던 한 아빠는 낡은 세탁기 부품으로 아기 요람을 흔드는 도구를 발명해 밤새 시끄럽게 이웃들을 괴롭혔다.

학생들은 창의성도 발휘했지만 서로 친절하기도 했다. 바로 그와 같은 환경에서 페스팅거 교수팀의 연구 주제가 도출되었다. '누가 누구와 친한가?' 연구팀은 공동 주택 입주생들에게 가장 친한 친구 세 명을 고르라고 했다. 신념, 관심사, 태도, 혹은 어린 시절의 경험을 공유하는 친구들을 기대했지만 입주생들의 대답은 예상 밖이었다. 친구들이 공유했던 것은 근본적인 공통점이 아니라 외부 복도였다. 거리가 우정의 가장 큰 변수였다. 옆집 이웃이 친구가 될 가능성이 가장 높았다. 1층 양 끝집, 즉 계단 입구에 사는 사람들이 가장 인기가 많았는데, 이는 2층 입주생들이 하루에도 몇 번씩 그곳을 지나쳐야 했기 때문일 것이다. 처음에 페스팅거 교수팀은 근접성이 핵심이라고 생각했다. 하지만 근접성이 전부가 아니었다. 바로 근접성이 제공하는 '반복'이 중요했다. 우리는 가장 자주 만나는 사람과 친구가 되는 경향이 있다. 아이들과 집에 드나드는 모습, 시장에 가거나 기계 공학 수업을 들으러 가는 모습을 반복해서 보는 것이 우정의 기본이었다.

1957년, 웨스트게이트 웨스트는 10년의 세월을 견딘 후 제대로 된 건물을 짓기 위해 허물어졌지만 그곳에서의 발견은 살아남았다. 그리고 이를 입증하는 또 다른 연구들도 진행되었다. 예를 들면 경찰 교육생 44명은 이름의 알파벳 순서로 정해진, 자리가 가장 가까운 동기와 가장 친하다고 대답했다. 우리는 거의 누구와도 친구가 될 수 있다. 특별히 나쁜 사람만 아니라면 반복적인 만남과 시간이 주변에 있는 누구나 친구로 만들어줄 수 있다.

그렇다면 매디는 어떻게 해야 할까? 친구를 사귀는 쉬운 방법으로 구체적인 활동을 제시하는 것은 핵심을 벗어난 방식이다. '무엇/어디' 보다 '얼마나 자주/누구'의 문제다. 매디가 친구를 사귀려면 같은 얼굴들을 드럼 박자 맞추듯 규칙적으로 만나야 한다. 같은 사람들을 정기적으로 말이다. 그저 내킬 때 오가는 체육관이 아니라 매주 같은 사람들이 참석하는 체육관 수업이어야 한다. 사람들이 늘 바뀌는 일회성 만남이나 예약이 필요 없는 모임보다 늘 같은 시간에 찾아가는 산책 공원이 좋다. 수업도 효과가 있지만 강연 스타일이 아니라 탱고나 글쓰기 워크숍처럼 반드시 상호작용이 있어야 한다.

소셜미디어나 술집, 클럽은 잊어버리자. 그곳은 이미 친구가 된 사람들이 함께 와서 즐기는 곳이다. 누군가를 유혹하려고 노력하지 않는 한 이는 닫힌 그룹이다. 처음 시작할 때는 모두에게 열려 있는, 이미 만들어진 공동체에 들어가는 것이 좋다. 프리스비 팀, 달리기나 자전거 동호회, 합창단, 지역 연극반, 교회 모임, 독서 모임 등이다. 나는 유치원 협동조합 모임 덕분에 나라를 가로질러 거처를 옮긴 뒤에도 친구 사귀는 속도를 두 배로 높일 수 있었다.

일단 가입하고 나면? 계속 나타나야 한다. 어떤 모임이든 적어도 한 계절이나 서너 달은 노력해야 하지만 길면 더 좋다. 사람들 말에 따르면 서로 친구로 여기기까지 (그저 '안녕'으로 끝나지 않는) 여섯 번에서 여덟 번 정도의 대화가 필요하다고 한다.

하지만 한 가지 규칙을 기억하라. '이 사람이 나에게 친절한가?'

인사를 해도 퉁명하게 답하거나 전화기만 보고 있다면, 아니다. 하지만 미소를 주고받고 사소한 대화를 조금이라도 이어갔다면? 한 명의 친구 후보가 생긴 것이다. 바로 저녁식사에 초대하지는 않을 것이다. 한 번의 대화가 소파에 함께 앉아 드라마 몰아보기로 이어지지 않는다 해도 계속 인사를 건넬 수 있어야 한다. 우정은 찾아내는 것이 아니라 만들어가는 것임을 기억하자.

그러니 계속 모습을 보여라. 몇 번 더 참석할 때까지 사람들은 별로 신경 쓰지 않을 것이다. 특히 누구나 참여할 수 있는 모임에는 한 번 왔다가 오지 않는 사람들이 많으니 계속 나타나 그들과 다름을 보여라.

일단 모임에 합류했다면 아무도 모르는 비밀 한 가지는 바로 이끄는 역할을 맡는 것이다. 이미 언급했지만, 역할을 맡는 것은 부끄러워하는 우리들에게는 축복이다. 상호작용에서 즉흥성을 별로 발휘하지 않아도 되기 때문이다. 역할을 맡으면 해야 할 일이 생기고 모든 사람과 관계를 맺을 구실이 생긴다. 비록 파티 공지나 음식 기부 안내가 전부일지라도 말이다.

그 점에 대해 매디는 흥분하기도 했고 동시에 겁도 먹었다. 반복이 중요하다는 내 말을 이해는 했지만 두려워도 했다. 그리고 여자 동료 세 명이 가끔 휴게실에서 점심을 함께 먹는다고 털어놓았다. 매디는 보통 자기 책상이나 차에서 혼자 먹었다. 그냥 지나치기에는 너무 좋은 조건이었다. 거의 매일, 같은 사람들. 그리고 그들은 친절했다. 다시 한번 말하지만, 반복과 친절이 유일한 기준이다.

하지만 어떻게 다가갈 것인가? 그것이 문제였다. 매디는 '안녕!'하고 인사한 후 어정쩡하게 서성여야 하는 순간이 두려웠고, 그래서 먼저 자리를 잡고 그들이 합류하게 만들기로 했다. 그래도 처음에는 어색했다. 그들이 나누는 이야기를 하나도 이해할 수 없었지만 어쨌든 끝까지 버티며 듣고, 고개를 끄덕이고, 놀랍게도 몇 번은 그들과 함께 웃기도 했다. 매디는 계속 이렇게 되뇌었다. '친절한 사람들이야. 친절한 사람들이야.' 생각해보니 매디는 그들과 같은 테이블에 앉아보기도 전에 둘은 나이가 많고 하나는 인턴이라 친구가 될 수 없다고 재단해버렸다. 매디는 친구라면 공통점이 더 많아야 한다고 생각했다. 나이도 같고 배경도 비슷해야 한다고 말이다. 그리고 돌이켜보니 다른 사람이 먼저 다가와주기만을 기다리고 있었다. 하지만 그들은 전부 매디가 혼자 있고 싶어 한다고 생각했다. 기본적으로 양측의 엄청난, 무언의 오해였다.

매디는 처음 함께 보낸 시간이 어땠는지 확신할 수는 없었다. 하지만 그날 밤 그들 중 한 명이 페이스북 친구 신청을 했다. "아직 가야 할 길이 멀고 진짜 친구가 될 수 있을지 모르겠지만 시작치고는 괜찮은 것 같았어요." 매디가 친구를 만들었던 그때를 떠올리며 말했다.

친절하다면 가능성이 있다. 당신이 이미 다정하게 대하는, 다정하게 대할 수 있는 모든 사람들을 생각해보는 것부터 시작이다. 지금 이 순간부터 당신이 친구를 만들 가능성은 상당히 확장되었을 거라고 장담한다.

이야기를 털어놓기

다음은 털어놓기다. 매디에게는 두 번째 단계지만, 아는 사람과 친구 사이의 어정쩡한 관계만 많은 노라 같은 사람에게는 첫 번째 단계에 해당한다. 노라처럼 많은 사람들이 반쯤 숙성된 우정이나 그저 친절한 관계를 넘어서지 못하고 있다.

완벽주의 때문일 수도 있다. "아무도 관심이 없는 것 같아요. 다들 사느라 바쁘고 아이들이나 다른 것들 때문에 늘 바빠요." 노라가 말했다. 노라는 자기도 모르게 누군가 먼저 관심을 보이기를, 먼저 확실하게 다가와주기를 기다리고 있었다. 노라는 확실한 것을 원했다. 친구가 될 수 있는 사람이 먼저 다가와 쉽고 재밌는 대화를 시작하며 자신에게 이것저것 권해주기를 바라고 있었다. 하지만 명확하고 구체적인 우정의 신호를 기다리고 있었기 때문에 무심코 사람들을 전부 차단하고 있었다. 노라는 이미 반쯤 친구가 된 사람들이 많았지만 그럼에도 불구하고 처음부터 시작해야 한다고 생각하고 있었다.

어떻게 다음 단계로 넘어갈 수 있을까? 전문용어로 말하자면 '털어놓기'가 필요하다. 생각과 행동과 감정을 다른 사람들과 나눠야 한다는 뜻이다. 쉬워 보이지만 쉽지 않은 일이다. 사회불안에 취약한 사람들은 자기 이야기를 별로 하지 않는다. 우리는 예의 바르고 기분 좋지만 사람들은 우리가 형식적이고 거리를 둔다는, 세상을 서먹하게 대한다는 인상을 받는다.

자기 이야기 털어놓기는 '사랑에 빠지기 위한 36가지 질문'이 인터넷에 떠돌면서 주목을 받았다. '낯선 사람에게 36가지 질문을 던져 사랑에 빠지는지 실험해보았고 성공했다.'와 같은 온라인 기사나 '누구하고든 사랑에 빠지고 싶다면 이것을 해보라.'와 같은 〈뉴욕타임스〉 기사 등으로 큰 관심을 받은 것이다. 사랑 때문에 힘들어하는 사람들을 위한 특효약처럼 말이다.

놀랍게도 이는 꽤 과학적인 이야기다. 20년도 전인 1997년, 심리학자 아서와 일레인 아론을 필두로 전국에서 모인 학자들이 「대인 관계의 친밀함 발생 실험: 과정과 조사결과」와 같은 건조하기 짝이 없는 제목의 논문을 발표했다. 연구팀은 열두 가지 질문이 담긴 질문지 세 장을 통해 낯선 사람이 친한 사람이 되어가는 과정을 연구했다. 질문은 갈수록 진지하고 깊어졌다.

첫 번째 질문지에는 다음과 같은 질문들이 있었다. '당신의 삶에서 가장 감사하는 것은 무엇입니까?' '나중에 어떻게 죽을 것 같다는, 예감 같은 게 있나요?' 두 번째 질문지는 조금 더 깊어졌다. '오랫동안 꿈꿔왔던 일이 있나요? 그렇다면 왜 아직 하지 못했나요?' '당신의 가족은 서로 얼마나 가깝고 따뜻합니까? 어린 시절이 다른 사람들보다 더 행복했다고 느끼나요?' 세 번째 질문지는 거기서 조금 더 깊어졌다. '상대의 마음에 드는 점이나 방금 만난 사람에게는 하지 않을 것 같은 솔직한 말을 해보세요. 개인적인 고민을 나누고 상대방이라면 어떻게 할지 조언을 구해보세요. 또 상대방에게 그 문제에 대한 자기 느낌이 어떤 것 같을지 물어보세요.'

이는 사랑에 빠지게 만들기 위한 질문은 아니었다. 그보다는 실험실 환경에서 인류라는 종족들 사이에 자연스럽게 발생하는 관계의 복잡함 없이 친밀함을 유도하기 위한 질문이었다. 청첩장을 찍는 것이 아니라 다양한 변수를 없애는 것이 목적이었다. 물론 연구팀은 실험에 참여했다가 만난 두 사람이 결국 결혼하게 되었을 때 그 36 가지 질문의 힘을 제대로 알게 되었지만 말이다.

20년 후, 미디어는 그 질문의 힘을 파악하고 이를 사랑의 비법인 것처럼 퍼뜨렸다. 하지만 구체적인 질문들이 마법을 부린 것은 아니었다. 연구자들에 따르면, 타인에게 호감을 느끼거나 그들이 우리를 좋아하게 만드는 것은 바로 지속적이고 상호적이며 개인적인, 점점 깊이 있는 이야기를 털어놓는 행위였다. 36가지 질문은 빨리감기처럼 빠른 시간 안에 마음을 나누게 했고 결국 친밀함으로 이어졌다.

우리는 새로운 사람을 만나면 보통 가벼운 대화를 나눈다. 그런 소소한 이야기도 중요하다. 세부사항을 맞춰보는 실험의 장이기 때문이다. 하지만 소소하다는 말의 정의는 피상적인 상태로 표면에 머무른다. 자신에 관한 이야기가 아니라 교통체증, 날씨, 직장동료가 아프다는데 뭔가 꿍꿍이가 있을 것 같다는 등의 다른 것들에 관한 이야기다. 하지만 털어놓기는 '자신'에 관한 이야기다. 자신의 생각과 행동, 감정의 일부를 나눈다는 뜻이다. 어떤 주제로도 가능하다. 아주 시시한 잡담이라도 자신에 대해 털어놓는 계기가 될 수 있다. 날씨에 관한 이야기라면, 날씨가 시원해져서 기분이 좋을 땐 가을을 가장 좋아한다고 말할 수 있다. 어렸을 때는 여름을 좋아했지만 지금은 더위를 잘 견디지 못해 여름이 싫다는 이야기도 가능하다. 어렸을 때 비가 올 때마다 형과 함께 인도로 기어나온 벌레를 병에 가득 구조해오는 바람에 엄마의 잔소리를 들었다는 이야기도 할 수 있다. 여전히 날씨에 관해 이야기하고 있지만 자신에 대한 재미있는 이야기도 조금씩 할 수 있고, 이를 통해 대화의 물꼬를 틀 수 있다.

이 세상의 모든 매디와 노라들과 털어놓기에 대해 이야기하면 다음 질문은 늘 한결같았다. "하지만 무슨 이야기를 하죠?" 꼭 질문은 아니다. 매디가 자원봉사를 하라는 말을 듣고 싶지 않았던 것처럼 여기서도 이야기할 만한 주제 목록이 필요한 것은 아니다. 질문의 속뜻은 바로 이것이다. "불안해서 머리가 굳어버리는데 그럴듯한 대화를 어떻게 이어가죠?"

이번에도 역시 대답은 기준을 낮추라는 것이다. 우리는 재미있어야 한다고, 흥미로운 이야깃거리가 있어야 한다고, 편해 보여야 한다고 생각한다. 하지만 너무 큰 부담이다. 엉뚱한 말을 하면 안 된다고 생각하니까 아무 말도 못 한다. 먼저 지금 하고 있는 일이나 생각으로 시작하라. 인사를 하고, 잘 지냈냐고 묻고, 지금 하고 있는 일에 대해, 지금 막 시작한 일에 대해, 하려고 하는 일에 대해, 혹은 최근에 하고 있는 생각에 대해 나누어본다. 똑똑할 필요도, 통찰력을 가득 담을 필요도, 조리 있어야 할 필요도 없다. 자신에 관한 이야기라면 무엇이든 좋다.

페이스북이 막 생겼을 때를 기억하는가? 2007년쯤, 페이스북은 사용자들에게 이런 질문으로 상태 업데이트를 권했다. "지금 무슨 일을 하고 있나요?" 2009년쯤, 질문은 이렇게 바뀌었다. "무슨 생각을 하고 있나요?" 거기서부터 시작해보자. "안녕하세요. 저도 잘 지내요. 이번 주말에 시댁에 가기로 했어요." 혹은 "전 잘 있어요. 요즘 성인 피아노반에 등록할지 말지 고민 중이에요." "잘 지내요? 며칠 동안 삼겹살이 너무 먹고 싶은데 이 동네에서 가장 맛있는 삼겹살집이 어디죠?" 무슨 말로든 세상을 놀라게 할 필요는 없다. 기준은 하나다. 자기 이야기를 조금 더 해볼 것. "여기서 자전거를 탔는데 버스보다 얼마나 더 빨랐는지 몰라요." "조카 생일 선물을 사야 하는데 뭘 사야 할지 모르겠어요." "주유소에서 들은 노래가 머릿속에서 떠나지 않아요."

처음에는 왠지 어색할 것이다. 너무 말을 많이 한다고 느낄 것이다. 혼자 너무 자리를 많이 차지하거나 자기 이야기만 하는, 이기적인 사람 같다는 생각이 들 것이다. 하지만 이는 말을 안 하는 것과 비교해 그럴 뿐, 일단 해보고 어떻게 되는지 보아야 한다. 가끔은 시시한 대답을 들을 것이다. "오, 멋지네." "어머, 정말?" 그리고 끝. 대화의 회전초는 굴러가버린다. 그래도 괜찮다. 많은 대화가 시시하지만 중요한 점은 이것이다. 대화가 시시하다고 내가 시시하다는 뜻은 아니다. 비교적 중요한 대답을 듣게 될 때도 있을 것이고 그때부터 대화는 자연스럽게 진행될 것이다.

많은 사람이 '너무 조용하다.' '말을 좀 더 해야 한다.'는 평을 듣고 살았을 것이다. 많이 들어도 들을 때마다 늘 따끔하다. 마치 자기 문제를 들킨 것처럼. 다행히 '조용한 혁명'이 성공해 우리 같은 내향적인 사람들에게 힘을 실어주었지만 거기서 멈추지 말고 더 나아가야한다. 누가 먼저 말을 걸면 용기를 내 평소보다 자기 이야기를 조금더 해보자. "형제자매가 있어요?"라는 질문에 "네, 남동생이 한 명 있어요."라고 대꾸하고 싶은 마음이 들 것이다. 하지만 좀 더 길게 "네, 남동생이 한 명 있는데 나이 차이가 다섯 살이라 제가 대학에 들어갔을 때 아직 중학생이었어요. 집에 올 때마다 완전 다른 사람이 되어 있는 것 같았다니까요. 지금은 둘 다 성인이라 좋은 친구에요. 미니애폴리스에서 응급실 의사로 일하고 있어요."라고 대답해보자. 마찬가지로 "어디서 왔어요?"라는 질문에 대한 답은 "휴스턴이요."보다는 "휴스턴 출신인데 떠난 지 벌써 20년이 넘었어요. 로데오 경기를보러 몇 번 가보기는 했지만요."가 더 낫다. 그런 다음 이미 잘하는것을 하자. 바로 듣기다. 주의력을 안에서 바깥으로 돌려 잘 들어라.

대화의 궁극적인 목적은 친밀함이다. '친밀함 intimacy'이라는 단어가 서양 문화권에서는 성적인 뉘앙스를 풍기기도 하지만, 반드시 그래야 할 필요는 없다. 친밀함은 '마음 깊은 곳'이라는 뜻의 라틴어가그 어원이다. 생각, 행동, 감정 등 마음속 깊은 곳의 이야기를 다른사람들과 나눈다는 뜻이다.

여기서 한 가지 주의할 점이 있다. '털어놓기'는 '고백'과 다르다. 36가지 질문에 대한 그 논문에서 연구팀은 털어놓기를 '점점 확대되고 반복되는' 자기 이야기라고 정의했다. 말하자면 점진적인 주고

받기여야 한다는 뜻이다. 한번은 친구의 결혼 축하파티에서 신부의 친구를 만났는데 악수를 하며 내 소개를 하고 내가 다른 말을 더 꺼내기도 전에 자신의 말로 내 입을 막아버렸다. 자기가 정자은행을 통해 임신을 했는데 출산 도우미가 끈 팬티를 비타민 E 오일에 담가 두었다가 회음부 가까이 당겨 입어 정자가 새어나가지 않도록 하라고 했다는 이야기를 했다. 나는 파티가 끝날 때까지 그녀한테 무슨 말을 해야 할지 알 수가 없었다. 엉덩이 사이에 꽉 낀 그녀의 팬티가 머릿속에서 떠나지 않아 괴로웠다. 나도 내숭을 떠는 사람은 아니지만 첫 번째 대화에서 듣기에는 과한 이야기였다.

더 심한 경우도 있다. 내 환자 중 한 명은 사람들과 처음 대화할 때부터 아동 학대를 당했고 강간을 두 번 당했다는 말을 한다고 했다. 너무 무겁고 속도가 빨랐으며 그녀는 이후에 사람들이 자신을 피하자 몹시 상처를 받았다. 그녀는 진실을 말하고 있다고 생각했지만, 대부분의 사람들은 그녀의 진실을 즉각 받아들일 수 없었다. 그녀를 구성하는 다른 진실도 많았을 테니 받아들이기 편한 진실을 먼저 나누고 더 깊은 진실은 나중을 위해 남겨놓아도 좋았을 것이다.

매디는 "안녕하세요. 매디라고 해요." 이외에도 할 말이 조금은 있을 것 같아 독서 모임이 자원봉사보다 조금 더 수월할 거라고 생각했다. 하지만 첫 번째 모임에서 시작 전에 자기소개를 한 다음 거의 내내 바닥만 쳐다보며 조용히 있었다. 누군가 말을 걸어주기를 바라면서도 아무도 다가오지 않기를 원했다. 마침내 모임이 끝나고 한 여성이 다가와 독서 모임이 어땠는지 물었고 매디는 "좋은 경험이었어요. 고마워요."라고 웃으며 말했지만 거기서 멈췄다. 상대방이 매디의 신호를 받아 이렇게 말하고 떠났다. "다행이네요. 다음에 또 만나요." 사회불안은 우리를 대화종결 전문가로 만든다. 식은 죽 먹기다. 끝내고 싶다는 어조, 인사는 하지만 대화를 하기 위해 멈추지 않음, 더 이상 아무 말도 하고 싶지 않다는 무언의 메시지를 보낸다. 대화를 끝내는 것은 또 다른 안전행동이다. 우리는 불안으로부터 자신을 보호하기 위해 노력하지만 순간의 불안을 장기적인 외로움과 바꾸고 있을 뿐이다.

　매디는 새롭게 시도해보기로 다짐하고 독서 모임에 다시 한번 참여했다. 승리는 어떤 감정을 느끼느냐에 달려 있지 않고 자신의 행동에 달려 있다는 사실을 매디도 알고 있었다. 사람들을 바라보고, 털어놓고, 듣고, 반응하는 행동 말이다. 저번의 그 여성이 다가와 매디에게 책이 마음에 들었냐고 물었고, 매디는 숨을 크게 들이마신 다음 조금 길게 대답해보았다. "재미있었어요. 고마워요. 사실 책이 생각보다 너무 재미있어서 놀랐어요. 주로 대하소설을 읽느라 장르소설을 즐겨 읽는 편은 아니었거든요." 짧은 수다가 이어졌고 서로 책을 추천하기도 했다. 마음을 나누는 깊은 대화는 아니었다. 지구가 흔들리지도 않았다(물론 매디의 무릎은 흔들렸지만). 하지만 매디에게 이는 새로운 세상을 향한 문이었다. 한 번의 대화는 양동이에 떨어지는 한 방울의 물이지만 계속 털어놓으면, 계속 대화를 나누다 보면, 시간이 흐르고 연습이 쌓이면 그 한 방울의 물들이 결국 양동이를 채운다.

그렇다면 노라는? 노라는 나타나기와 털어놓기를 동시에 해보기로 했다. 그리고 학교가 끝나고 놀이터에서 잠깐 놀다 가자는 말로 딸아이를 놀라게 했다. 호흡 곤란을 느낄 만큼 커다란 일상의 변화였다. 아는 사람 몇 명이 있었지만 무리에 끼어들기에는 너무 두려웠다. 노라는 급히 처리해야 할 일이 생겼다며 자리를 뜰 생각까지 했지만 그때 딸이 그녀에게 그네를 밀어달라고 했다. 다른 엄마 한 명도 그네를 밀고 있었다. 노라는 다가가 인사를 하고 몇 살이 되어야 그네를 혼자 탈 수 있는지 모르겠다며 말을 걸었다. 아이들의 발달 과정에 관한 대화가 이어졌고, 노라는 불안으로 땀을 흘리면서도 그 불안의 에너지로 딸아이가 행복에 겨워 소리를 지를 만큼 힘차게 그네를 밀었다.

대화는 꽤 오래 지속되었다. 노라는 닐 암스트롱이 달에 착륙해 처음 한 말이 그날 오후 내내 머릿속을 떠나지 않았다고 했다.

처음에는 서툴 수 있다고, 처음이니까 서툴 수 있다고 생각하라. 누구나 외로울 때는 부족하다고 느끼고 절망한다. 연습이 부족하니 자신감도 없어져 다른 사람들처럼 완전한 문장은커녕 말하는 방법은 알고 있는지조차 의심스러워질 것이다. 심지어 모든 사람이 위험하다고 해석하기 시작하고 모든 웃음을 비웃음으로, 모든 상호작용을 거절로 생각하기 시작한다. 하지만 그래서 상황을 더 악화시킨다. 우리는 세상으로부터 거부당한 듯 행동한다. '행동확증'이라는 자기충족적 예언이다. 아무도 자신에게 말을 걸지 않을 거라고 생각하면 매디는 인사를 하지 않을 것이다. 엄마들이 다정하지 않고 퉁명스럽다고 생각하면 노라는 놀이터를 생략하고 바로 집으로 갈 것이다.

하지만 타인의 반응으로 성공을 측정하지 말라. 불안감의 여부를 성공의 기준으로 삼지 말라. 자신의 행동만이 성공의 척도다. 자기 이야기를 조금 더 나누었는가? 훌륭하다. 처음이 늘 가장 어렵다. 몇 주까지 기다리지 말고 다시 시도하고 금방 또 시도하라. 탄력을 받아야 한다. 장담하건대, 점점 쉬워질 것이다.

자꾸 호감을 표시하기

계속 나타나기와 털어놓기 다음으로 우정을 쌓는 세 번째 단계는 바로 '호감을 표시'하는 것이다. 사람들은 자기를 좋아하는 사람을 좋아한다. 먼저 말을 거는 사람을 좋아한다. 학술적 용어로 이를 '친사회적 행동'이라고 하지만, 더 간단히 말하자면 상대방에게 함께 있어 즐겁다는 것을 보여주는 것이다.

가장 단순한 호감 표시는 먼저 인사를 하거나 인사를 받을 때 미소로 분위기를 밝히는 것이다. 약간 더 발전한 경우는 꼭 필요하지 않은 대화를 이어가는 것이다. 예전에 아침마다 모든 방에 들러 인사를 하던 동료가 있었다. "그냥 인사하려고." 혹은 "그냥 잘 있나 보려고."라고 했다. 그녀는 이를 '순회 인사'라고 했다. 그녀의 따뜻한 마음에 나도 그녀를 좋아했다.

　다음은 익숙한 상황을 넘어서는 것이다. 예를 들어보자. 노라는 딸아이 반의 학부모들과 놀이터에서 친해진 후에 집에서도 함께 놀 기회를 만들 것이다. 학교라는 공간이 집으로 확장된다. 독서 모임이 끝나고 여섯 번에서 여덟 번의 대화를 나눈 후 매디는 독서 모임 친구에게 커피를 마시러 가자고 할 수도 있다. 무리에서 둘로 상황을 바꾼다. 모임에 초대를 받으면, 태극권 모임 친구의 생일파티나 힙합 클래스 친구의 파티가 있으면 꼭 참석하라. 잠깐 들르더라도. 사람들은 자기 행사에 찾아온 사람들에게 감동받는다. 그리고 이는 우정을 다른 상황으로, 결국 다음 단계로 진행시킨다.

　그러니 먼저 다가가 인사해본다. 우정의 싹이 텄다면 산책을 가자고, 낭독회에 가자고, 시내에 새로 생긴 라면집에 가보자고 제안한다. 전부 쉽지 않은 일들이다. 완벽하고자 하는 걱정이 시작될 것이다. 사소한 걱정이 떠나지 않을 것이다. '산책을 힘들어하면 어떡하지?' '서점 근처에 주차할 곳이 없어 그가 화를 내는 건 싫은데.' '라면이 별로면 어떡해?' 먼저 나서는 것은 어렵다. 하지만 입장을 바꿔 생각해보면 도움이 된다. 그들이 먼저 당신을 초대한다면 기분이 어떨까? 아마 좋을 것이다. 그런데 어쩌다 일이 잘못되면? 아마 이해할 것이다. 그들도 당연히 그럴 것이다.

　다음은 구체성이다. "나중에 뭐라도 같이 할래?"라고 묻기보다 "아이들이 새로 생긴 암벽 등반하는 곳에 가자고 난리야. 이번 주말에 시간 어때?" 혹은 "월요일에 커피 한잔 할까? 난 1시 이후에 괜찮아."라고 말해라. 제안이 구체적일수록 호감의 진실함은 더 잘 드러난다.

마지막으로, 거의 대부분의 사람이 적당한 사회성을 갖고 있는데, 우리는 그 사회성을 이미 편안함을 느끼는 상대에게만 적용하는 경향이 있다. 외로운 상황에서 특히 유용한 전략이라고는 할 수 없다. 하지만 뒤집어 생각해보면 달라질 수 있다는 것을 기억해야 한다.

가끔 느끼는 외로움의 파도를 물리치기 위해, 아무 계획 없는 주말이나 나만 놓치고 있는 건 아닐까 두려워지는 인스타그램 피드를 볼 때 그 감정을 행동이 필요하다는 신호로 해석하라. 외롭다고 느낄 때마다 사람들을 만날 계획을 세워라. 다음 주말에 영화를 보러 가자고 친구에게 메시지를 보내거나 참여하고 싶었던 보체 게임과 맥주 만남 일정을 확인하라. 함께할 사람이 곧바로 나타나지는 않겠지만 기대되는 만남을 만들어낼 수는 있을 것이다.

친구를 만들려면 타성을 극복해야 한다. 타인의 타성은 물론 자신의 타성도 동시에 극복해야 한다. 누군가 친절을 베풀면 자주 만나고 털어놓고 먼저 다가가라. 결국 시간의 시련도 견뎌낼 든든한 우정으로 보답받을 것이다.

인기투표 1등보다 따뜻한 한 명의 친구

1990년대 중반, 일리노이^{Illinois} 대학교 어바나 샴페인^{Urbanc-Champaign}

326

캠퍼스의 심리학자 제니퍼 파크허스트 ^{Jennifer Parkhurst} 박사는 사람들이 감히 눈도 못 마주칠 대상 앞에 서 있었다. 화가 난 폭력배들이나 소동을 벌이는 훌리건들은 아니었다. 바로 중학교의 한 교실이었다. 파크허스트 박사와 대학원생 안드레아 호프메여는 지역 국회의원들이 지역 주민에게 투표 결과를 알려주듯, 교실을 돌아다니며 7, 8학년 학생들을 대상으로 한 인기도 조사 결과를 발표하고 있었다. 아이들의 치아 교정기가 반짝반짝 빛났고, 얼굴에 생긴 여드름은 넘치는 호르몬을 보여주고 있었다. 어색함, 불안, 열망으로 빛나는 세련미가 저버 청바지와 리복 운동화 사이에 뒤섞여 뿜어져 나오고 있었다.

파크허스트는 설문에 참여해줘서 감사하다는 말을 전한 다음 이렇게 말했다. "자, 설문 결과는 이렇습니다. 여러분 반에서 가장 인기 많은 학생은 친절하고, 협동적이고, 믿음직하고, 먼저 싸움을 걸지도 않는 학생이었습니다." 교실 안에 소곤거림이 잔물결처럼 퍼졌다. 분홍색 셔츠를 입은 한 여학생이 손을 들고 말했다. "아니에요! 인기 있는 애들은 다정하지도 않고 친절하지도 않아요. 잘난 척하고 얄미운 짓만 해요!"

다른 아이들도 용기를 얻어 저마다 손을 들며 외쳤다. "먼저 싸움도 걸어요!" "친절하지도 않고 잘 도와주지도 않아요." "심술궂어요!"

파크허스트는 이해할 수 없었다. "하지만 제가 방금 말씀드린 연구 결과는 바로 학생들의 대답을 토대로 한 거예요." 파크허스트가 말했다. 분홍색 셔츠를 입은 여학생이 팔짱을 끼며 대꾸했다. "그럼

설문을 다 가짜로 했나 보네요!"

"맞아요!" 아이들이 외쳤다. 파크허스트는 잠시 생각했다. 그리고 확실히 하기 위해 이렇게 물었다. "그런 아이들을 좋아하나요?" 아이들의 거칠게 외쳤다. "아니요! 꼴도 보기 싫어요."

학생들은 몰랐겠지만, 그 순간 그들은 수십 년에 걸친 연구 방법론을 뒤집었다.

파크허스트는, 지금은 옥시덴탈대학교 연구원인 호프메여를 데리고 캠퍼스로 돌아와 학생들의 말이 무슨 뜻인지 곰곰이 생각해보았다. 연구팀은 인기도를 측정하기 위해 이미 검증된 방법을 사용했었다. 모든 학생이 같은 학년의 다른 학생 목록을 받는다. 그리고 가장 좋아하는 친구 세 명과 가장 싫어하는 친구 세 명의 이름에 동그라미를 친다. 그리고 친절하고/믿을 수 있고/협동적이고/싸움을 먼저 시작하고/놀리기 쉽고/괴롭힘을 받아들이지 못하는 아이들 이름에도 동그라미를 친다. 그리고 동그라미의 합계를 낸다. '가장 좋아하는' 동그라미를 많이 받고 '가장 싫어하는' 동그라미를 조금 받으면 인기가 많은 것이다. '가장 싫어하는' 동그라미를 많이 받고 '가장 좋아하는' 동그라미를 거의 받지 못하면 인기가 없는 것이다. 굉장히 간단했다.

하지만 아이들의 반응을 보고 파크허스트와 호프메여는 인기도 측정법에 대해 다시 생각해보았다. 어쩌면 인기도는 좋아함과 싫어함의 합계가 아닐지도 몰랐다. 그래서 그들은 '인기 있는'이라는 항목을 추가해 또 다른 연구를 진행했다. 다시 합계를 냈다. 그 항목이

게임의 판도를 바꾸었다.

새로운 변수에 따르면 인기가 많다는 것이 곧 아이들이 좋아한다는 뜻은 아니었으며, 그저 주도권을 가진 것뿐이었다. 인기가 많다는 학생들은 좋아한다는 동그라미도 많이 받았지만 싫어한다는 동그라미도 많이 받았다. 여왕벌이나 늑대의 우두머리 같은 학생을 좋아하는 친구들도 있었지만 마찬가지로 비슷한 주도권을 갖고 있는 아이들이었다. 다른 학생들에게 그들은 그저 눈을 흘기는 대상이었다.

주도권을 잡는 것이 사람들의 호감을 사는 것이라고 착각하기 쉽다. 주도하는 사람들은 관심을 많이 받고 눈에 잘 띄기 때문이다. 우리처럼 부끄러워하는 사람들은 '나라면 절대 저렇게 못 해.' 혹은 '난 아냐.'라고 생각하며 절망한다. 하지만 자신이 아닌 다른 사람이 되어야 할 필요는 없다. 호감을 사기 위해 분위기를 장악할 필요는 없다. 거물이, 대단한 사람이, 중요한 사람이 되지 않아도 괜찮다.

진짜 인기도는, 파크허스트 연구팀이 발견했듯이 관심을 끌거나 사람들이 말없이 잘 따르는 것과 상관없었다. 자신감이 많다고 인기가 많은 것도 아니었다. '가장 좋아하는' 동그라미를 가장 많이 받고 '가장 싫어하는' 동그라미를 가장 조금 받은 학생들은 친절하고, 협동적이고, 믿을 만하다는 동그라미도 마찬가지로 많이 받았다. 주도권은 '지각된 인기도'와 관계가 있었고 '실질적 인기도'는 따뜻한 마음과 관계가 있었다.

이러한 현상은 성인기까지 적용된다. 자주 인용되는 한 연구에 따르면 우리는 첫인상에서 다른 무엇보다 따뜻함을, 즉 친절함과 신뢰감을 가장 중시한다.

놀랍게도 내면의 비판자의 속삭임과 외침은 거의 대부분 능력과 자신감에 관한 것이었다. 우리는 멍청한 짓을 하지 않을까, 이상해 보이지 않을까, 무능력해 보이지 않을까 걱정한다. 우리는 능력을 키우고 자신감을 높이기 위해 열심히 노력하지만 결국 엉뚱한 나무를 향해 짖고 있는 것이다. 사람들은 친구에게서 능력과 자신감을 바라는 게 아니라, 그저 따뜻함을 바란다.

데이비드 모스코비치 박사는 이를 두고 이렇게 말했다. "다정하고 따뜻하고 호기심을 키우려고 노력하면 다른 모든 것, 즉 인간이기에 누구나 갖고 있을 수밖에 없는 흠과 기벽과 어색한 행동들은, 다른 사람에게 훨씬 덜 중요해진다. 우리는 서로 연결되어 있기 때문이다." 따뜻함과 신뢰로 쌓인 관계가 중요하다. 그러니 계속 사람들 앞에 나타나야 한다. 생각과 감정, 행동을 나누고, 진심을 담아 호감을 전하자. 이 시도들이 바로 아름다운 우정의 씨앗이다.

에필로그

있는 그대로 괜찮은 당신

1938년, 하버드 대학교 연구팀은 다음과 같은 질문을 던졌다. "무엇이 행복한 삶을 만드는가?"

그때는 삶의 질에 관심을 기울일 만한 시기가 결코 아니었다. 대공황이 10여 년째 이어지고 있었고 긍정심리학과 행복의 과학은 아직 싹도 틔우지 못했다. 성취는 과학의 영역이 아니라 시인과 성직자, 철학자와 도덕군자의 영역이었다. 무엇이 행복한 인생을 만드는지에 대한 연구는 터무니없이 비실용적이고 막연한 꿈이었으며 가히 혁명적이었다. 1938년은 행복한 삶에 대한 연구가 진행될 수 없는 시기였다. 하지만 다행히도, 진행되었다.

그 결과가 바로 최초로 연구 자금을 제공한 윌리엄 T. 그랜트 ^{William} ^{T. Grant}의 이름을 따 '그랜트 연구 ^{The Grant Study}'라고도 알려진 하버드 대학교 성인생애발달 연구였다. 그랜트 연구는 그야말로 독보적이었다. 그만큼 장기간의 연구는 세계 최초였다. 75년 이상의 연구에 4세대에 걸친 연구팀이 동원되었다. 연구는 전쟁과 격변의 시기를 거치고 상상도 못 했던 의학적·기술적 발전을 관통했다.

724명의 젊은 남성이 연구에 참여했다. 1930년대였으니 현재의 다양성은 그 가치는커녕 개념조차 존재하지 않았고, 당연히 실험 참가자들은 전부 백인 남성이었다. 하지만 사회경제적으로는 다양한 참가자들을 포괄했다. 하버드대학교의 수영 선수 존 F. 케네디처럼 가장 특혜를 받고 있는 젊은 미국의 상징은 물론, 보스턴의 가장 가난한 지역에서 수도도 없는 공동주택에 사는 젊은 남성도 섞여 있었다.

연구 참가자들은 75년 동안 자신의 삶을 연구팀에 고스란히 공개했다. 연구팀은 건강과 질병, 성공과 도전은 물론 신체부터 성격, 지성, 정치 편향, 운동과 음주 습관을 망라한 참가자들의 모든 면을 측정했다. 어린 시절 엄마와의 애착 관계에 대해 조사했고(실제로 연구를 시작했을 때 프로이트는 여전히 살아 영향을 끼치고 있었다), 흐르는 시간과 함께 직업과 친구, 배우자, 살면서 만들어가는 공동체에 대해 조사했다.

현재 연구 책임자 로버트 월딩거 ^{Robert J. Waldinger} 박사는 참선을 한다고 해도 전혀 놀랍지 않을 만큼 평온함을 물씬 풍기는 정신과 의사다. 그는 자신의 유명한 테드 ^{TED} 연설에서 수십 년간의 그랜트 연구를 통해 발견한, 행복하고 건강하고 의미 있는 삶의 비결을 알려 줬다. "75년 동안 진행된 이 연구에서 얻은 가장 확실한 교훈은 바로 좋은 관계가 우리를 더 행복하고 건강하게 만든다는 것입니다. 인간관계가 넓고 가족과 친구, 공동체와 더 끈끈한 사람들이 그렇지 않은 사람들보다 더 행복하며 건강했고 더 오래 살았습니다." 그 증거로 월딩거 박사는 55세 당시 가장 만족스러운 인간관계를 맺고 있던 성인 남성이 80세가 되었을 때 가장 건강했다고 밝혔다.

하지만 월딩거 박사는 인간관계의 양이 문제가 아니라는 점도 지적했다. 관계의 양보다는 질이 중요했다. 게다가 결혼 여부와 같은 제도적 관계가 중요한 것도 아니었다. 건강하고 행복한 삶을 좌우하는 가장 큰 요소는 관계의 '따뜻함'이었다. 중학생 시기부터 중년의 시기까지, 그리고 그 시기를 넘어서까지도 친절과 신뢰라고 정의할 수 있는 따뜻함이 관계를 풍부하게 했다. 또한 연구에 따르면 관계는 행복뿐만 아니라 건강과 장수에도 도움이 되었다. 사회성이 좋고, 외향적이고, 자신감이 넘치고, 인기가 많을 필요는 없다. 앞에서 이야기했듯이, 친절하기만 하면 된다. 그리고 우리 안에는 이미 베풀 수 있는 친절이 가득하다.

그뿐만이 아니다. 우리는 사회불안과 뗄 수 없는 다른 자연스러운 특성들도 이미 갖고 있다. 바로 공감 능력, 경청 능력, 높은 기준, 성실함이다. 이 장점들을 앞에서 배운 기술이나 지식과 결합시키면 주변 사람들에게 손을 내밀고 다가갈 수 있다. 새로운 친구에게, 이미 사귄 친구에게, 가족과 동료에게, 낯선 사람들에게 손을 내밀어보

자. 나이 많은 사람에게도, 젊은이에게도, 우리와 비슷한 사람들에게도, 북극과 남극처럼 다른 사람들에게도 손을 내밀자. 그리고 친절하게, 따뜻하게 대하라. 그 손길이 결국 당신의 삶을 바꿀 것이다. 내 이야기 말고, 이미 그 바뀐 삶을 경험한 사람의 이야기도 들어보자. 바로 짐이다.

짐은 폐렴이 다 나은 후 산처럼 쌓인 눈을 뚫고 댄스 수업에 갔다. 날씨 때문에 대부분 집에서 나오지 않았는지 그날 수업은 한산했다. 수업이 끝나고 마유미가 짐에게 다가와 놀라운 소식을 전했다. 바로 6월의 댄스 발표회였다. 마유미는 4년 동안 수업을 듣고 있는 짐이 진작 데뷔 무대를 가졌어야 한다고 생각했다.

짐도 발표회를 구경한 적이 있었지만 실제로 참여할 생각은 꿈에도 없었다. 짐은 수업과 일요일 밤의 연습 파티로도 충분히 행복했다. 공연을 한다는 생각만으로도 예전의 불안이 소용돌이치며 몰려오는 게 느껴졌다. 불안은 과거에 비해 그 횟수도 크기도 훨씬 줄었지만 이런 상황이 되면 여전히 불쑥 고개를 들었다.

발표회는 수많은 학생들이 함께 추는 브로드웨이 스타일 댄스, 대여섯 커플의 공연, 한 커플만 무대에 등장하는 공연 몇 개가 섞여 있었다. 관중은 100명이 넘었고 참가자들의 공연을 평가하는 진짜 심사위원도 있었다. 짐은 마유미가 브로드웨이 스타일 댄스에 참여하라고 할 줄 알았으나, 마유미는 짐에게 선택권을 주지 않았다. "나하고 둘이 무대에 서요, 짐."

짐의 두 눈이 커졌다. "막 폐렴을 치료했는데 이제 심장마비에 걸리게 할 셈입니까?" 짐이 농담을 섞어 물었다.

하지만 눈이 녹고 날씨가 따뜻해지는 동안 짐은 연습을 하고 또 했다. 그리고 어느새 6월이 되어 짐은 무대 뒤에서 턱시도를 차려 입고 덜덜 떨고 있었다. 짐은 셔츠 깃을 잡아당겼다. 무대 뒤는 찜통이었고 바람을 좀 쐬고 싶었다. 커튼 뒤에서 몰래 무대를 내다보다가 안경 너머로 쌀쌀맞게 쳐다보고 있던 심사위원과 눈이 마주쳤다. 짐은 총구를 피하듯 재빨리 커튼 뒤로 숨었다. 어쩌면 진짜 심장이 멈춰버릴지도 몰랐다. 그러면 춤은 추지 않아도 될 것이다.

결국 때가 왔다. 그의 이름이 불렸다. 짐은 무언가에 홀린 듯, 마유미와 함께 등장해야 한다는 사실도 잊고 혼자 무대로 걸어나갔다. 마유미가 재빨리 그를 쫓아왔다. 마유미는 수백 명의 학생들을 가르친 경험 덕분에 어떤 상황에서도 눈치껏 맞춰줄 수 있었다. 그리고 4년 동안 가르쳐온 짐도 잘 알고 있었다. 짐은 마유미에게 사회불안과의 사투에 대해 전부 털어놓았고 마유미는 짐이 주말마다 집에 틀어박혀 있던 일, 처음 댄스 수업 등록을 하기 전에 30분 동안 전화기를 붙들고 손을 떨었던 일에 대해서도 전부 알고 있었다. 마유미는 짐이 공연을 앞두고 불안해하고 있다는 사실을 알고 있었지만, 짐이 해낼 수 있다는 사실도 마음속 깊이 알고 있었다. 그것도 아주 잘 해낼 거라는 사실을 말이다. 두 사람은 몇 달 동안 연습을 했다. 동작을 잊어버릴지도 모른다는 걱정은 아니었다. 지금은 무대에 서고, 사람들의 시선을 견디고, 진짜 스포트라이트를 받을 준비가 되

었느냐의 문제였다. 마유미는 짐이 충분히 준비가 되었다고 믿었다

진행자가 말했다. "신사숙녀 여러분, 짐의 첫 번째 공연입니다." 힘찬 박수가 터져나왔다.

"박수 소리밖에 안 들렸어요." 짐이 그 때를 떠올리며 말했다. "이게 꿈인가 생각했어요." 음악이 시작되었다. 생일파티 때의 깜짝 댄스와 같은 왈츠였다. 그 순간 짐은 음악에 집중했다. 불안이 사라졌다. 몸이 깨어나 음악에 반응했다. 생각할 필요도 없이 발이 저절로 움직였다. 무대 뒤에서 느꼈던 공포는, 놀랍게도 한순간 몹시 다른 감정으로 변해 있었다. 바로 짜릿한 흥분이었다.

음악이 끝났고 발걸음이 느려지면서 짐과 마유미는 인사를 하고 퇴장했다. 마유미가 그를 안으며 말했다. "전 또 다른 공연이 있어서 가봐야 해요. 그전에, 지금 기분이 어때요? 내년에도 할 거죠?"

짐이 그녀의 두 눈을 바라보며 대답했다. "당연하죠."

마유미가 웃었다. "다시는 안 한다고 했으면 좋은 선생님이 아니었다고 자책했을 거예요. 짐이 멋진 경험을 하는 게 내 숙제니까요." 마유미가 짐의 손을 꼭 쥐었다가 다음 파트너를 찾아 사라졌다.

짐은 벽에 기댔다. 해냈다. 그때 역시 '그 순간'이었다. 그때를 떠올리며 짐이 말했다. "제 인생 최고의 순간이었어요."

며칠 뒤, 마유미가 심사위원의 평가서가 담긴 봉투를 건넸다. "완전 엉망이었다고 했죠? 심사위원들도 눈이 있었으니 다 봤을 거예요." 마유미가 짐을 바라보며 말했다. "늘 자기만 불안하고, 다른 사

람들은 전혀 안 불안하다고 생각하죠?"

"다른 사람들은 다 차분해 보이잖아요." 짐이 항변했다.

"짐도 마찬가지예요." 마유미가 봉투를 열어 평가서를 건넸다. 맨 위에 이렇게 커다랗게 쓰여 있었다.

"몹시 자연스러움."

짐은 쉰둘의 나이에 완전히 다른 새로운 삶을 시작하리라고는 한 번도 생각해보지 못했다. 짐은 너무 늦었다고, 도체스터의 교훈과 수십 년 동안의 회피에서 결코 벗어나지 못할 거라고 생각했다. 하지만 전진하기에 너무 늦은 때는 없다. 열세 살이든, 여든 살이든, 언제든 누구나 새롭게 시작할 수 있다.

짐의 이야기는 아직 끝나지 않았다. 그는 디나와 연락을 계속하며 40여 년도 전의 서로에 대한 감정을 아직도 공유하고 있다. 미래가 어떻게 펼쳐질지는 모르지만 지금 짐은 자기 삶의 변화에 만족한다. 도체스터에서 댄스 무대까지, 사회불안의 산을 넘어 반대편으로 내려온 지금의 삶은 짐 자신도 모르던 자기 안의 힘 덕분이었다.

짐처럼 우리 안에도 두려움을 마주할 용기가 있다. 사회불안과 함께했던 만큼 위축될 수 있다. 하지만 이제 우리는 걱정에 대비할 질문을 알고 있다. '실제로 상황이 얼마나 나빠질까?' '그럴 가능성은 얼마일까?' 그리고 '어떻게 대응할 것인가?' 자신에게 연민과 이해를 베풀고 힘든 일도 해낼 수 있도록 도와주는 환경을 만들면 된다는 사실을 알고 있다. 자신감이 생기기 전에 일단 뛰어들면 자신감이 따라올 거라는 사실을 알고 있다. 역할과 목표를 선택하고 구조를 만들면 더 든든하다는, 집중도 잘할 수 있다는 사실을 알고 있다. 불안의 산은 넘어설수록 낮아진다는 사실도 알고 있다. 안전행동은 내려놓아야 한다는 사실도 마찬가지다. 방해만 되는 구명조끼를 벗어버려야 진짜 모습을 발견할 수 있다. 지금 눈앞의 일에, 지금 내 앞의 사람에게, 아니면 자신의 호흡에 집중하면 된다고도 배웠다. 오목 거울이나 볼록 거울이 아니라 타인의 눈으로 내 모습을 볼 수 있다. 기꺼이 평범해질 수 있다. 부자연스러움과 실수로 더 사랑스러워진다고 믿을 수 있다. 모임에 지속적으로 나가고, 자기 이야기를 조금씩 털어놓고, 호감을 표시하면 된다고 배웠다. 그리고 무엇보다도, 믿음을 보이고 친절하면 된다는 사실을 알고 있다.

　이 모든 도구가 반짝반짝 빛나는 새 공구 상자에 들어있다. 가장 훌륭한 연구자들이 지속적으로 효과를 입증해온 도구들이다. 하지만 자전거를 타거나 자동차를 운전할 수 있기까지 시간과 연습이 필요한 것처럼, 이 새로운 도구들 역시 제대로 사용하기 위해 시간과 연습이 필요하다. 모든 도구의 사용법을 반드시 다 익혀야 하는 것은 아니다. (기억하라. 우리는 완벽주의를 내려놓고 있는 중이다.) 가장 좋아하는 도구 두세 가지를 골라 계속 사용해보자. 나의 경우, '상황이 얼마나 나빠질 것인가?'라는 질문, 주의력을 안에서 밖으로 돌리는 것, 사람들에게 먼저 호감을 표시하는 일이 가장 자주 사용했던 도구였다. 이 세 가지 덕분에 불안했던 순간들을 90퍼센트는 해결할 수 있었다. 그렇다면 나머지 10퍼센트는? 좋은 이야깃거리를 얻었거나, 당연히 가끔은 회피했다가 나중에 다시 시도해보기도 했다.

가장 좋은 소식은 바로, 사회불안과 한 쌍인 장점들을 놓치지 않으면서도 불안을 극복할 수 있다는 점이다. 사회불안은 늘 좋은 점들과 한 쌍이라는 사실을 기억하라. 우리는 공감을 잘한다. 타인의 감정을 이해하고 나누는 능력이 좋다. 우리는 성실하다. 그래서 무슨 일이든 꼼꼼히 잘 해낸다. 그런 높은 기준이 성공을 돕는다. 마지막으로 우리는 어울림의 가치를 안다. 점점 괴팍해져 가는 세상에서 어울리는 능력은, 믿음직스럽고 친절할 수 있는 큰 장점은 궁극적으로 타인을 끌어들이는 능력이다.

하지만 무엇보다도 타인의 생각을 잘 살핀다는 것은, 간단히 말하자면 타인을 잘 살핀다는 뜻이다. "최고를 고를 만큼 충분히 사랑할 때, 언제나 홀마크"라는 카드 회사의 슬로건을 생각해보라. 충분한 관심을 통해 우리는 스스로의 세상에 최고의 선물을 전할 수 있다. 충분한 관심을 통해 우리는 스스로에게 엄청난 힘과 가치를 전할 수 있다. 두려움에 떨지 않을 때까지, 원하는 삶이 방해받지 않을 수 있을 때까지 사회불안을 누그러뜨리는 것도 중요하다. 하지만 타인을 향한 관심과 사랑을 놓쳐서는 안 된다. 우리는 타인에게 마음을 연다. 멋진 친구와 배우자가 된다. 살면서 운 좋게 우리를 알고 있는 사람들을 위해.

내가 만난 '지나치게 불안한 사람들', 즉 스스로를 능력 없는 실패자라고 생각했던 사람들은 역설적이게도 늘 언제나, 누구나 만나고 싶어 할 만큼 가장 흥미롭고 아름답고 친절한 사람들이었다. 나는 그들과의 작업을 사랑했다. 언제나 용감하고 멋진 사람들이었기 때문이며, 그들이 바로 그 사실을 깨닫게 만드는 과정은 내게 크나큰 영광이었다.

내향적인 모든 이들이여, 그대는 조용하고 사색적일지 모른다. 외향적인 모든 이들이여, 목소리가 크고 사교적인 것이 당신의 참모습일 것이다. 하지만 두렵지 않을 때의 모습이 바로 진정한 자기 모습이다. 사회불안에 대한 간디의 통찰을 기억하는가? "사회불안은 나를 성장시켰다. 진실을 꿰뚫을 수 있도록 도와주었다." 그러니 지금 당장 나가 행동하자. 손을 내밀고 성장하자. 그것이 바로 자신의 진실을, 진정한 자기 모습을 찾을 수 있는 유일한 길이다.

작가의 말

이 책에 나오는 모든 이야기는 내가 직접 진료하는 행운을 누렸던 환자들과 내가 치료를 감독했던 환자들의 경험에서 나온 이야기다. 비밀 보장이 중요한 병원이라는 환경에서 만났기 때문에 건강보험 양도 및 책임에 관한 법률에 따라 개인의 신상과 건강 관련 정보는 모두 식별이 불가능하도록 변경했다. 여러 환자의 이야기를 섞어 내가 만들어낸 가상의 환자도 있다.

단 한 명, 짐만 예외였는데, 짐은 다른 사람들에게 영감을 주고 싶다며 자기 이야기를 전부 공개해도 좋다고 허락했다. 책의 조연으로 등장하길 원치 않았던 짐의 가족과 댄스 커뮤니티의 이름은 전부

341

다른 이름으로 바꾸었지만, 지역과 구체적인 상황은 사실 그대로다.

디에고의 이야기는 암스테르담대학교 수전 뵈겔 박사에게 들은 이야기를 허락받아 약간 변형했다. 21개월 아기 제니퍼의 이야기는 신시아 가르시아 콜 박사의 치료 계획서를 자세히 읽고 교수님과 나눈 깊은 대화를 토대로 한 것이다.

마지막으로, 사회불안을 넘어서기 위한 과학적 뒷받침이 필요하다면 EllenHendriksen.com/free-resources의 무료 자료를 마음껏 이용해도 좋다.

참고문헌

프롤로그

the following twenty-five situations cribbed from two widely used social anxiety questionnaires.

Liebowitz, M. R. (1987). Liebowitz social anxiety scale for social phobia. *Modern Problems of Pharmacopsychiatry, 22*, 141–73.

Mattick, R. P., and Clarke, J. C. (1998). Development and validation of measures of social phobia scrutiny fear and social interaction anxiety. *Behavior Research and Therapy*, 36, 455–70.

A study out of the University of Pittsburgh

Primack, B. A., Shensa, A., Escobar-Viera, C. G., Barrett, E. L., Sidani, J. E.,Colditz, J. B., and James, A. E. (2017). Use of multiple social media platforms and symptoms of depression and anxiety: A tionally-representative study among U.S. young adults. *Computers in Human Behavior, 69*, 1–9.

somewhere between the ages of eight and fifteen

American Psychiatric Association. (2013). *Diagnostic and Statistical Manual of Mental Disorders* (5th ed.). Arlington, VA: American Psychiatric Publishing.

at some point in life 13 percent of Americans

Kessler, R. C., McGonagle, K. A., Zhao, S., Nelson, C. B., Hughes, M., Eshleman, S., . . . Kendler, K. S. (1994). Lifetime and twelve-month prevalence of DSM-III-R psychiatric disorders in the United States. Results from the National Comorbidity Survey. *Archives of General Psychiatry*, 51, 8–19.

third most common psychological disorder,

Kessler et al. (1994).

21 percent of capital-S Socially Anxious folks for whom nerves manifest as anger and irritability,

Kashdan, T. B., McKnight, P. E., Richey, J. A., and Hofmann, S. G. (2009). When social anxiety disorder co-exists with risk-prone, approach behavior: Investigating a neglected, meaningful subset of people in the National Comorbidity Survey-Replication. *Behavior Research and Therapy, 47*, 559–68.

Up to 15-30 percent of the population find themselves chronically isolated.

Heinrich, L. M., and Gallon, E. (2009). The clinical significance of loneliness: A literature review. *Clinical Psychology Review, 26*, 695–718.

Theeke, L. A. (2009). Predictors of loneliness in U.S. adults over age sixty-five. *Archives of Psychiatric Nursing, 23*, 387–96.

It kills our sleep quality, our mood, our optimism, and our self-esteem.

Hawley, L. C., and Cacioppo, J. T. (2010). Loneliness matters: A theoretical and empirical review of consequences and mechanisms. *Annals of Behavioral Medicine, 40*, 218–27.

Chronic loneliness has been linked to an increased risk of heart disease, Alzheimer's disease, even mortality.

Hawkley, L. C., Masi, C. M., Berry, J. D., and Cacioppo, J. T. (2006). Loneliness is a unique predictor of age-related differences in systolic blood pressure.
Psychology and Aging, 21, 152–64.

Penninx, B. W., van Tilburg, T., Kriegsman, D. M., Deeg, D. J., Boeke, A. J., and Van Eijk, J. T. (1997). Effects of social support and personal coping resources on mortality in older age: The Longitudinal Aging Study Amsterdam. *American Journal of Epidemiology, 146*, 510–19.

Shiovitz-Ezra,S., and Ayalon, L. (2010). Situational versus chronic loneliness as risk factors for all-cause mortality. *International Psychogeriatrics, 22*, 455–62.

Thurston, R. C., and Kubzansky, L. D. (2009). Women, loneliness, and incident coronary heart disease. *Psychosomatic Medicine, 71*, 836–42.

Wilson, R. S., Krueger, K. R., Arnold, S. E., Schneider, J. A., Kelly, J. F., Barnes, L. L. . . . Bennett, D. A. (2007). Loneliness and risk of Alzheimer disease. *Archives of General Psychiatry, 64*, 234–40.

Conscientious, with a robust inner guide

http://www.nytimes.com/2011/06/26/opinion/sunday/26shyness.html.

Kochanska, G., and Aksan, N. (2006). Children's conscience and self-regulation. Journal of Personality, *74*, 1587–618.

Gifted at remembering faces

Foa, E. B., Gilboa-Schechtman, E., Amir, N., and Freshman, M. (2000).

\- 이 논문의 제목에 속지 말라. 이 논문은 사회불안이 있는 사람들이 그렇지 않은 사람들보다 '모든' 얼굴을 더 잘 기억한다고 밝혔다.

Memory bias in generalized social phobia: Remembering negative emotional expressions. *Journal of Anxiety Disorders, 14*, 501–19.

Deeply empathetic

Auyeung, K., and Alden, L. (2016). Social anxiety and empathy for social pain. *Cognitive Therapy and Research, 40*, 38–45.

Tibi-Elhanany, Y., and Shamay-Tsoory, S. G. (2011). Social cognition in social anxiety: First evidence for increased empathic abilities. *Israel Journal of Psychiatry and Related Sciences, 48*, 98–106.

"Prosocial," meaning positive to others, helpful, and altruistic

Culotta, C. M., and Goldstein, S. E. (2008). Adolescents' aggressive and prosocial behavior: Associations with jealousy and social anxiety. *Journal of Genetic Psychology, 169*, 21–33.

\- Note: 이 학술 논문에는 긍정적인 특성과 부정적인 특성이 뒤섞여 있어 처음에 자료를 수집하면서 깜짝 놀랐다. 앞서 언급한 논문들에도 사회불안이 성실하지 않음, 공감 능력 부족을 비롯한 다른 부정적인 특징과 관련이 있다는 내용이 나온다. 수줍어하고 사회적으로 불안해하는 사람들과 함께 작업해온 내 경험이나 다른 연구자들, 정신 건강 전문가들과의 인터뷰를 통해 나는 사회적으로 불안해하는 사람들이 대부분 긍정적인 특징을 갖고 있다는 사실을 발견했다. 그렇다면 그 부정적인 특성의 근거는 무엇일까? 나는 이렇게 생각한다. 학술 논문은 보통 사회불안장애를 중점적으로 다루는데, 의미상 이는 연구 대상이 어려움을 겪고 있거나 제 기능을 못하고 있을 가능성이 크다. 사회불안장애가 그들의 삶에 도움이 되기보다 방해가 되고 있을 테니까 말이다. 예를 들면 수줍어하고 사회적으로 불안해하는 사람들 대부분이 다른 이들과 잘 지내고, 다른 이들을 공정하게 대하고 싶어하며, 이는 친사회적 성격이라고 할 수 있다. 한편 사회불안장애로 힘들어하는 사람들은 타인의 비난이나 자신의 잘못된 행동에 대한 과도한 걱정으로 전혀 사회성을 발휘하지 못할 수도 있다. 마찬가지로 나와 함께 작업했던 사람들 중에도 사회적으로 불안해하면서도 확실한 직업윤리를 갖고 있거나 몹시 성실한 사람들이 있었다. 그러나 자신의 노력이나 선택보다 외적 영향력이 자신의 미래를 결정한다고 믿는 나머지 삶의 목표를 설정하거나 자신의 삶을 책임지는 모습이 부족한 사람들도 있었다. 전반적으로 살펴보면 그와 같은 다양성도 타당하다. 인구의 40퍼센트가 스스로 수줍음이 많다고 생각한다면 당연히 다양할 수밖에 없을 것이다.

Fully 40 percent of people consider themselves to be shy... What's more, a whopping 99 percent of people feel socially anxious in particular situations.

Zimbardo, P., Pilkonis, P., and Norwood, R. (1974). The silent prison of shyness. (Technical Report Z-17). Stanford, CA: Office of Naval Research, Stanford University.

Gandhi led a march to protest the British colonialist government's monopoly on salt,
http://www.history.com/news/gandhis-salt-march-85-years-ago.
http://www.history.com/topics/salt-march

Not that many years later, Martin Luther King Jr. would write
King, M. L. (1958). Stride Toward Freedom: *The Montgomery Story*. New York: Harper and Brothers.

In his autobiography, Gandhi devotes an entire chapter to his social anxiety,
Gandhi, M. K. (1960). *Gandhi's Autobiography: The Story of My Experiments with truth*. Washington, DC: Public Affairs Press.

Gandhi, who earlier in life couldn't even give a toast, would, in 1947, give a speech to a live audience of more than twenty thousand people.
http://www.gandhi -manibhavan.org/gandhicomesalive/speech7.htm.

Looking back on his life, Gandhi wrote:
Gandhi (1960).

- 추가로 참고한 책들
Carducci, B. (1999). *Shyness*. New York: HarperCollins.
Crozier, W. R. (ed.) (1990). *Shyness and embarrassment: Perspectives from Social Psychology*. Cambridge: Cambridge University Press.
Heimberg, R. G., Hofmann, S. G., Liebowitz, M. R., Schneier, F. R., Smits, J. A., Stein, M. B., . . Craske, M. G. (2014). Social anxiety disorder in DSM-5. *Depression and Anxiety, 31*, 472–79.

01. 불안은 어떻게 자리 잡는가: 회피의 나비효과

The story of "Jim Nolan" comes from our work together, plus personal communication, February 24, 2016.

four- to six-fold increased risk of having the same disorder.
Smoller, J. W., Gardner-Schuster, E., and Misiaszek, M. (2008). Genetics of anxiety: Would the genome recognize the DSM? *Depression and Anxiety, 25*, 368–77.

anxiety isn't controlled by a single gene . . . large effects of a few genes or the small effects of many . . . phenotypic complexity
Smoller, J. W., Block, S. R., and Young, M. M. (2009). Genetics of anxiety disorders: The

complex road from DSM to DNA. *Depression and Anxiety, 26*, 965–95.

first described in the literature in 1966
Marks, I. M., and Gelder, M. G. (1966). Different ages of onset in varieties of phobias. *American Journal of Psychiatry, 123*, 218–21.

and has only been a distinctly defined disorder since 1980.
American Psychiatric Association. (1980). *Diagnostic and Statistical Manual of Mental Disorders* (3rd ed.). Washington, DC: American Psychiatric Association.

The Reveal falls into one of four categories:
Moscovitch, D. A. (2009). What is the core fear in social phobia? A new model to facilitate individualized case conceptualization and treatment. *Cognitive and Behavioral Practice, 16*, 123–34.

The other night, Jim was watching the TV show Modern Family.
http://abc.go.com/shows/modern-family/video/pl5520993/VDKA0_mp8w14dk

- 추가로 참고한 책들
Leitenberg, H. (ed.) (1990). *Handbook of Social and Evaluation Anxiety*. New York: Plenum Press.

02. 제멋대로 자라난 생각의 가지들: 사회인식과 행동억제

remember, 40 percent of us consider ourselves "shy" and 13 percent of us will have capital-S Social Anxiety at some point in life—
Kendler, K. S. (1994). Lifetime and twelve-month prevalence of DSM-III-R psychiatric disorders in the United States. Results from the National Comorbidity Survey. *Archives of General Psychiatry, 51*, 8–9. Kessler, R. C., et al. (1994), Zimbardo, P., et al. (1974). The silent prison of shyness. (Technical Report Z-17). Stanford, CA: Office of Naval Research, Stanford University.

But if social awareness grows wild and unchecked, it distorts into capital-S Social Anxiety,
Knowles, M. L., Lucas, G. M., Baumeister, R. F., and Gardner, W. L. (2015). Choking under social pressure: Social monitoring among the lonely. *Personality and Social Psychology Bulletin, 41*, 805–21.

Washburn, D., Wilson, G., Roes, M., Rnic, K., and Harkness, K. L. (2016). Theory of mind in social anxiety disorder, depression, and comorbid conditions. *Journal of Anxiety Disorders, 37*, 71–77.

In her junior year of high school, Cynthia took a psychology course and knew, like the flip of a light switch, that she had found her life's work.

http://www.psychologicalscience.org/index.php/publications/observer/2010/march-10/champions-of-psychology-cynthia-garcia-coll.html.

When, in 1984, Cynthia published her findings from the 117 kids in the prestigious journal Child Development, it marked the scholarly debut of the term *behavioral inhibition*.

Garcia Coll, C., Kagan, J., and Reznick, J. S. (1984). Behavioral inhibition in young children. *Child Development, 55*, 1005–19.

even species (I'm looking at you, chimps, lions, and wolves).

Nishida, T., Hosaka, K., Nakamura, M., and Hamai, M. (1995). A within-group gang attack on a young adult male chimpanzee: Ostracism of an ill-mannered member? *Primates, 36*, 207.

The Bible, for example, is filled with stories that end in the punishment of exile, of a wrongdoer being "cut off from his people."

https://en.wikipedia.org/wiki/BanishmentintheBible.

The Amish, for example, call it hunning.

Hostetler, J. A. (1993). *Amish Society* (4th ed.). Baltimore and London: Johns Hopkins University Press.

As an Amish leader in the PBS documentary Shunned neatly sums up, "If we lose obedience, we lose the church."

http://www.pbs.org/wgbh/americanexperience/films/shunned/

In the early 1990s, when the kids reached the age of thirteen,

Schwartz, C. E., Snidman, N., and Kagan, J. (1999). Adolescent social anxiety as an outcome of inhibited temperament in childhood. *Journal of the American Academy of Child and Adolescent Psychiatry, 38*, 1008–15.

Personally, I remember reading Susan Cain's 2012 bestseller, Quiet, and feeling astonished.

Cain, S. (2012). *Quiet: The Power of Introverts in a World that Can't Stop Talking*. New York: Crown.

"There are people who cannot raise their hand or speak freely in a group," she told me when I interviewed her and recounted my story.

Cynthia Garcia Coll, Ph.D., personal communication, April 26, 2016.

think of the 40 percent of people, myself included, who refer to themselves as "formerly shy."

Zimbardo, P., et al. (1974). *The silent prison of shyness* (Technical Report Z-17). Stanford, CA: Office of Naval Research, Stanford University.

Dr. Jerome Kagan himself has written, "Genes, culture, time, and luck make us who we are."

Kagan, J. (2010). *The Temperamental Thread: How Genes, Culture, Time, and Luck Make Us Who We Are*. New York: Dana Foundation.

Indeed, in the constant interplay between genes and environment

http://developingchild.harvard.edu/science/deep-dives/gene-environment-interaction/

- 추가로 참고한 책들

Gazelle, H., and Rubin, K. H. (2010). Social anxiety in childhood: Bridging developmental and clinical perspectives. *New Directions for Child and Adolescent Development, 2010*, 1–16.

Gilbert, P. (2001). Evolution and social anxiety: The role of attraction, social competition, and social hierarchies. *Psychiatric Clinics of North America, 24*, 723–51.

Gilbert, P., and Trower, P. (1990). The evolution and manifestation of social anxiety. In Crozier, W. R. (ed.), *Shyness and Embarrassment: Perspectives from Social Psychology*(144–80). Cambridge: Cambridge University Press.

Maner, J. K., and Kenrick, D. T. (2010). When adaptations go awry: Functional and dysfunctional aspects of social anxiety. *Social Issues and Policy Review, 4*, 111–42.

Price, J. S. (2003). Evolutionary aspects of anxiety disorders. *Dialogues in Clinical Neuroscience, 5*, 223–36.

Tomasello, M., Melis, A. P., Tennie, C., Wyman, E., and Herrmann, E. (2012). Two key steps in the evolution of human cooperation: The interdependence hypothesis. *Current Anthropology, 53*, 673–92.

Trower, P., Gilbert, P., and Sherling, G. (1990). Social anxiety, evolution, and self-presentation: An interdisciplinary perspective. In Leitenberg, H. (ed.), *Handbook of Social and Evaluation Anxiety* (11–45). New York: Springer.

Wakefield, J. C., Horwitz, A. V., and Schmitz, M. F. (2005). Are we over-pathologizing the socially anxious? Social phobia from a harmful dysfunction perspective. *Canadian Journal of Psychiatry, 50*, 317–19.

03. 불안한 뇌도 바뀔 수 있다: 머릿속 비상경보

It has been established that anything you do frequently can change your brain, from driving a taxi to playing the violin to watching porn

Hyde, K. L., Lerch, J., Norton, A., Forgeard, M., Winner, E., Evans, A. C., and Schlaug, G. (2009). Musical training shapes structural brain development. *Journal of Neuroscience, 29*, 3019–25.

Kuhn, S., and Gallinat, J. (2014). Brain structure and functional connectivity associated with pornography consumption: The brain on porn. *JAMA Psychiatry, 71*, 827–34.

Maguire, E. A., Woollett, K., and Spiers, H. J. (2006). London taxi drivers and bus drivers: A structural MRI and neuropsychological analysis. *Hippocampus, 16*, 1091–101.

Munte, T. F., Altenmuller, E., and Jancke, L. (2002). The musician's brain as a model of neuroplasticity. *Nature Reviews: Neuroscience, 3*, 473–8.

a series of studies that found that cognitive-behavioral therapy for capital-S Social Anxiety fundamentally changes connections across areas in the brain,

Goldin, P. R., Ziv, M., Jazaieri, H., Hahn, K., Heimberg, R., and Gross, J. J. (2013). Impact of cognitive behavioral therapy for social anxiety disorder on the neural dynamics of cognitive reappraisal of negative self-beliefs: Randomized clinical trial. *JAMA Psychiatry, 70*, 1048–56.

Goldin, P. R., Ziv, M., Jazaieri, H., Weeks, J., Heimberg, R., and Gross, J. J. (2014). Impact of cognitive-behavioral therapy for social anxiety disorder on the neural bases of emotional reactivity to and regulation of social evaluation. *Behavior Research and Therapy, 62*, 97–106.

Philippe Goldin, Ph.D., personal communication, April 1, 2017.

collectively known as the amygdala.

http://bigthink.com/videos/the-amygdala-in-5-minutes.

https://www.psychologytoday.com/blog/i-got-mind-tell-you/201508/the-amygdala-is-not-the-brains-fear-center.

Etkin, A., and Wager, T. D. (2007). Functional neuroimaging of anxiety: A meta-analysisof emotional processing in PTSD, social anxiety disorder, and specific phobia. *American Journal of Psychiatry, 164*, 1476–88.

Stein, M. B., Simmons, A. N., Feinstein, J. S., and Paulus, M. P. (2007). Increased amygdala and insula activation during emotion processing in anxiety-prone subjects. *American Journal of Psychiatry, 164*, 318–27.

Change the snarling dog to a snarling stranger,

Amaral, D. G. (2002). The primate amygdala and the neurobiology of social behavior: Implications for understanding social anxiety. *Biological Psychiatry, 51*, 11–17.

Phan, K. L., Fitzgerald, D. A., Nathan, P. J., and Tancer, M. E. (2006). Association between amygdala hyperactivity to harsh faces and severity of social anxiety in generalized social phobia. *Biological Psychiatry, 59*, 424–29.

the last time the Kagan lab followed up on Jennifer

Schwartz, C. E., Wright, C. I., Shin, L. M., Kagan, J., and Rauch, S. L. (2003). Inhibited and uninhibited infants "grown up": Adult amygdalar response to novelty. *Science, 300*, 1952–53.

your prefrontal cortex, the part of your brain responsible for, well, responsibility,

Miller, E. K., and Cohen, J. D. (2001). An integrative theory of prefrontal cortex function. *Annual Review of Neuroscience, 24*, 167–02.

What's more, specific areas of it can talk the amygdala down from its social freak-outs.

Etkin, A., and Wager, T. D. (2007). Functional neuroimaging of anxiety: A meta-analysis of emotional processing in PTSD, social anxiety disorder, and specific phobia. *American Journal of Psychiatry, 164*, 1476–8.

- Note: 사회적으로 불안해하는 뇌에 대해 이해하기 쉽게 잘 설명해주는 훌륭한 기사나 영상은 https://joyable.com/blog/this-is-your-brain-on-social-anxiety/.에서 더 찾아볼 수 있다.

our prefrontal cortex isn't as adept as our non-anxious friends' at shutting off the alarms.

Goldin, P. R., et al. (2013). Impact of cognitive behavioral therapy for social anxiety disorder on the neural dynamics of cognitive reappraisal of negative self-beliefs: Randomized clinical trial. *JAMA Psychiatry, 70*, 1048–56.

Philippe Goldin, Ph.D., personal communication, April 1, 2017.

What's more, other studies have concluded that CBT leads to visible brain changes— oldin's results aren't just a happy fluke.

Furmark, T., Tillers, M., Marteinsdottir, I., Fischer, H., Pissiota, A., Angstrom, B., and Fredrikson, M. (2002). Common changes in cerebral blood flow in patients with social phobia treated with citalopram or cognitive-behavioral therapy. *Archives of General Psychiatry, 59*, 425–33.

Mansson, K. N. T., Frick, A., Boraxbekk, C-J., Marquand, A. F., Williams, S. C., Carlbring, P., Andersson, G., and Furmark, T. (2015). Predictinglong-term outcome of internet-delivered cognitive behavior therapy for social anxiety disorder using fMRI and support vector machine learning. *Translational Psychiatry, 5*, e530.

Mansson, K. N. T., Salami, A., Frick, A., Carlbring, P., Andersson, G., Furmark, T., and Boraxbekk, C-J.(2016). Neuroplasticity in response to cognitive behavior therapy for social anxiety disorder. *Translational Psychiatry, 6*, e727.

the approximately 1 percent of the population who are psychopaths.
Werner, K. B., Few, L. R., and Bucholz, K. K. (2015). Epidemiology, comorbidity, and behavioral genetics of Antisocial Personality Disorder and psychopathy. *Psychiatry Annals, 45*, 195–99.

But just like a tendency toward social anxiety is a package deal, so is psychopathy.
Hare, R. D., and Neumann, C. N. (2006). The PCL-R Assessment of Psychopathy: Development, Structural Properties, and New Directions. In Patrick, C. (ed.), *Handbook of Psychopathy* (58–88). New York: Guilford.
Neumann, C. S., and Hare, R. D. (2008). Psychopathic traits in a large community sample: Links to violence, alcohol use, and intelligence. *Journal of Consulting and Clinical Psychology, 76*, 893–99.

(chili made from Scott Tenorman's parents, anyone?),
http://www.therobotsvoice.com/2011/09/cartmans7mostheinousacts_ofevilonsouthpark.php.

A study by Dr. Niels Birbaumer and his team at Germany's University of Tubingen
Viet, R., Flor, H., Erb, M., Hermann, C., Lotze, M., Grodd, W., and Birbaumer, N. (2002). Brain circuits involved in emotional learning in antisocial behavior and social phobia in humans. *Neuroscience Letters, 328*, 233–36.

This, along with additional studies,
Damasio, A. R., Tranel, D., and Damasio, H. (1990). Individuals with sociopathic behavior caused by frontal damage fail to respond autonomically to social stimuli. *Behavioural Brain Research, 41*, 81–94.
Derefinko, K. J. (2014). Psychopathy and low anxiety: Meta-analytic evidence for the absence of inhibition, not affect. *Journal of Personality, 83*, 693–709.
Hofmann, S. G., Korte, K. J., and Suvak, M. K. (2009). The upside of being socially anxious: Psychopathic attributes and social anxiety are negatively associated. *Journal of Social and Clinical Psychology, 28*, 714–27.
Talati, A., Pantazatos, S. P., Schneier, F. R., Weissman, M. M., and Hirsch, J.(2013). Gray matter abnormalities in Social Anxiety Disorder: Primary, replication, and specificity studies. *Biological Psychiatry, 73*, 75–84.

- 추가로 참고한 책들

Cremers, H. R., and Roelofs, K. (2016). Social anxiety disorder: A critical overview of neurocognitive research. *Wiley Interdisciplinary Reviews: Cognitive Science, 7*, 218–32.

Doehrmann, O., Ghosh, S. S., Polli, F. E., Reynolds, G. O., Horn, F., Keshavan, A., . . . Gabrieli, J. D. (2013). Predicting treatment response in social anxiety disorder from functional magnetic resonance imaging. *JAMA Psychiatry, 70*, 87–97.

Furmark, T., Tillers, M., Marteinsdottir, I., Fischer, H., Pissiota, A., Angstrom, B., and Fredrikson, M. (2002). Common changes in cerebral blood flow in patients with social phobia treated with citalopram or cognitive-behavioral therapy. *Archives of General Psychiatry, 59*, 425–33.

John Gabrieli, Ph.D., personal communication, May 2, 2016.

Goldin, P. R., Manber-Ball, T., Werner, K., Heimberg, R., and Gross, J. J. (2009). Neural mechanisms of cognitive reappraisal of negative self-beliefs in Social Anxiety Disorder. *Biological Psychiatry, 66*, 1091–99.

Izuma, K., Saito, D. N., and Sadato, N. (2008). Processing of social and monetary rewards in the human striatum. *Neuron, 58*, 284–94.

Krach, S., Paulus, F. M., Bodden, M., and Kircher, T. (2010). The rewarding nature of social interactions. *Frontiers in Behavioral Neuroscience, 4*, 22.

Tsukiura, T., and Cabeza, R. (2008). Orbitofrontal and hippocampal contributions to memory for face-name associations: The rewarding power of a smile. *Neuropsychologia, 46*, 2310–9.

04. 나를 제일 괴롭히는 나: 내면의 비판자

what we're really afraid of is The Reveal.
Moscovitch, D. A. (2009). What is the core fear in social phobia? A new model to facilitate individualized case conceptualization and treatment. *Cognitive and Behavioral Practice, 16*, 123–34.

It's less about fear and more about shame, a word that can be traced to the Indo-European root skam, meaning "to cover."
Gilbert, and Trower, (2011). The evolution and manifestation of social anxiety. In Crozier, W. R. (ed.), *Shyness and Embarrassment: Perspectives from Social Psychology*. Cambridge: Cambridge University Press, 144–77.

Hedman, E., Strom, P., Stunkel, A., and Mortberg, E. (2013). Shame and guiltin social

anxiety disorder: Effects of cognitive behavior therapy and association with social anxiety and depressive symptoms. *PLoS One, 8*: e61713.
http://www.etymonline.com/index.php=shame.

our anxiety, our appearance, our character, our social skills—
Moscovitch(2009).
David A. Moscovitch, Ph.D., personal communication, September 22, 2016.

In 1999, Dr. David Clark, a pioneering psychologist
Mansell, W., and Clark, D. M. (1999). How do I appear to others? Social anxiety and processing of the observable self. *Behavior Research & Therapy, 37*, 419–34.

When it comes to social anxiety, bad is stronger than good.
Nesse, R. M. (2005). Natural selection and the regulation of defenses: A signal detection analysis of the smoke detector principle. *Evolution and Human Behavior, 26*, 88–105.

To use an example from Dr. David Moscovitch,
David A. Moscovitch, Ph.D., personal communication, September 22, 2016.

Think of a scenario that gives you the social heebie-jeebies.
Moscovitch, D. A., and Huyder, V. (2012). Negative self-portrayal scale(NSPS). Measurement Instrument Database for the Social Science. Retrieved from www.midss.ieon June 1, 2016.

It's there in the anticipation and in the aftermath.
Penney, E. S., and Abbott, M. J. (2014). Anticipatory and post-event rumination in Social Anxiety Disorder: A review of the theoretical and empirical literature. *Behaviour Change, 31*, 79–101.
Wong, Q. J. J. (2016). Anticipatory processing and post-event processing in Social Anxiety Disorder: An update on the literature. *Australian Psychologist, 51*, 105–13.

"snatching defeat from the jaws of victory."
Richard Heimberg, Ph.D., personal communication, September 23, 2016. In 2003, David Clark, whose positive and negative adjective experiment we read about earlier, Hinrichsen, H., and Clark, D. M. (2003). Anticipatory processing in social anxiety: Two pilot studies. *Journal of Behavior Therapy and Experimental Psychiatry, 34*, 205–18.
- Note: 명확성을 위해 실험 방법은 약간 변경했지만 실험 내용은 변함없다.

In 2006, Drs. Judith Wilson and Ronald Rapee,
Wilson, J. K., and Rapee, R. M. (2006). Self-concept certainty in social phobia. *Behaviour Research and Therapy, 44*, 113–36.

Occasionally, I'll work with a client who is reluctant to let go of the Inner Critic.

Vassilopoulos, S., Brouzos, A., and Moberly, N. (2015). The relationships between metacognition, anticipatory processing, and social anxiety. *Behaviour Change, 32*, 114–26.

- 추가로 참고한 책들

Abbott, M. J., and Rapee, R. M. (2004). Post-event rumination and negative self-appraisal in social phobia before and after treatment. *Journal of Abnormal Psychology, 13*, 136–44.

Brozovich, F. A., Goldin, P., Lee, I., Jazaieri, H., Heimberg, R. G., and Gross, J. J. (2015). The effect of rumination and reappraisal on social anxiety symptoms during cognitive-behavioral therapy for social anxiety disorder. *Journal of Clinical Psychology, 71*, 208–18.

Brozovich, F., and Heimberg, R. G. (2008). An analysis of post-event processing in social anxiety disorder. *Clinical Psychology Review, 28*, 891–903.

Clark, D. M., and Wells, A. (1995). A cognitive model of social phobia. In Heimberg, R. G., Liebowitz, M. R., Hope, D. A., and Schneier, F. R., (eds.), *Social Phobia: Diagnosis, Assessment, and Treatment* (69–3). New York: Guilford Press.

Heimberg, R. G., Brozovich, F. A., and Rapee, R. M. (2010). A cognitive behavioral model of social anxiety disorder: Update and extension. In Hofmann, S. G., and DiBartolo, P. M., (eds.), *Social Anxiety: Clinical, Developmental, and Social Perspectives* (2nd ed., 395–422). New York: Academic Press.

Hofmann, S. G. (2010). Recent advances in the psychosocial treatment of social anxiety disorder. *Depression & Anxiety, 27*, 1073–76.

Hofmann, S. G. (2007). Cognitive factors that maintain social anxiety disorder: A comprehensive model and its treatment implications. *Cognitive Behaviour Therapy, 36*, 193–209.

Rachman, S., Gruter-Andrew, J., and Shafran, R. (2000). Post-event processing in social anxiety. *Behaviour Research and Therapy, 38*, 611–17.

Wong, Q. J. J., and Rapee, R. M. (2016). The aetiology and maintenance of social anxiety disorder: A synthesis of complimentary theoretical models and formulation of a new integrated model. *Journal of Affective Disorders, 203*, 84–100.

05. 모호한 불안을 구체화한다: 최악의 시나리오 대체하기

Antony, M. M., and Swinson, R. P. (2008). *The Shyness & Social Anxiety Workbook* (2nd ed.). Oakland, CA: New Harbinger.

Hope, D. A., Heimberg, R. G., and Turk, C. L. (2006). *Managing Social Anxiety: A*

Cognitive-Behavioral Therapy Approach. Oxford: Oxford University Press.

06. 친절이 비판을 이긴다: 자신을 포용하기

This is self-compassion.
Neff, K. (2011). *Self-Compassion: The Proven Power of Being Kind to Yourself.* New York: William Morrow.

"Put it in a context," she suggested. "Would a compassionate mother let her child eat all the candy?"
Kristin Neff, Ph.D., personal communication, September 29, 2016

Mindfulness, simply, is paying attention to the present moment on purpose, without judgment.
Kabat-Zinn, J. (1990). *Full Catastrophe Living: Using the Wisdom of Your Body and Mind to Face Stress, Pain, and Illness.* New York: Dell.

To demonstrate the power of mindfulness on social anxiety, a 2011 study
Cassin, S. E., and Rector, N. A. (2011). Mindfulness and the attenuation of post-event processing in social phobia: An experimental investigation. *Cognitive Behaviour Therapy, 40*, 267–78.

Indeed, a 2015 study showed that among those who practiced self-compassion
Marshall, S. L., Parker, P. D., Ciarrochi, J., Sahdra, B., Jackson, C. J., and Heaven, P. C. L. (2015). Self-compassion protects against the negative effects of low self-esteem: A longitudinal study in a large adolescent sample. *Personality and Individual Differences, 74*, 116–21.

- 추가로 참고한 책들
Arimitsu, K., and Hofmann, S. G. (2017). Effects of compassionate thinking on negative emotions. *Cognition & Emotion, 31*, 160–67.
Cassin, S. E., and Rector, N. A. (2011). Mindfulness and the attenuation of post-event processing in social phobia: An experimental investigation. *Cognitive Behaviour Therapy, 40*, 267–78.
Goldin, P. R., Morrison, A., Jazaieri, H., Brozovich, F., Heimberg, R., and Gross, J. J. (2016). Group CBT versus MBSR for social anxiety disorder: A randomized controlled trial. *Journal of Consulting and Clinical Psychology, 84*, 427–37.

Otto, M. W. (2000). Stories and metaphors in cognitive-behavior therapy. *Cognitive and Behavioral Practice, 7*, 166–2.

- Note: 수영 코치들에 대한 이야기는 현재 인지행동치료에서 가장 전형적인 예로 활용되고 있는 보스턴대학교 마이클 오토 박사의 '코치 A, 코치 B' 훈련을 토대로 한 것이다.

Shikatani, B., Antony, M. M., Kuo, J. R., and Cassin, S. E. (2014). The impact of cognitive restructuring and mindfulness strategies on post-event processing and affect in social anxiety disorder. *Journal of Anxiety Disorders, 28*, 570–79.

07. 시작하면 자신감은 따라온다: 준비되기 전에 행동하기

Brandon Stanton is prowling the streets of Chelsea,

Kaplan, M. (2013, July 29). The man behind Humans of New York: Brandon Stanton. *American Photo*. http://www.americanphotomag.com/man-behind-humans-new-york-brandon-stanton.

As he described it when I spoke with him,

Brandon Stanton, personal communication, November 2, 2015.

It wasn't always this easy.

Stanton, B. (2013, May 3). Humans of New York: Behind the lens. *Huffington Post*. http://www.huffingtonpost.com/brandon-stanton/humans-of-new-york-behind_b_3210673.html.

08. 틀이 있으면 단단해진다: 스스로 선택한 역할 맡기

In a vintage episode of *The Tonight Show*,

http://www.pbs.org/wnet/americanmasters/johnny-carson-king-of-late-night-watch-the-full-documentary/2093/.

Jones, P. (Writer), and Catalena, M. A. (Director). (2012). *Johnny Carson: King of Late Night* In Jones, P. and Lacy, S. (Producers), *American Masters*. USA: Public Broadcasting Service.

Indeed, a classic study by Australian researchers Drs. Simon Thompson and Ron Rapee

Thompson, S., and Rapee, R. M. (2002). The effect of situational structure on the social performance of socially anxious and non-anxious participants. *Journal of Behavior Therapy and Experimental Psychiatry, 33*, 91–102.

As a boy, Johnny was obsessed with magic—

Leamer, L. (2005). *King of the Night: The Life of Johnny Carson*. New York: Avon.

In another old *Tonight Show* segment,

Jones and Catalena (2012).

As Laurence Leamer, Johnny's biographer, said in the documentary *Johnny Carson: King of Late Night*,

Jones and Catalena (2012).

Even Ed McMahon, Johnny's loyal sidekick for thirty years, said of Johnny, "He was good with ten million people, lousy with ten."

Corliss, R. (2005, January 25). Whoooooooo's Johnny? *Time*.
http://content.time.com/time/arts/article/0,8599,1020765,00.html.

For Johnny Carson, biographers theorize that Johnny's persona, Johnny Carson the Entertainer, was created to win the approval of a specific person.

Jones and Catalena (2012).

The phenomenon of power posing, pioneered by Dr. Amy Cuddy,

Cuddy, A. (2015). Presence: Bringing Your Boldest Self to Your Biggest Challenges. New York: Little, Brown.
https://www.ted.com/talks/amycuddyyourbodylanguageshapeswho_youare.

While researchers are still slugging it out on whether or not power posing "works" biologically by changing your cortisol and testosterone,

Carney, D., Cuddy, A., and Yap, A. J. (2015). Review and summary of research on the embodied effects of expansive (vs. contractive) non-verbal displays. *Psychological Science, 26*, 657–63.
http://faculty.haas.berkeley.edu/danacarney/pdfmy%20position%20on%20power%20poss.pdf.

Ranehill, E., Dreber, A., Johannesson, M., Leiberg, S., Sul, S., and Weber, R. A. (2015). Assessing the robustness of power posing: No effect on hormones and risk tolerance in a large sample of men and women. *Psychological Science, 26*, 653–56.
http://ideas.ted.com/inside-the-debate-about-power-posing-a-q-a-with-amy-cuddy/.

Our brain likes to coordinate posture, facial expression, tone of voice, and emotion like a well-matched outfit, a phenomenon known as congruence.

Meeren, H. K., van Heijnsbergen, C. C., and de Gelder, B. (2005). Rapid 053-perceptual integration of facial expression and emotional body language. *Proceedings of the National Academy of Sciences, 102*, 16518–23.

Stienen, B. M. C., Tanaka, A., and de Gelder, B. (2011.) Emotional voice and emotional body postures influence each other independently of visual awareness. *PLoS ONE, 6*, e25517.

A creative 2014 study out of the University of Chicago

Epley, N., and Schroeder, J. (2014). Mistakenly seeking solitude. *Journal of Experimental Psychology: General, 143*, 1980–99.

09. 어려운 처음을 계속 연습하라: 쉬워질 때까지 반복하기

A skinny nineteen-year-oldkid named Albert

http://www.npr.org/templates/story/story.php=1921765.
Speigel, A. (2004, June 3). *Cognitive behavior therapy's controversial founder* [Radio story]. Washington, DC: National Public Radio.

Over the years, CBT has been shown time and again to be the most effective treatment

Butler, A. C., Chapman, J. E., Forman, E. M., and Beck, A. T. (2006). The empirical status of cognitive-behavioral therapy: A review of meta-analyses. *Clinical Psychology Review, 26*, 17–31.

Mayo-Wilson, E., Dias, S., Mavranezouli, I., Kew, K., Clark, D. M., Ades, A. E., and Pilling, S. (2014). Psychological and pharmacological interventions for social anxiety disorder in adults: A systematic review and network meta-analysis. *Lancet Psychiatry, 1*, 368–76.

Rapee, R. M., Gaston, J. E., and Abbott, M. J. (2009). Testing the efficacy of theoretically derived improvements in the treatment of social phobia. *Journal of Consulting and Clinical Psychology, 77*, 317–27.

Tolin, D. F. (2010). Is cognitive-behavioral therapy more effective than other therapies?: A meta-analytic review. *Clinical Psychology Review, 30*, 710–20.

Albert Ellis didn't know that contemporary clinical psychologists, when asked to name the most influential psychotherapist in history, would rank him above Freud.

http://www.nytimes.com/2006/12/10/nyregion/10ellis.html=0.
Ramirez, A. (2006, December 10). Despite illness and lawsuits, a famed psychotherapist is temporarily back in session. *New York Times*.

he refused to take part in classroom plays and "sweated and sizzled with anxiety"

whenever he had to recite a poem or accept an award. Ellis, A. (1991). My life in clinical psychology. In Walker, C. E. (ed.), *The History of Clinical Psychology in Autobiography*, vol. 1 (1–7). Pacific Grove, CA: Brooks/Cole.

In a 2004 interview with National Public Radio,
Speigel (2004).

- 추가로 참고한 책들
Yankura, J., and Dryden, W. (1994). *Albert Ellis*. Thousand Oaks, CA: SAGE.

10. 거절당하는 용기: 나만의 도전 목록 만들기

At the age of sixteen, Jia came to the United States from China
Jiang, J. (2015). *Rejection Proof: How I Beat Fear and Became Invincible Through 100 Days of Rejection*. New York: Harmony Books.

He made ridiculous requests to complete strangers: "Wanna have a staring contest?" "Can I take a nap in this mattress store?" "Can you ship his package to Santa Claus?" "Can I slide down the fire station's pole?" "Can I be a live mannequin at this Abercrombie store?"
http://rejectiontherapy.com/100-days-of-rejection-therapy./

Intechnical speak, facing your fears is called exposure,
Fang, A., Sawyer, A. T., Asnaani, A., and Hofmann, S. G. (2013). Social mishap exposures for social anxiety disorder: An important treatment ingredient. *Cognitive and Behavioral Practice, 20*, 213–20.

Enter Dr. Lynn Alden of the University of British Columbia.
Lynn Alden, Ph.D., personal communication, October 20, 2016.

How to fix this? As Dr. Taylor puts it,
Charles Taylor, Ph.D., personal communication, October 20, 2016.

Over the past decade, Alden and Taylor have run a series of groundbreaking studies where they asked people to do just that.
Alden, L. E., and Taylor, C. T. (2004). Interpersonal processes in social phobia. *Clinical Psychology Review, 24*, 857–82.
Plasencia, M. L., Taylor, C. T., and Alden, L. E. (2016). Unmasking one's true self facilitates positive relational outcomes: Authenticity promotes social approach processes in social

anxiety disorder. *Clinical Psychological Science, 4*, 1002–14.

Taylor, C. T., and Alden, L. E. (2011). To see ourselves as others see us: An experimental integration of the intra- and interpersonal consequences of self-protection in social anxiety disorder. *Journal of Abnormal Psychology, 120*, 129–41.

Taylor, C. T., and Alden, L. E. (2010). Safety behaviors and judgmental biases in social anxiety disorder. *Behavior Research and Therapy, 48*, 226–37.

And in those studies, they told me, 92 percent of people could identify right away what safety behaviors they were using.

Lynn Alden, Ph.D., personal communication, December 11, 2016.

In several studies, Alden and Taylor asked socially anxious participants

Taylor and Alden (2011).

Taylor and Alden (2010).

Plasencia, Taylor and Alden (2016).

In the video of the encounter Jia filmed on his phone,

http://rejectiontherapy.com/2012/11/15/the-100-days-rejection-therapy/.

Jia moves in quickly, chatters his words, and gets out, as he put it, "like some sort of small animal running away from a predator."

Jiang (2015).

In his phone video, a young guy with glasses, a red apron, and an armload of tattoos strides up to help him.

http://rejectiontherapy.com/2012/11/16/day-2-of-rejection-therapy-request-a-burger-refill/.

When I talked to Jia about this discovery,

Jia Jiang, personal communication, September 20, 2016.

Then, as Dr. Richard Heimberg, the aforementioned father of social anxiety research, said to me when I asked the secret to overcoming social anxiety, "Go forth and do."

Richard Heimberg, Ph.D., personal communication, September 23, 2016.

The interweb makes fun of affirmations:

http://chainletters.net/chainletters/funny-daily-affirmations/.

http://therumpus.net/2012/05/funny-women-78-ambivalent-affirmations/.

Instead, try this: affirm yourself with the values you are 100 percent rock-solid sure about,

Creswell, J. D., Welch, W. T., Taylor, S. E., Sherman, D. K., Gruenewald, T. L. and Mann, T. (2005). Affirmation of personal values buffers neuroendocrine and psychological stress responses. *Psychological Science, 16*, 846–51.

Likewise, you can gain strength by affirming your own courageous acts. A 2017 eye-tracking study
Van Dillen, L. F., Enter, D., Peters, L. P. M., van Dijk, W. W., and Rotteveel, M. (2017). Moral fixations: The role of moral integrity and social anxiety in the selective avoidance of social threat. *Biological Psychology, 122*, 51–58.

As Dr. Richard Heimberg so neatly summed up the process when I talked with him, "Good exposures set in motion a success spiral."
Richard Heimberg, Ph.D., personal communication, September 23, 2016.

But don't take it from me; take it from Jia,
Jia Jiang, personal communication, September 20, 2016.

11. 자기 몰입에서 벗어나라: 내가 아닌 다른 곳에 초점 두기

To Diego, the medical resident sounded like Charlie Brown's teacher.
- Note: 디에고의 예는 암스테르담 대학교 수전 뵈겔 박사의 환자 이야기를 각색한 것이다. 뵈겔 박사는 다음 논문에서 그에 관해 언급했다.
Bogels, S. M., Mulkens, S., and De Jong, P. J. (1997). Task concentration training and fear of blushing. *Clinical Psychology and Psychotherapy, 4*, 251–58.

a phenomenon aptly called self-focused attention.
Spurr, J. M., and Stopa, L. (2002). Self-focused attention in social phobia and social anxiety. *Clinical Psychology Review, 22*, 947–75.
Wells, A., and Papageorgiou, C. (1998). Social phobia: effects of external attention on anxiety, negative beliefs, and perspective taking. *Behavior Therapy, 29*, 357–70.

Researchers from Wilfrid Laurier University in Ontario
Gaydukevych, D., and Kocovski, N. L. (2012). Effect of self-focused attention on post-event processing in social anxiety. *Behaviour Research and Therapy, 50*, 47–55.

To help us with this, we have Dr. Susan Bogels of the University of Amsterdam,
Susan Bogels, Ph.D., personal communication, July 20, 2016.
Bogels, S. M. (2006). Task concentration training versus applied relaxation, in combination

with cognitive therapy, for social phobia patients with fear of blushing, trembling, and sweating. *Behaviour Research and Therapy, 44,* 1199–210.

Bogels, S. M., Mulkens, S., and de Jong, P. J. (1997). Task concentration training and fear of blushing. *Journal of Clinical Psychology and Psychotherapy, 4,* 251–58.

Bogels, S. M., Sijbers, G. F. V. M., and Voncken, M. (2006). Mindfulness and task concentration training for social phobia: A pilot study. *Journal of Cognitive Psychotherapy: An International Quarterly, 20,* 33–44.

try an experiment suggested by Dr. David Clark of Oxford.

David Clark, DPhil, FMedSci, personal communication, November 14, 2016.

This is called attention to threat.

Hirsch, C. R., and Matthews, A. (2000). Impaired positive inferential bias in social phobia. *Journal of Abnormal Psychology, 109,* 705–12.

Perowne, S., and Mansell, W. (2002). Social anxiety, self-focused attention, and the discrimination of negative, neutral and positive audience members by their non-verbal behaviours. *Behavioural and Cognitive Psychotherapy, 30,* 11–23.

Pictures of angry and disgusted faces have been used in innumerable social anxiety studies

Amir, N., Klumpp, H., Elias, J. Bedwell, J. S., Yanasak, N., and Miller, L. S. (2005). Increased activation of the anterior cingulate cortex during processing of disgust faces in individuals with social phobia. *Biological Psychiatry, 57,* 975–81.

Buckner, J. D., Maner, J. K., and Schmidt, N. B. (2010). Difficulty disengaging attention from social threat in social anxiety. *Cognitive Therapy and Research, 34,* 99–105.

Horley, K., Williams, L. M., Gonsalvez, C., and Gordon, E. (2003). Social phobics do not see eye to eye: A visual scanpath study of emotional expression processing. *Journal of Anxiety Disorders, 17,* 33–44.

But a research group in the Netherlands led by Dr. Mike Rinck of Radboud University Nijmegen created an ingenious method

Rinck, M., Telli, S., Kampmann, I. L., Woud, M. L., Kersholt, M., TeVelthuis, S., Wittkowski, M., and Becker, E. S. (2013). Training approach-avoidance of smiling faces affects emotional vulnerability in socially anxious individuals. *Frontiers in Human Neuroscience, 7,* 481.

Mike Rinck, Ph.D., personal communication, December 8, 2016.

To explain, let's take a quick tour through the physiology of anxiety.

Barlow, D. H., and Craske, M. G. (2007). Mastery of your anxiety and panic, (4th ed.) workbook. Oxford: Oxford University Press.

Interoceptive awareness, unsurprisingly, is more sensitive in individuals with any kind of anxiety.

Reiss, S., Peterson, R. A., Gursky, D. M., and McNally, R. J. (1986). Anxiety sensitivity, anxiety frequency, and the prediction of fearfulness. *Behavior Research and Therapy, 24*, 1–8.

Taylor, S., Zvolensky, M. J., Cox, B. J., Deacon, B., Heimberg, R. G., Ledley, D. R., . . . Cardenas, S. J. (2007). Robust dimensions of anxiety sensitivity: Development and initial validation of the Anxiety Sensitivity Index-3. *Psychological Assessment, 19*, 176–88.

This happens due to a quirk of thought called the illusion of transparency,

Gilovich, T., Medvec, V. H., and Savitsky, K. (1998). The illusion of transparency: Biased assessments of others' ability to read one's own emotional states. *Journal of Personality and Social Psychology, 75*, 332–46.

Gilovich, T., and Savitsky, K. (1999). The spotlight effect and the illusion of transparency: Egocentric assessments of how we are seen by others. *Current Directions in Psychological Science, 8*, 165–68.

Van Boven, L., Gilovich, T., and Medvec, V. (2003). The illusion of transparency in negotiations. *Negotiation Journal, 19*, 117–31.

One study even found that simply telling participants that, hey, guys,

Savitsky, K., and Gilovich, T. (2003). The illusion of transparency and the alleviation of speech anxiety. *Journal of Experimental Social Psychology, 39*, 618–25.

Instead, we see our image as if in the funhouse mirror of the House of Social Anxiety.

Rapee, R. M., and Abbott, M. J. (2006). Mental representation of observable attributes in people with social phobia. *Journal of Behavior Therapy and Experimental Psychiatry, 37*, 113–26.

which, interestingly, is a view I never actually saw.

Coles, M. E., Turk, C. L., Heimberg, R. G., and Fresco, D. M. (2001). Effects of varying levels of anxiety within social situations: Relationship to memory perspective and attributions in social phobia. *Behaviour Research and Therapy, 39*, 651–65.

Hackmann, A., Surawy, C., and Clark, D. M. (1998). Seeing yourself through others' eyes: A study of spontaneously occurring images in social phobia. *Behavioral and Cognitive Psychotherapy, 26*, 3–12.

A tried-and-true method to replace your imaginary mind's eye movie is to make an actual movie.
Harvey, A. G., Clark, D. M., Ehlers, A., and Rapee, R. M. (2000). Social anxiety and self-impression: Cognitive preparation enhances the beneficial effects of video feedback following a stressful social task. *Behavior Research and Therapy, 38*, 1183–92.

I got this technique (as well as the following picture) from a team at King's College London and the University of Oxford.
Warnock-Parkes, E., Wild, J., Stott, R., Grey, N., Ehlers, A., and Clark, D.M. (2017). Seeing is believing: Using video feedback in cognitive therapy for social anxiety disorder. *Cognitive and Behavioral Practice, 24*, 245–55.

But sometimes people watch their videos and notice they do look weird.
Warnock-Parkes et al. (2017).

This myth of inevitable judgment gains great momentum from the spotlight effect.
Brown, M. A., and Stopa, L. (2007). The spotlight effect and the illusion of transparency in social anxiety. *Journal of Anxiety Disorders, 21*, 804–19.
Gilovich, T., Medvec, V. H., and Savitsky, K. (2000). The spotlight effect in social judgment: An egocentric bias in estimates of the salience of one's own actions and appearance. *Journal of Personality and Social Psychology, 78*, 211–22.

Studies show that whether we're having a bad hair day, wearing a conspicuous T-shirt, screwing up a volleyball game, or sucking at old-school Nintendo
Gilovich, T., Kruger, J., and Medvec, V. H. (2002). The spotlight effect revisited: Overestimating the manifest variability of our actions and appearance. *Journal of Experimental Social Psychology, 38*, 93–99.

in his classic How to Win Friends and Influence People,
Carnegie, D. (1936). *How to Win Friends and Influence People*. New York: Simon and Schuster.

The process by which our brains process ambiguity provides the finishing touch for the people-will-judge-me myth.
Courtney Beard, Ph.D., personal communication, September 12, 2016. Beard, C., and Amir, N. (2009). Interpretation in social anxiety: When meaning precedes ambiguity. *Cognitive*

365

Therapy and Research, 33, 406–15.
- Note: 과장님이 방으로 오라고 하신다, 내가 말을 하면 사람들이 웃는다, 친구가 문자 메시지에 답장을 하지 않는다, 오랜 친구가 옛날과 달라 보인다고 한마디 한다, 등과 같은 모호한 문장의 예는 이 연구에서 인용, 혹은 영감을 받았다. 연구 자료를 보내준 코트니 비어드 박사에게 큰 감사를 전한다.

Exercise feels a lot like the pesky sensations of anxiety:

Broman-Fulks, J. J., Berman, M. E., Rabian, B., and Webster, M. J. (2004). Effects of aerobic exercise on anxiety sensitivity. *Behaviour Research and Therapy, 42*, 125–36.

Dixon, L. J., Kemp, J. J., Farrell, N. R., Blakey, S. M., and Deacon, B. J. (2015). Interoceptive exposure exercises for social anxiety. *Journal of Anxiety Disorders, 33*, 25–34.

Noticing usually stops with noticing.

McEwan, K. L., and Devins, G. M. (1983). Is increased arousal in social anxiety noticed by others? *Journal of Abnormal Psychology, 92*, 417–21.

- 추가로 참고한 책들

Amir, N., and Taylor, C. T. (2012). Interpretation training in individuals with generalized social anxiety disorder: A randomized controlled trial. *Journal of Consulting and Clinical Psychology, 80*, 497–511.

George, L., and Stopa, L. (2008). Private and public self-awareness in social anxiety. *Journal of Behavior Therapy and Experimental Psychiatry, 39*, 57–72.

Gerlach, A.L., Wilhelm, F. H., Gruber, K., and Roth, W. T. (2001). Blushing and physiological arousability in social phobia. *Journal of Abnormal Psychology, 110*, 247–58.

13. 완벽은 불가능한 목표다: 삶을 건강하게 만드는 기준 세우기

Welcome to the stratosphere of perfectionism.

Frost, R. O., Heimberg, C. S., Holt, C. S., Mattia, J. I., and Neubauer, A. L. (1993). A comparison of two measures of perfectionism. *Personality and Individual Differences, 14*, 119–26.

Hewitt, P. L., and Flett, G. L. (1991). Perfectionism in the self and social contexts: Conceptualization, assessment and association with psychopathology. *Journal of Personality and Social Psychology, 60*, 456–70.

Shafran, R., and Mansell, W. (2001). Perfectionism and psychopathology: A review of research and treatment. *Clinical Psychology Review, 21*, 879–06.

Stoeber, J. (2015). How other-oriented perfectionism differs from self-oriented and socially prescribed perfectionism: Further findings. *Journal of Psychopathology and Behavioral Assessment, 37*, 611.

In an illustrative study, leading social anxiety researcher Dr. Stefan Hofmann of Boston University

Stefan Hofmann, Ph.D., personal communication, April 12, 2016.

Moscovitch, D. A., and Hofmann, S. G. (2007). When ambiguity hurts: Social standards moderate self-appraisals in generalized social phobia. *Behaviour Research and Therapy, 45*, 1039–52.

but a study out of Washington University did just that.

Rodebaugh, T. L., Lim, M. H., Fernandez, K. C., Langer, J. K., Weisman, J. S., Tonge, N., Levinson, C. A., and Shumaker, E. A. (2014). Self and friend's differing views of social anxiety disorder's effects on friendships. *Journal of Abnormal Psychology, 123*, 715–24.

She was one of the approximately one out of five socially anxious individuals whose anxiety manifests as irritability and anger.

Kashdan, T. B., McKnight, P. E., Richey, J. A., and Hofmann, S. G. (2009). When social anxiety disorder co-exists with risk-prone, approach behavior: Investigating a neglected, meaningful subset of people in the National Comorbidity Survey-Replication. *Behavior Research and Therapy, 47*, 559–68.

But despite frequent anger experience, folks prone to social anxiety have less anger expression than their non-anxious compadres.

Moscovitch, D. A., McCabe, R. E., Antony, M. M., Rocca, L., and Swinson, R. P. (2008). Anger experience and expression across the anxiety disorders. *Depression and Anxiety, 25*, 107–13.

But some beliefs are less helpful, especially when they act as the perfect kindling for a social anxiety fire.

De Graaf, L. E., Roelofs, J., and Huibers, M. J. H. (2009). Measuring dysfunctional attitudes in the general population: The Dysfunctional Attitude Scale (form A), Revised. *Cognitive Therapy and Research, 33*, 345.

How-to sites warn:

https://later.com/blog/how-to-curate-instagram-feed/.

fear of missing out, or FOMO.

- Note: 포모에 관한 부분은 quickanddirtytips.com에 내가 이미 게재했던 새비 사이칼러지스트 에피소드를

각색한 것이다.

http://www.quickanddirtytips.com/health-fitness/mental-health/5-ways-to-fight-fomo.

Indeed, a 2013 study showed that those who experience higher levels of FOMO also reported lower levels of overall life satisfaction.

Przybylski, A. K., Murayama, K., DeHaan, C. R., and Gladwell, V. (2013). Motivational, emotional, and behavioral correlates of fear of missing out. *Computers in Human Behavior, 29*, 1841–48.

Another remedy: JOMO, or the joy of missing out.

http://anildash.com/2012/07/jomo.html.

In 1980, Dr. David Burns, now emeritus faculty at Stanford, published the first research-based self-help book for depression,

Burns, D. D. (1980). *Feeling Good: The New Mood Therapy*. New York: Harper. David Burns, MD, personal communication, February 7, 2016.

In the mid-1960s, the psychologist Elliot Aronson tested it in one of my favorite studies of all time.

Aronson, E., Willerman, B., and Floyd, J. (1966). The effect of a pratfall on increasing interpersonal attractiveness. *Psychonomic Science, 4*, 227–28.

Embarrassment is thought to have evolved as a non-verbal apology and gesture of appeasement—plus it actually fosters trust.

Feinberg, M., Willer, R., and Keltner, D. (2012). Flustered and faithful: Embarrassment as a signal of prosociality. *Journal of Personality and Social Psychology, 102*, 81–97.

- 추가로 참고한 책들

Alkis, Y., Kadirhan, Z., and Sat, M. (2017). Development and validation of social anxiety scale for social media users. *Computers in Human Behavior, 72*, 296–303.

Ansari, A., and Klinenberg, E. (2016). *Modern Romance*. New York: Penguin Books.

Hawkins, K., and Cougle, J. (2011). Anger problems across the anxiety disorders: Findings from a population-based study. *Depression & Anxiety, 28*, 145–52.

Kashdan, T. B., and McKnight, P. E. (2010). The darker side of social anxiety: When aggressive impulsivity prevails over shy inhibition. *Current Directions in Psychological Science, 19*, 47–50.

Kashdan, T. B., and Collins, L. (2009). Social anxiety and the experience of positive emotion and anger in everyday life: An ecological momentary assessment approach. *Anxiety, Stress, and Coping, 23,* 259–72.

Kashdan, T. B., and Hofmann, S. G. (2008). The high novelty seeking, impulsive subtype of generalized social anxiety disorder. *Depression and Anxiety, 25,* 535–41.

Marder, B., Joinson, A., Shankar, A., and Thirlaway, K. (2016). Strength matters: Self-presentation to the strongest audience rather than lowest common denominator when faced with multiple audiences in social network sites. *Computers in Human Behavior, 61,* 56–62.

Pierce, T. (2009). Social anxiety and technology: Face-to-face communica-tion versus technological communication among teens. *Computers in Human Behavior, 25,* 1367–72.

Sales, N. J. (2016). *American Girls: Social Media and the Secret Lives of Teenagers.* New York: Knopf.

Turkle, S. (2012). *Alone Together: Why We Expect More from Technology and Less from Each Other.* New York: Basic Books.

http://www.espn.com/espn/feature/story/_/id/12833146/instagram-account-university-pennsylvania-runner-showed-only-part-story.

https://www.theatlantic.com/education/archive/2015/01/the-socially-anxious-generation/384458/.

14. 자신에게 문제가 있다는 오해: 숨어있는 사회성 발현하기

But the feeling that we have no social skills is the result of anxiety, not the other way around.

Ron Rapee, Ph.D., personal communication, November 21, 2016.

Tashiro, Ty. (2017). *Awkward: The Science of Why We're Socially Awkward and Why That's Awesome.* New York: HarperCollins.

We act in a way that researchers call innocuously social.

Leary, M., and Kowalski, R. (1995). *Social Anxiety.* New York: Guilford Press.

We use what linguists have labeled back-channel responses

Natale, M., Entin, E., and Jaffe, J. (1979). Vocal interruptions in dyadic communication as a function of speech and social anxiety. *Journal of Personality and Social Psychology, 37,* 865–78.

Indeed, a 2012 study out of Berkeley found that even though it's uncomfortable to feel embarrassed, it serves a vital social function by acting as a prosocial gesture.

Feinberg, M., Willer, R., and Keltner, D. (2012). Flustered and faithful: Embarrassment as a signal of prosociality. *Journal of Personality and Social Psychology, 102,* 81–97.

we're not poorly socialized; in fact, quite the opposite.

Juster, H. R., Heimberg, R., and Holt, C. S. (1996). Social phobia: Diagnostic issues and review of cognitive-behavioral treatment strategies. In Hersen, M., Eisler, R., and Miller, P. (eds.), *Progress in Behavior Modification* (74–8). Pacific Grove, CA: Brooks/Cole.

As Harris says as Dr. NerdLove, "Geeks have the worst superpower in the world—"

Harris O'Malley, personal communication, February 29, 2016.

It's so common it has a name: anxiety-induced performance deficits.

Hofmann, S. G. (2007). Cognitive factors that maintain social anxiety disorder: A comprehensive model and its treatment implications. *Cognitive Behaviour Therapy, 36*, 193–209.

As Dr. NerdLove, Harris recommends the Three-Second Rule:

http://www.doctornerdlove.com/2011/12/dont-be-a-creeper/2/.

Harris points out something important: sometimes, actual creeps will co-opt the "socially awkward" label as an excuse to step over women's boundaries

http://www.doctornerdlove.com/socially-awkward-isnt-an-excuse/.

A study out of the University of Liverpool found that using a scented spray,

Craig Roberts, S., Little, A. C., Lyndon, A., Roberts, J., Havlicek, J., and Wright, R. L. (2009). Manipulation of body odour alters men's self-confidence and judgements of their visual attractiveness by women. *International Journal of Cosmetic Science, 31*, 47–54.

In an old study from 1976, researchers asked forty socially anxious undergrads to role-play situations where they had to be assertive,

Nietzel, M. T., and Bernstein, D. A. (1976). Effects of instructionally mediated demand on the behavioral assessment of assertiveness. *Journal of Consulting and Clinical Psychology, 44*, 500.

15. 병 속에서 희망 찾기: 술에 의지하지 않는 연습

Indeed, one study found that individuals with higher social anxiety consume less alcohol than folks who aren't anxious, but have higher levels of hazardous drinking.

Schry, A. R., and White, S. W. (2013). Understanding the relationship between social anxiety and alcohol use in college students: A meta-analysis. *Addictive Behaviors, 38*, 2690–706.

If you're one of the seven in ten Americans who have had a drink in the past year
https://www.niaaa.nih.gov/alcohol-health/overview-alcohol-consumption/alcohol-facts-and-statistics.

One study found that for every drink, social anxiety declines by 4 percent.
Battista, S. R., MacKinnon, S. P., Sherry, S. B., and Stewart, S. H. (2015). Does alcohol reduce social anxiety in daily life? A 22-day experience sampling study. *Journal of Social and Clinical Psychology, 34*, 508–28.

Indeed, another study found that in individuals with both social anxiety and a problem with alcohol the social anxiety almost always came first.
Buckner, J. D., Timpano, K. R., Zvolensky, M. J., Sachs-Ericsson, N., and Schmidt, N. B. (2008). Implications of comorbid alcohol dependence among individuals with social anxiety disorder. *Depression and Anxiety, 25*, 1028–37.

Any way you slice it, capital-S Social Anxiety Disorder more than quadruples the risk of developing an alcohol use disorder.
Buckner, J. D., Schmidt, N. B., Lang, A. R., Small, J. W., Schlauch, R. C., and Lewinsohn, P. M. (2008). Specificity of Social Anxiety Disorder as a risk factor for alcohol and cannabis dependence. *Journal of Psychiatric Research, 42*, 230–39.
- Note: 이 장은 '조용한 혁명Quiet Revolution'에 이미 게재된 논문의 도움을 받았다: quietrev.com/hope-in-a-bottle-the-link-between-alcohol-and-social-anxiety.

16 친구는 '발견'이 아니라 '과정'이다: 관계를 쌓고 지키는 법

A meta-analysis of 177,000 participants in the prestigious journal Psychological Bulletin
Wrzus, C., Hanel, M., Wagner, J., and Neyer, F. J. (2013). Social network changes and life events across the life span: A meta-analysis. *Psychological Bulletin, 139*, 53–80.

Back in 2006, a large-scale survey found that more than half (53 percent) of Americans didn't have any confidants who weren't family.
McPherson, M., Smith-Lovin, L., and Brashears, M. E. (2006). Social isolation in America: Changes in core discussion networks over two decades. *American Sociological Review, 71*, 353–75.

But three professors at the Massachusetts Institute of Technology, chief among them the pioneering social psychologist Leon Festinger,

Festinger, L., Schachter, S., and Back, K. (1950). The spatial ecology of group formation. In Festinger, L., Schachter, S., and Back, K. W. (eds.), *Social Pressure in Informal Groups: A Study of Human Factors in Housing* (141–1). Stanford, CA: Stanford University Press.

In 1946, a tidal wave of World War II veterans enrolled at MIT.
https://slice.mit.edu/2012/08/02/westgate-history/.

Additional studies confirmed the effect, such as one where forty-four state police trainees reported their best friends were those who fell closest to them in alphabetical order of seating.
Segal, M. W. (1974). Alphabet and attraction: An unobtrusive measure of the effect of propinquity in a field setting. *Journal of Personality and Social Psychology, 30*, 654–57.

"I Asked a Stranger These 36 Questions to See If We'd Fall in Love. And We Did,"
http://www.theplaidzebra.com/i-asked-a-stranger-these-36-questions-to-see-if-wed-fall-in-love-and-we-did/.

an essay in the New York Times titled, "To Fall in Love with Anyone, Do This."
https://www.nytimes.com/2015/01/11/fashion/modern-love-to-fall-in-love-with-anyon-do-this.html.

a paper with an innocuously dry title: "The Experimental Generation of Interpersonal Closeness: A Procedure and Some Preliminary Findings."
Aron, A., Melinat, E., Aron, E., Vallon, R. D., and Bator, R. J. (1997). The experimental generation of interpersonal closeness: A procedure and some preliminary findings. *Personality and Social Psychology Bulletin, 23*, 363–77.

instead, the thirty-six questions were simply meant to induce closeness and intimacy in a laboratory setting
http://www.huffingtonpost.com/elaine-aron-phd/36-questions-for-intimacyb6472282.html.

according to the researchers, it's the act of "sustained, escalating, reciprocal, and personalistic" disclosure
Aron et al. (1997).

It comes from the Latin meaning "inmost," as in sharing what is inmost—hat you think and do and feel—ith others.
McAdams, D. P. (1988). Personal needs and personal relationships. In Duck, S. W. (ed.), Handbook of personal relationships: Theory, research, and interventions (7–22). New York:

Wiley.

Worse, we also start interpreting everyone as threatening,

Bangee, M., Harris, R. A., Bridges, N., Rotenberg, K. J., and Qualter, P. (2014). Loneliness and attention to social threat in young adults: Findings from an eye tracker study. *Personality and Individual Differences, 63,* 16–23.

Jones, W. H., Freemon, J. E., and Goswich, R. A. (1981). The persistence of loneliness: Self and other determinants. *Journal of Personality, 49,* 27–48.

https://www.theatlantic.com/health/archive/2017/04/how-loneliness-begets-loneliness/521841/.

But then we make it worse: we act as if the world is against us, a self-fulfilling prophecy called behavioral confirmation.

Snyder, M., and Swann, W. B. (1978). Behavioral confirmation in social interaction: From social perception to social reality. *Journal of Experimental Social Psychology, 14,* 148–62.

Dr. Jennifer Parkhurst, a psychologist at the University of Illinois at Urbana-Champaign,

Andrea Hopmeyer, Ph.D., personal communication, March 3, 2016.

Jennifer T. Parkhurst, Ph.D., personal communication, March 27, 2017.

With the new method, being chosen as "popular" didn't actually mean a kid was well liked; it meant they were dominant.

Parkhurst, J. T., and Hopmeyer, A. (1998). Sociometric popularity and peer-perceived popularity: Two distinct dimensions of peer status. *Journal of Early Adolescence, 18,* 125–44.

An oft-cited study found that in first impressions of others we prioritize warmth over anything else,

Fisk, S. T., Cuddy, A. J. C., and Glick, P. (2007). Universal dimensions of social cognition: Warmth and competence. *Trends in Cognitive Sciences, 11,* 77–83.

https://hbr.org/2013/07/connect-then-lead.

Dr .David Moscovitch puts it this way:

David A. Moscovitch, Ph.D., personal communication, September 22, 2016.

- 추가로 참고한 책들

Cacioppo, J. T., Hawkley, L.C., Ernst, J. M., Burleson, M., Berntson, G. G., Nouriani, B., and Spiegel, D. (2006). Loneliness within a nomological net: An evolutionary perspective. *Journal of Research in Personality, 40*, 1054–85.

에필로그

What resulted was the Study of Adult Development,

http://www.adultdevelopmentstudy.org/grantandglueckstudy.

https://www.theatlantic.com/magazine/archive/2013/05/thanks-mom/309287/.

https://www.theatlantic.com/magazine/archive/2009/06/what-makes-us-happy/307439/.

Valiant, G. E. (2015). *Triumphs of Experience: The Men of the Harvard Grant Study.* Cambridge: Harvard University Press.

The study's current director, Dr. Robert Waldinger, is a psychiatrist who exudes such tranquility that it's unsurprising to discover he's also a Zen priest.

http://www.ted.com/speakers/robertwaldinger.

In a viral TED Talk, he revealed what decadesof Grant Study data have brought to light

https://www.youtube.com/watch=8KkKuTCFvzI.

But don't take it from me; take it from someone else who's been there: Jim.

"Jim Nolan," personal communication, February 24, 2016.

불안이 습관이 되지 않게

1판 1쇄 **인쇄** 2025년 12월 15일
1판 1쇄 **발행** 2025년 12월 28일

지은이 엘런 헨드릭슨
옮긴이 임현경

발행인 양원석 **편집장** 최두은 **책임편집** 이아람
디자인 조윤주, 김미선 **영업마케팅** 윤송, 김지현, 최현윤, 유민경, 김수윤
해외저작권 임이안, 안효주

펴낸 곳 ㈜알에이치코리아
주소 서울시 금천구 가산디지털2로 53, 20층 (가산동, 한라시그마밸리)
편집문의 02-6443-8855   **도서문의** 02-6443-8800
홈페이지 http://rhk.co.kr
등록 2004년 1월 15일 제2-3726호

ISBN 978-89-255-7272-7 (03190)